近代史资料

JINDAISHI ZILIAO

● 总119号

近代史资料

中国社会科学院近代史研究所近代史资料编辑部编

中国社会科学出版社

图书在版编目（CIP）数据

近代史资料．总 119 号／中国社会科学院近代史研究所
《近代史资料》编辑部编．－北京：中国社会科学出版社，
2009.9
ISBN 978－7－5004－8166－9

Ⅰ．近…　Ⅱ．中…　Ⅲ．中国－近代史－史料
Ⅳ．K250.6

中国版本图书馆 CIP 数据核字（2009）第 162854 号

责任编辑　李尔柔
责任校对　宗　合
封面设计　毛国宣
技术编辑　王炳图

出版发行　中国社会科学出版社
社　　址　北京鼓楼西大街甲 158 号　　邮　编　100720
电　　话　010－84029450（邮购）
网　　址　http://www.csspw.cn
经　　销　新华书店
印　　刷　北京新魏印刷厂　　　　　装　订　广增装订厂
版　　次　2009 年 9 月第 1 版　　　印　次　2009 年 9 月第 1 次印刷
开　　本　850×1168　1/32
印　　张　8.75　　　　　　　　　　插　页　2
字　　数　221 千字
定　　价　27.00 元

目　　录

塞切尼·贝拉伯爵在远东
——从武昌到荆紫关

古斯塔夫·克莱特纳 著

任智勇 译

说明：此书原名为《在远东——1877—1880 塞切尼·贝拉伯爵印度、日本、中国、西藏、缅甸游记》，德文版 1881 年由维也纳的宫廷与大学出版社（Hof-und Universitäts-Buchhändler）出版，是一本奥匈帝国探险队的旅行记录。这支探险队由四人构成：领队是匈牙利伯爵塞切尼·贝拉[①]（Graf Széchenyí Bela），队员为语言学家卡特罗那（Gabriel Balint de Szent Kotolna）、地质学家洛兹（Ludwig von Loczy）和地理学家古斯塔夫·克莱特纳（Gustav Kreitner）。本刊曾于总 109 号刊载《塞切尼眼中的李鸿章左宗棠》，可互相参考。

本文翻译的是原书的第十一章，即考察队从汉口沿水路前往荆紫关的行程。卡特罗那已因身体的原因从上海回国，因此，此行只有塞切尼等三人和新雇的中国翻译——辛。

书中所记塞切尼一行在华经历与见闻，不论是内陆的普通百姓对于这些奇服异种的外国人的好奇，还是"丁戊奇荒"中的悲惨场面，以及汉江流域民众的生活、穿着、建筑等方面的重要记录，都具有重要的社会史价值，可为研究

---

① 匈牙利的姓氏是姓在前。

者参考。

文中的地名根据西安地图出版社 2005 年的《湖北舆地图》校对；注释除标明外，均为译者所注。

第十一章　从武昌到荆紫关

每日安排——来自人民和狗的欢迎——汉江上的帆船——田野耕作与磨房——渔业——特色服装——冒险的经历——纤夫拖船——天气变化（Wetterbeschwoerungen）——圣诞夜——僧侣生活——樊城和襄阳——居民的人数——换船——恭亲王——饥饿的强盗——老河口——城市驻防长官和传教士——饥荒的情景——中国的长度度量衡——丹水峡谷——岩石的风景——到达荆紫关

[1878 年 12 月 16 日的上午过得飞快，我们一直忙于收拾行李。接近中午的时候，我去看了我们日后的交通工具——一艘新建的中国式帆船。船上有一个带有简单家具的大厅，大厅还设了首座。船上还有四个卧室，塞切尼伯爵一间，洛兹和我一间，翻译辛（Sin）住第三间，仆人们住第四间。此外，还有一个厨房。窗户是玻璃的。墙上还挂着几幅中国画。这艘船让我觉得未来的旅行将会非常舒服。

陪同我们前行的炮艇紧挨着我们停在码头上。我认出了炮艇上那个令我印象深刻的、有趣的青年军官。两艘船都有两根桅杆，而炮艇的桅杆设计得更修长而漂亮一些，就如一片木板在浪尖摇摆一样。炮艇与周围平静的商船的不同就在于船上那一门古老的、长满了铁锈的大炮。

下午 1 点，维特（Whigt）先生邀请我们去吃告别午餐。3点，我们终于要出发开始旅行。4 点，码头上隆隆的礼炮声通告武昌的领事馆，我们这些受总督保护的人离开了欧洲文明的最后一个据点。从这一刻起，我们落入了中国人的掌控之中。]①

白昼早早地走到了尽头，黑暗已经来临。当船长被迫把船停到了岸边时，我们此时还只是到达城市（指汉口——译者注）的边缘。为了将船停下，许多根包有铁皮的竹竿被夯入河底，以抓住船身。只有这样，才是完整意义上的停泊。温度越低，闪烁着木炭微光的铁盆就越难为我们的中国式大厅提供温暖。匆忙之中，我们量了一下狭长的被子，掀动被子时刮起的风温暖了我们冻僵的手指。直到最后，厨师告诉我们一个好消息：晚餐马上就要端上来。一个小时之后，我回到黑暗的小房间，将自己裹进了温暖的棉被中。在战舰上传来的归营号中，我慢慢地进入了梦乡。早晨5点，三声炮响惊醒了我。我们又开行了。

感谢上帝，金色的阳光穿透了晨雾，在漫长的两个星期之后，我们又迎来了一个晴朗的日子。我们尽量让船航行得适合于起居。大厅里摆设了气象方面的仪器。一面墙上挂着便携式水银气压计，旁边是四个膜盒气压计，我每天早、中、晚都要对它们进行比较；另一面墙上，在伯爵的猎枪旁边挂着很多温度计。

像数个星期以来的日子一样，这一天我们又将在航行中度过。早上9点，我们聚到大厅里吃早餐。早餐是烤得软软的三个鸡蛋和一杯茶。整个上午我们都在忙着整理、阅读各种旅行记录。这些记录涉及气压、温度、雨量，而我则画出了河流图。在12点吃午饭的时候，我们还讨论了上午的这些事情。到了下午1、2点的时候，我们离开船，沿着河岸进行了一次小小的远足。此时，我们丝毫不必担心被船抛下，因为船航行得很慢，尤其是到了逆风的时候，船帆无法撑起，这种情况下，只能在船的主桅杆上绑上缆绳，找人拖曳前行。

现在，河岸右边是连绵起伏的、低矮的丘陵。这些丘陵沿着

---

①　此段为第十章的末尾，为上下文理解方便，将其译出。

河岸一直延伸，直到在遥不可及的地平线与天际相交。在河岸边，村庄挨着村庄，房子挨着房子。我们的散步引得中国人冲了过来。无数脱口而出的"问候语"都是同一个词："洋鬼子"（Yang-kwei-tze）。这种情况大概每一个欧洲人都曾遇到过。

"洋鬼子"！（Fremder Teufel）小孩子们用各式各样的腔调将这样的话语送到了我们耳中，我们只能笑笑。最后，有人冲我们扔土块——恶作剧开始失去控制。但这个小小的作恶者预料到了可能的惩罚，在冲撞的过程中迅速消失在了人群中。可能是因为我们没有让一位无罪者受到惩罚，因此中国人产生了一种非常自然的正义感：为了避免牵连到自己，有罪者很少能得到他的同伙的支持；而无罪者在这种情况下会盘算着，如何让周围的环境有力地支持他。

我们到达了村庄，除了商贩外，出现的还有男人、娘们①、孩子，以及加入到这些家庭之中的家犬。这些可怜的畜牲拖着尾巴，高声吠着，在闻到陌生的气味后就陷入了巨大的困境：不知道是否应该高叫或者夹起尾巴逃跑。最后，一个阴狠的中国人帮助它脱离了困境。一声轻轻的嘘声和指向外国人的手指决定了后面的一切：伴随着高声的吼叫，狗龇着牙冲向了我们。围观者狭窄的圈子扩大了——为了给狗提供足够的空间去进行一次有力的攻击。但，扔一块土块就足够进行防御了。期待着意外的美食的这条野狗转而冲向了这块粘土。嫉妒、不和、想象力——即使是两个人争吵，第三个人也会感到高兴。

在发生这一切的时候，越来越多的人冒了出来，数以百计的人一群群地向前挤了过来，我们被他们从四面八方围住了，完全无法移动。一个男人问了我们一个问题，并作为对其他人的表

---

① 不知是否是出于对妇女特有的蔑视，作者没用德语中普遍使用的"Frau"一词，而是用了带有蔑视口吻的"Weiber"一词，故此译为"娘们"。

示，开始进行质问。我听不懂他话中的任何一个词，只能耸耸肩听着他滔滔不绝地讲话，我所能回答的是把那些最放肆的人果断地推开。最后，我从提问者的手臂摇动和手势中明白，他想知道我们的旅行目的地。我说出了城市的名字——襄阳。频频点头和同意的微笑使我明白，这次我猜对了。

这些人变得纠缠不休，他们摸着我们的鞋子、手链、眼镜，有几个人还想抽烟，烟头从一张嘴传到另一张嘴。美洲烟草倒是没有受到特别的欢迎，他们一边咳嗽，一边扭曲着脸把烟草递给旁边的人。旁观者直言不讳且异口同声地表达他们对烟草的负面评价之后，一位白发长者将纸烟的剩余部分递还给我。我谢绝了。其他人还想得到我们中一人的帽子，我们半强迫、半自愿地满足了他们的请求。他们普遍对我们没有辫子和剪得很短的头发感到惊讶。这种惊讶初始时表现在斜着得大大的眼睛和怀疑的喃喃低语，后来则是怪声大笑的招呼和响亮的笑声。人们大多对欧式服装感兴趣，然后是手套、多用途的外套，他们摇着头量袜子，并熟练地摸着长裤的棉材料。每个人都有疑问在嘴边，这些疑问最后会演化为这样的请求：我们是否可以脱光衣服，以完全满足他们的求知欲。

最后，我们费力地打开了一条通道。最理智的人回到了自己的家中，而绝大多数人则一直跟着我们走到村庄的尽头。正如在鄱阳湖（Poyang-See）附近的居民对猎人给予的问候那样，这里的分别仪式也差不多。虽然不再有土块扔向我们，但我们耳边依旧可以听到冲着我们的风言风语。——旅行开始时，这样的侮辱曾引起我们热血沸腾的、持续不断的抗争，但在这一年半的旅行过程中，相似的场景几乎天天重演，我们已经习惯于做这种刻骨铭心的仇恨的出气筒。每一个旅行者都会有这样的经验：冰冷的五官和相似的外表使得他们在人民大众中处于孤立的地位。

天变黑了，船由于猛烈的逆风而停了下来。在遥远的西面，血红色的光线照亮了地平线，很快，这些光线也融入了灰色的、模糊的黑暗之中。晚霞只延续了很短的时间。星空群星闪烁，极其壮观。最后，我们看见河流下游的船桅上的灯笼的灯光。那条船越来越近，直到我们听到了嘶哑而单调的八名船员的歌声，他们正用竹竿吃力地撑船前行。船停了下来，我们爬了上去。炮艇的军官下跪向我们问好。辛（此行的翻译——译者注）口译了军官对我们单独出去散步的疑虑："如果我们要上陆地行走，我们应该呆在船的附近或在两个人的护卫下出行。这里的人阴险、狠毒，我们怕他们会纠缠不休。"精美的饭食使得这场辩论没有进行很长时间。我们急忙走进了大厅，饭①已经端上来了。当我们继续沿着汉江逆流而上的时候，我像每个傍晚一样打开了一瓶真正的比尔森啤酒（Pilsner Bier）。上海的贝弗斯先生（Herr Beyfuss）在出行前意外地直接给了我一箱这种清爽的饮料作为旅行礼物。

　　周围的环境一天天变得单调，只有很少的树，广袤的原野上还遗留着一些早先开垦过的土地，甚至连原先围绕着村庄的草地和桑树都已然屈指可数，就连动物们似乎也避免靠近灾荒区，除了几只乌鸦、喜鹊，我们有时还可以看见高空中排成一列的野鹅。因此，汉江上的交通就显得格外热闹，我们遇到了众多的大大小小的船只，这些船只或者装载着生活用品逆流而上，或者空载而下，撑满了帆的船只风驰电掣地驶向汉口。汉江上来来往往的船只上横放的竹竿、摊开的棉花条一起构成了我们的百叶窗，而那些船的风帆就是扯动百叶窗的那条绳子。只有在风力很强的时候，风帆才能扯到船桅的一半高度。因此，当风力强劲的时候，船只猛地斜向一边的情景也并不罕见。只有极少的中国人擅

---

①　作者这里用了 Mittagessen 一词。当时已经是傍晚，而且前文已经说他吃了午饭。可能是 Abendessen 的误写。

长游泳，绝大多数乘客和服务人员都在这种不幸事件中淹死了。

河岸两旁的居民从事渔业和农业。耕地上主要种小麦（5、6列种子为一穗）、棉花、大麦、生菜、萝卜、豌豆，而且他们的种植技术非常完美。尤其是种子在地里发芽的十二月，他们还在土地上艰辛而极有技巧地劳作：用铲子和耙子耕出一条条纤细的畦，而其间已然可以看见作物暗绿色的光亮。土地一律都经过精细的耕作，极目所见，找不到忽大忽小的土块，都是捣得细细的。笔直的垄沟里种植着一行行矮灌木，这些垄沟就是田埂和界石。

如此典范的田园耕作带来的是丰厚的收获。即使在邻近地区遭受灾荒的时期，江汉平原（Han-Ebene）的居民仍不必负债累累。我们确信这些农民有足够充裕的储备。几乎每个家庭中都有磨房在不停地工作。

为预防天气的变化，在小院子里还有一个砖土结构的实心圆锥体。花岗岩制成的石磨就在它上面，与加长的轴紧紧连在一起的横挡的一端上有一个盛放谷物的漏洞，这个漏洞就像沙漏一样，使谷物落在磨盘上被磨碎。横挡的另一端几乎是一个车辕，绑着驴子或骡子。为了能不断驱动驴子或骡子磨磨，它们的眼睛是被盖着的。

这里的渔业是由地方的行业会员系统地组织起来的。我曾数了一下，在一位花白胡子的老者的指挥下进行捕鱼的船只达到了47只。这些船驶到河流中央，形成一个阵势。指挥者命令其它船只以他的船为中心，形成一个半圆形，然后指挥船从半圆形的中心点驶到河流上游较远处，调转船头后，指挥者做了一个手势，其它的船上开始发出可怕的嘈杂声。渔夫们一边口中发出巨大的喊声，一边猛烈敲动锣鼓。这样的声响不仅仅使鱼儿昏迷，连我们这些旁观者也受到了影响。在进行这场音乐会的同时，指挥船也同时用铙钹参加了合奏，其余的船此时也划到了指挥船对

面的位置。在指挥船达到半圆形的中央之前，其余船只上的渔夫
以同一速度撒下了渔网，一会儿后，他们收起了渔网。可惜，没
有他们所期望的收获。

汉江下游地区居民的服装与上海人有明显的区别，妇女们穿
着白色的、垫着厚厚的棉絮的棉裤和蓝色的上衣。她们的发型在
前额部分是朴素而简单的，但头发都向后梳成一个鸟嘴形的髻，
这个髻上抹了厚厚的糨糊状的油，并借助于几个软玉作成的发夹
以保持形状。男人的服装则是浅蓝色的长袍，长袍的长度视穿着
者的等级而定。高级官员的长袍镶边可以触及鞋底，而劳动阶级
则只到膝盖。我们的短的、欧式服装足以引起中国人足够的反
思。在长袍外边，男人们还要穿一件宽大的深蓝色上衣，这种上
衣的袖子足可以拖到地面。一个无檐的黑色丝质小便帽是由浅蓝
色的蚕丝编织而成，中间圆形的结是为了在天气恶劣的时候将辫
子拴在头上。

孩子们的衣服显得有点可笑。最小的孩子几乎完全被裹在棉
花堆里，只露出一个小脑袋，以致别人会以为遇到了一个会动的
圆球。小脑袋的后半部分暂时被剃得光光的，上面还紧紧地扣着
一个光滑的小帽。帽子的后半部分有一个圆形的割开的孔，这个
孔的位置正是日后长出辫子的地方。

12 月 21 日下午，我们像往常一样下船去散步，塞切尼伯爵
快速前行——为了尽可能多打一些猎物，洛兹（Loczy）和我同
他保持大约 400—500 步的距离。下午 4 点，我们到了汉江左岸
的小城潘枝湖（Panzch-ho 音译）。这座城市挨着有 8—10 米高的
陡峭河岸而建，给人的印象是寒酸和贫困。那些几乎是直接挨着
河岸而建的房子的房基是牢牢地夯入陡峭的河岸的木桩。绝大多
数民居是木质结构的，只有极少的房子是砖木结构——以更好地
遮风避雨。只要亲眼看到这些房子的式样，人们很快就都会得出
简陋的印象。首先，建筑师设计的房屋，外层是由竹竿连接而

成，中间层是没有使用灰浆而直接摞起的砖墙，砖头光滑的一面紧紧靠着外层的竹子，砖墙的厚度恰好等于砖的长度。这显然是太单薄了。屋顶需要建筑师有某种艺术（避免倒塌的艺术），而中国人在这方面是比较挑剔的。在各种不同的龙的形象画到山墙上之前，在富有活力的屋檐突出部变成期望的斗拱之前，含怒的劝告和忧虑的沉思已过去了数周。关于雨水是否会从接缝中渗入屋内的问题绝不会让任何一个中国房主感到不安，他们更多的是考虑入口应该按在北面、南面、西面或是东面。这个问题从习惯上来说是由本地的喇嘛或算命者决定。由于缺少石头，狭窄的城市街道没有铺上石板，有些凹凸不平，并且经常被到处自由游荡的猪翻开路面。

从城到河岸形成了一个很大的、沙质的广场，在这个广场上有时还举行大型的集市。有一条路将河滩的沙子隔离开来。

我们在城市几乎最边缘的地方看到了伯爵，接着就被一群号叫着的街头少年包围了起来。他们安静而不动声色地走过作为城市边界的拱形石桥。当他们看到我们后就向我们冲了过来。我们加快脚步，试图尽快越过石桥，橘子皮已扔到了我们背上，我们并不担心这些人试图引起公开的争执。当一块土块扔到了我们身上时，人群中发出一阵无法描述的欢呼。在最临近的商铺的窗户里探出了一个个嬉笑的少女和满脸褶子的妇女的头。看热闹是她们的义务，她们舞动的手臂在鼓舞她们的丈夫、父亲、兄弟和朋友做出更大的举动。这种情况下躲避攻击已是不可能的了，我几乎无法在这种恐吓下转身，自知有罪的观点一闪而过，我觉得已是进行防卫的时候了，疯狗在追赶我们，但他们是胆小、怯懦的。为了把"好客之道"推向顶峰，中国人开始向我们投掷随手可及的砖块。一块砖扔到了我的脚上，我的登山鞋上的皮被削去了一大块；另一块石头扔到了洛兹的帽子上，他转过身逮住了一个正在扔石头的大约二十来岁的叫嚣着的家伙。洛兹向这个家伙大声咒骂（Donnerworte），而他在石头失手掉到地上后就开始如寻死般的大声尖叫，并攻击性地用高抬的胳膊推挡洛兹。情况变得更危急了，我们受到了新一轮的攻击，而且我们似将面临一场屠杀。我们被包围了。他们在寻找一个公开冲突的理由，一个殴打我们的理由。我试图让洛兹冷静下来，并且认为给恰巧到来的炮船一个暗示是妥当的。万幸的是，这一切已然不再需要，因为已有两个士兵跑过来救援了。

人群几乎没有意识到这一切，人团就像听到命令一样解散了。对潘枝湖的居民来说，四处逃散是非常容易的，而这又仿佛是被两个欧洲人扔了石块一样。

在离事发地点非常近的一个地方，我们受到了有点友善的接待。这是我们对两个陪着我们的士兵表示感激后的转变。即使在我们拒绝护送的时候，炮艇的司令官仍令他的人跟着我们。

依旧有一些恶作剧的青年围着我们，但他们克制着自己，在一定的距离外嘲笑我们。当我们送给他们纸烟时，他们有时会显得很高兴，每人都会轮流抽上一口。令他们尤其高兴的是，我把一支铅笔送给其中一个年轻的家伙。另一个年轻人想用他全部的财产——6个小铜钱（约合3/2个十字币）（Kreuzer）——换取同样的东西。当然，我没有夺走他的财富，而是无偿给了他一支铅笔。在新滩口（Rjoj-tji-kou）① 这个更著名的城市，塞切尼伯爵遇到了一切真正的凌辱。在那天下午，他在一个士兵的陪同下来到附近一个较大的湖泊，也许想去打几只水鸟。当他在归途中路过这个城市时，他必须经过一座横跨已然变成沼泽地的水道的粗糙的木板小桥。结果，在这里他被无数的人包围、挤压、冲撞。幸运的是，他费劲地抓住了一块松动的木板。他几乎没有发现，中国人是想把这块木板弄翻。而那个士兵也没有能让激动的

---

① 新滩口位于潜江县城西一条支流与汉江的交汇处。

人群冷静下来。幸运的是，伯爵一个大跳，跳到了河岸对面，木板也掉进了水里。中国人因此被这条小河隔开，没能进行进一步的追击。

汉江的河岸过去明显地偏低，这种情况迫使当时的定居者为了抗击每年都会来临的洪水而建筑保护坝。这些保护坝不仅沿着汉江建，而且在汉江的支流上也有。这些堤坝距离天然的河岸大约有一百步远——当然是指直线距离。堤坝的顶部宽达5米，比河面要高出5—7米。很多现存的交通路线都是沿着这条堤坝通行的。人们为此还试图通过新的土垒使波浪减缓。从这方面来说，中国政府是非常优秀的。重要的是，这些已完工的土方工程就是将来的铁路。

在地势较高的安陆府（Ngan-lo-fu）①，我们又见到了一些低矮的丘陵。如果不对二者进行联系，这些丘陵就像是从冲积平原上生长出来一样。这里的土质是粘性的，在这种环境下它主要被用于烧制成砖。几乎每隔一百步就可以见到顶部成拱形的砖窑，在砖窑里，砖正在烟煤的熊熊火光中烧制。不仅是周围地区，就连汉口也对安陆府的砖有大量的需求。

12月23日，下了第一场雪。虽然温度并没有降到冰点以下，但耳旁呼啸的北风告诉我们，真正的寒冷已然触手可及。帆具早已被呻吟的北风撕碎，幽灵般的旋风透过木墙的漏洞和裂缝冲进了大厅，就像回到家中一般跳起了圆舞曲。两个放着灼热的木炭的铁炉虽然也散发出些许的热量，但却难以让人感受到。在毛皮衣服的保护下，我们都围着火炉，将冰冷的手指藏进温暖的袖子里。而在外面的河岸上，那些人却因为拖船前行而累得从棕色的额头往下直流汗。他们看起来是在做一件绝望的工作。他们的上身努力前倾，以致胸部几乎触及了地面——为了抗击凶猛的

---

① 此处的安陆府，即现在的湖北钟祥。

波涛，以免船只被推向下游。船员们的脚深深地陷入了泥土里，船员们的胸腔里传出了抽搐的呼吸，船员的肌肉因为重压而被缠绕的缆绳深深的嵌入。如果他们的力气一旦减弱，船就会被飞快地推向下游，所有的工作就会无可挽回地化作泡影。现在，他们够着了岸上的一棵大树，然后就将缆绳拴在了树上。经过几分钟辛苦工作中的歇脚后，一切又重新开始。他们唱起了歌，一首船夫之歌。这种深沉的、变得越来越无力的颤音时断时续地传到大厅中我们的耳中。我的工作就是将旋律赶紧记下来。我想，歌唱者的境遇肯定还不错。

乐谱：船员之歌

在接下来的三天里，我们前行了不到 15 公里。闷闷不乐的船长一眨不眨地盯着灰色的天空，似乎想从中找到某一小块晴朗的天空似的。但这是徒劳无功的。当黑暗降临的时候，船上所有的人都聚到了一起，在得到双份的饭食时提出了一个关于目前情况的劝告。人们已然无法自助，只能求助于神灵。船员们也确实这样去做了。商船船长和炮艇船长都命令在各自的船上举行一场对地方神灵的祈祷，以便安抚他们的愤怒。在甲板上安置了一个燃烧着芬芳的松脂香的火盆，每个人都在火盆面前跪下并磕三个头。

在这种神圣的气氛下，敬天的香纸被点燃了，无数的噼噼啪啪的爆竹响彻天空，人们四肢扭曲式地跪倒、磕头。这一切不仅发生在我们的座船上，也发生在炮艇上。炮艇上还庆祝式地敲响了铙钹。这一切显然也起了实际效果。

气压明显的回升了。尽管肆虐的狂风依旧从寒冷的北方迎面吹来，阴暗的天气却变得晴朗起来。第二天早晨，阳光闪烁——

在神圣的圣诞节。

这是我们旅途中的第二个圣诞节！亲爱的读者应该还记得，去年的圣诞节我们是在奥斯达（Oschiddah）度过的。当时，"Polluce"军官正尽力通过齐特尔琴（Zither）的琴声，用生命和欢笑使我们在远离家乡的地方忘记思乡。现在，我们生活在一个根本不理解欧洲人舒适的家庭生活的人群中间，但这次我们也没有悄无声息地来庆祝这个好日子。在行李箱中，我找到了一把手风琴。黑暗降临的时候，我试图通过一些家乡的方式引起对美丽的维也纳的怀念。

大厅的门悄悄地被打开了，有品德的辫子们（指中国人——译者注）在黑暗的门前随着华尔兹曲而好奇地摆动。船员们嘲笑的眼神跟随着风箱的伸曲和手指舞动，就连辛，我们的翻译，也摇摆起他聪明的脑袋。在乐曲结束的时候，我通过翻译问这些中国人，他们是否喜欢欧洲音乐。"不"，他们坦率地说出了实情。后来我得知，我的音乐演奏从未得到过认可，简直是忘恩负义。中国人感兴趣的只是乐器本身，只要我允许他们去接触手风琴，哪怕只是让手风琴上的簧片发出单调的音，他们也会显得极其幸福。当然，演奏手风琴对他们来说是无聊的，他们只是满足于好奇心。在这种情况下，一个受过很好演奏训练的音乐小教堂（Musikcapelle）被引入中国是没有危险，也不会遭到反对的，中国人基本不会在这方面的前行道路上设置障碍。

当我在特兰西瓦尼亚山边界①（siebenbuergische Gebirge）上的原始森林中绘制军事地图时，环境迫使我慢慢地学会了查阅烹饪书，在那里得到的经验使我有资格在这个神圣的夜晚（指圣诞节——译者注）一显作为高级厨师的厨艺（Amt eines Oberkuechenmeisters）。在探险途中，我也依旧保持了这个头衔。

---

① 特兰西瓦尼亚山脉时位于奥匈帝国与罗马尼亚的边界，现归属罗马尼亚。

当伯爵和洛兹在下国际象棋的时候，我进了厨房。6点，我开始上菜。这顿菜包括牛肉汤、汉江的鱼、带面疙瘩的烤猪肉排、维也纳皇家煎蛋饼丝。当菜上来后，伯爵打开了一瓶香槟，这令我们喜出望外。清澈的香槟冒着闪闪发光的气泡，伯爵举起了酒杯："让我们为每一个爱我们、肯定还在惦记我们的人的健康而干杯。此外，让我们为友谊和探险的成功而干杯！"

直到休息的时间，我们还在兴高采烈地玩着多米诺游戏，而滚烫的潘趣酒（Punsch）① 在体内的扩散也赶走了彻骨的寒冷。晚上11点，我们上床就寝。厨师戴泰（Taetai）则彻夜不眠，受伤的虚荣心让他不得安宁。第二天一早，他就给我们上了一个旅行蛋糕和各种糕点当早餐。而这些，都是他在昨天晚上准备的。他出色的服务理所当然地得到了我们的感谢。

在双角（Schoj-jao），一个位于汉江右岸、景色优美的小城，低矮的丘陵变成了高达2000英尺② 的雄伟的山岳，城市一直延伸到一条山涧峡谷。这条峡谷里塞满了粗大、陡峭而棱角锋利的山岩。除了圆形的山顶偶尔有一些灌木丛，整座山岳都是童山濯濯，但这并不妨碍周围有一些令人觉得佩服的花样，我们甚至于见到了并不起眼的小丘陵，在它们的顶部建有一些破败的寺院。这些寺院里住着两到三个神职人员。在好日子里，他们靠布施为生。他们躺在将来用于安葬的棺材里，垫着柔软的垫子，致力于逍遥自在的标准生活。而到了坏日子里，则出去乞讨。死者的棺材一般都排成一列或孤零零地存放在官方核准的寺庙里。

中国人把喇嘛（作者此处似乎是误解了中国佛教的基本情况。在当地是没有喇嘛教的，有的只是大乘佛教。这样的误解在下文中还会出现——译者注）当作必要的祸害。当喇嘛们被要

① 一种葡萄酒、果汁、香料、糖、茶或水混合的热饮料。
② 欧洲各国的英尺长短不一，一英尺约合30厘米。

求去祈祷、去驱逐家中、田野和山里愤怒的鬼怪时，他们享有一定的尊敬。即使在这种情况下，也不会有慷慨的捐赠和祭品。一般情况下，他们只有极少的声望，人们更乐意于将他们赶走。在长城以内，他们在整个大帝国内穿着统一的服装。他们佝偻的身上，夏天穿的是薄布灰色衣服，冬天穿的是衬有棉花的灰色布衣，在腰间还扎有深色的带子。他们的脸和头顶都剃得光光的，脚上也不穿鞋。这种特殊的服饰使僧侣们隔得老远就能被认出来。中国的僧侣阶层根本说不上是一个紧密而统一的组织。

富裕的中国官员或商人早已瞄上了喇嘛们无忧无虑的存在，而很多神职人员也被他们所同化了。在这种情况下，捐赠者的后代也就成了神职人员的寺庙首领。在托钵僧那里，年纪最大的人管理他的同事。于是，每一个僧侣都是自己小小的王国，每一个年长者对其下属而言都是教皇。因为中国的喇嘛都不把拉萨的佛教徒的僧侣国王当作法律上的首领——虽然这个国王被众多正统教徒看做是神圣的人和最伟大的，甚而得到偶像式的尊崇。

1879 年 1 月 2 日傍晚，我们抵达了两座姐妹城：樊城（Fan-tscheng）和襄阳府（Siang-yang-fu）。这两座城市面对面，前者在汉江的左岸，后者在右岸。两者都被雄伟、高耸、风化的石墙围绕。而民居则远远延伸到墙外。墙上也配有射击孔。庄严的、四角的石塔标出了大门所在城墙的位置。在包着铁皮的门扇上方，有一个巨大的黑色的文字。这些写在红色的、宽大的底面上的字，即使是外国人也能知道门的名字。一般情况下，依照入口的朝向，每个城市都有自己的北门、南门、西门、东门。

樊城通向水面的环城城墙台阶前可以看到无数的中国式帆船，而襄阳的船只则少得多。这就足以表明樊城集中了主要的贸易。从黎明到深夜，商贩和船只的尖叫声汇集成了一场千百种声音的合唱。在中国，进行交易时，如果不大喊大叫，即使最小的事也是不能解决的，更不要说是交易了。

因为停留短暂，我们无法去参观襄阳府。和一个用墙围着的、空旷的空间相比，襄阳不过是个较有名气的环形城市。据一个官员说，两个城市的人口几乎达到了一百万。正如中国人无法对钱有准确的计算，对人口计算也不是很精确的。

对于一个边界线经准确测量仅几百公里①的帝国公民来说，三亿人口几乎是不可理解的数字。前面提到的这两个城市，实际上只有一百万居民。只有根据报纸才能证明可能有三亿人口。而对樊城和襄阳的最高估计也只有40—50万人口。因此，我估计中国的总人口实际上只超过一亿五千万。

我们在樊城东南角过夜。第二天早晨，我们坐船到西南角（二者相距约3.5公里），船停到了一个由坚实的土墙围绕着的大兵营前。这个兵营插着很多红色白边的三角旗。停泊点的巡缉艇（polizeiboote）上也以相似的方式插着旗。近似浪费的礼炮发射表明在河港上某处发生了一些特别的事。事实果然如此。

恭亲王（Prinz Kung）是地方首脑樊城道台②的亲戚，他两天后将启程到汉口。基于其它的原因，这位高贵的客人几乎使我们被迫留了下来。在停泊地，我们意外地度过了一个悲伤的夜晚。看来，我们想乘大船继续前行是不可能的了。厨师戴泰收到一个官方委托，以很低的佣金要求他继续留在这艘船上，并返回汉口。为了去向官方报到，他无法和我们长处。恭亲王为其旅程而要求调动多数运输工具，剩下的小部分船只则为总督（Vicekoening）左宗棠的嫡系部队运米。这些运米船只很快向西安府（Si-ngan-fu）出发了。

---

① 作者此处写为 Hunderte von Kilometer（几百公里），显然是笔误。
② 根据己卯年（1879年）夏季的《大清缙绅全书》，当时任分巡安（陆）、襄（阳）、郧（阳）、荆（门）兵备道的是河南夏邑县人李铭皖。鉴于当时满汉不能通婚，二者之间似乎不可能有亲戚关系。而且，依照规定，宗室是不能擅自离开京师的。也许是作者的道听途说。

租用马匹、车辆的措施也不可行，因为这些运输工具的主人拒绝在没有军队护送的情况下通过灾荒区（Hungerdistricte）。尽管塞切尼伯爵一再做出保证，我们的护送海军还是不想变成陆军。

当我们请求帮助的时候，襄阳的长官还需接待恭亲王以及其它更重要的事。我们的船长拒绝做出任何至少送我们到老河口（La-ho-ku）的承诺，不仅如此，他还拿出算盘，告诉我们他为此次冒险已遭受了巨大的损失。至于是何种冒险却无法解释清楚。最后，我们决定到樊城去散散步，去想出一个好主意来。我们路过了营房壁垒的土门，想去首次参观一下中国军队，但士兵却简短而断然地要求我们离开大门。我们清楚地翻译了自己也无法理解的话："我们在这里没想干什么。"我们只好转向城市的西门，门扇开着，门卫看着还比较客气。

在这个城市里，我们寸步难行。一个孔武有力的护兵的脸上呈现着我们熟悉的神情：他已从后到的军官那里得到命令，不让我们离开他的视线。

城市的街道还算宽，街面是用巨大而平整的大理石铺就的。不过，穿着皮靴走在上面有点困难。街上的整洁程度表明居民对其保护得很好。这一点和汉口、武昌街面堆满垃圾以致难以通行的情况很不一样。低矮、多数是平房的民居，是用质地坚硬的石料盖成的，很多还用的是大理石料。这些房屋构成了城市右翼令人满意而对称的基础。尽管樊城是汉江上最著名的贸易枢纽，但从商铺的外观上绝看不出任何财富的痕迹。

商人把我们当作外国客户，邀请我们参观购买商品。在一家商铺里我们发现了由狐皮、貂皮、虎皮、狼皮制成的最高贵的官服。这样的官服只有富贵的官员能穿。另一件衣服则用真正的中国丝绸纺织而成。

在那里一个有经验的商人叫卖他的花边衣饰，第二个人则用无声的神态指着堆满毡帽、毡毯的富丽的货仓。这里还留下了一个游戏的印象：他们在拿我们开玩笑，因此我们不能以这些人做依靠。他们跟随在我们后面的队列中发出的嘲笑声也证明了我们的想法的正确。

制造蜡烛和胶料构成了此处居民主要的收入来源。在城中有一长列众多的工厂。人们还可以推想：一家制革厂和在这种散发着臭味的环境下的下等饭馆。就此，大家也就可以理解我们何以匆匆地跑到另一边的城门。

到了傍晚，塞切尼伯爵决定带着红色纽扣勋章去拜访副长官（Vicegouverneur）——一位将军①，以便从他那里得到建议和帮助。半夜时分，他在两名士兵的陪同下步行回来了。士兵的手中拎着少不了的大纸灯笼，灯笼上显眼地写着主人的又红又亮的名字。之所以这样，一方面是因为这是中国人夜间进行重要交易的习惯，另一方面是因为中国人都早早地入睡，陌生人能无所负担、无所争议地通过空无一人的街道。这是对所有欧洲旅行者的劝告：夜里得选好拜访的时间。伯爵受到了将军客气而友好的接见，不仅请他喝茶还向他保证：将军到明天早上会尽最大努力为我们提供船只。

当第二天将军回访我们时，已有五艘小船供我们使用。鉴于汉口来的炮艇可能会因为吃水较深而触底，他甚至提供吃水较浅的船只。这样，连同以前的船只，所有的船一起陪我们继续后续的旅程。这个情形清楚地告诉我们，如果能接触到中国真正的体贴别人的贵族，人们能从他们的一面学到很多。

在开行之前，我们还得让中国式帆船的船长安静下来。他不断宣称，如果我们不雇用他的船到老河口，他就会遭受巨大的损

---

① 根据己卯年（1879 年）夏季的《大清缙绅全书》，文中所谓的将军是指湖北提督李长乐，安徽人。

失。尽管伯爵满口答应继续委托他，结果他又说："这不行，水面太浅了。"在得到几枚银币后，他又满意了。

塞切尼和他的贴身仆人孔泽（Kung-sche）作为住宿处的船被选为餐厅。洛兹和我住在第二艘船上，我们马上就去把它布置得尽可能地舒服。我们的翻译辛选择了第三艘船，这艘船也是厨房。剩下的两艘船，在感谢官员的委托后让了出来。在礼炮的发射声中，我们在下午三点离开了樊城。

当天早上，汉江右岸就响起了有规律的炮声，大约2000名士兵出动了——为了证明恭亲王应得的尊荣。到我们出发时，庆典似乎暂停了。士兵们排成两列将他们巨大的锦旗插在自己前面的地上，他们握着埃及金字塔中就有的武器，鼓声急促，这一切就像进行一场军事表演。我一直盯着在看，直到船撞到了一个尖利的河底岩石。我们的舰队一直能听到右岸群山中传回的纯属浪费的礼炮齐射的回声。

近20艘运米的船停在河的左岸，五艘炮艇护卫着这次粮食物资的运送。这些物资是运给甘肃军队的。一个星期以来，运输人员一直在磋商是走陆路还是走水路，认为水道对于运输太浅的人赞成陆路，而陆路又比水路离灾荒区域更近。

饥饿是个危险的敌人。人们每天都在谈论新的抢劫行动，这些行动都是愤怒的饥民对旅途中的商人干的。甚至连有强大的军队护送的国库运输（当指京饷、协饷解送——译者注）都已经有部分或全部落入到绝望的人民的手中。在这种情况下，激烈的战斗出现了，已然没有什么可失去的强盗们常常是胜利的一方。政府因此命令运送物资的指挥员去执行至少让部分物资被抢走的使命。这样，至少可以阻止未来类似的大屠杀。

到了谷城（E-chou），大山直接挨着右侧的河岸，有时山体上陡峭的、赤裸的岩石还伸入了水面。近处的圆顶状山头仅高800—1000英尺。而越往西，山越高。这些光秃秃的独山共同组成了一个雄伟的山脉，这就是汉江和白水江（Bai-Sui-king）的分水岭。后者是嘉陵江的支流，在四川省的重庆汇入扬子江。这些山脊从西南的西岭山脉（Sin-ling-Gebirge）转向南方，然后作为昆仑山脉的一部分，转向西方，最后在襄阳府的西面构成一个星形。构成这样独特的形状本身就是非同寻常的。主体的山脊从深深的山口陡然升起，回复性山脊（die Ruekenfallskuppen）在高处堆积成雄伟的形状。虽然就视野所见，山脊很少能达到3000英尺，但陡峭的山脊因其线条分明、形式雄壮而有了高山山脉（Hochgebirge）的特性。从远处看，人们往往会认为眼前是无法通行的石墙，事实却并非如此。造成这样的错觉是由许多种原因造成的：山脉完全是光秃秃的，找不到任何意义上的树木；山脉本身破碎、陡峭的形式与更广阔的背景相混淆，以致被认为是一些大石块。

极目所见，山上只有可怜的草丛。这些草生长在陡峭的斜坡上，但数量很少，甚至还不够几只山羊吃的。雨水早已将腐殖质层冲刷进河里，河流将这些腐殖质层冲到下游肥沃的平原，成为那里居民的恩赐。汉江两岸的居民久已密集。而我却不相信，在这些有棱有角的山脊上生活的居民可能兴高采烈地散步，因为他们坐在粘土或芦苇建成的茅舍前，忧郁地、似乎苦苦思索地抽着竹制的烟筒里的烟，他们找不到工作，而面色苍白的孩子们则啼哭着哀求食物。

从外表上看，他们似乎很满足于目前的状况，似乎没有中国人曾爬出过高山。这一行为本身就与那些有声望地位的或富裕的人不相协调。因为这对他们来说是一种侮辱——步行去拜访邻人。当我们怀着特别的偏爱爬上了最近的山丘，并且勘查岩石的时候，我们不知损失了多少外在的光辉。尤其是地质学家洛兹先生，他除了六角转头，还带了一个巨大的锤子。这身打扮在饥饿的跟随者中引起了巨大的轰动。他们摇着头跟随着他的脚步，以怀疑的眼光监视着他的地质调查，因为他们怀疑在这岩石山上有什么宝藏。洛兹先生甚至还没有离开他的工作点，这些人就蜂拥到那里，以最仔细的方式检查他遗留在那里的敲碎的石块。按照他们的观点，欧洲人一定是在寻找金子或银子。他们的想法是：如果欧洲人研究的碎石中不含有最微小的贵重金属的矿脉痕迹的话，他们一定会表现出溢于言表的失望并将石头扔进水里。这是他们每个人都能轻易想象的。

汉江左岸一如既往地平坦——除了此前土地肥沃的特性发生明显的改变。有些荒凉的土地上还布满了石块，只有在受上帝赐福的年月里，土地上农作物的收成才够当地居民食用。在到达老河口之前，右侧的峡谷又出现了一个相似的平原。在更北的地方，无处不在的山地风光在暗色的背景之下远远地高出了地平线。

老河口（La-ho-kou）灰色的城墙已然进入了视野。我们的炮艇为了这场欢乐的到达，在桅杆和船缆上都挂了红色的丝质三角旗，连大炮上也有。一股顺风推动着船只迅速向前。如果不是炮艇船长高声大喊阻止了我们，我们可能会错过迎接我们的炮艇。这位官员向伯爵行跪拜礼后，送上了带有介绍他个人的名刺。他是一位军事将领，是经武昌的总督递信而为我们准备住宿的。他表示，能以个人身份与我们相识是一件令他感到高兴的事。半个小时后，在三次礼炮声中，我们在老河口登岸。我觉得似乎又一次到了樊城，这里有与之相似的房屋，相同的城墙，相同的环境：一样的商贩叫喊和咆哮以及港口的船只。

驻军长官的友好接待使我们有义务对他进行回访。穿上礼服后，我们让一个仆人给将军递去了我们的名片①。他的衙门位于城墙外，离码头很近。衙门的标志物就是一面长长的、暗白色锯

---

① 作者此处用了 Visitkarten 一词，似误，应为 Visitenkarten。

齿形的旗。这面旗挂在一根旗杆上，一直垂到地面上。

　　将军控制着由 80 艘炮艇和 800 名士兵组成的舰队。他早早地就在房屋的入口处等我们了。握手问候之后，他邀请我们走进了门槛。我们经过了一道很短的隧洞似的走廊，到了一个很小的、冬天般死寂的花园。花园里有一对南京（Ranking）制造的摆设小炮。一侧的大厅，按照中国人的观念，不仅布置得极其典雅，而且还有一座欧式摆钟。这座摆钟肯定不是直接进口的，玻璃和平板是英国式的，两面镜子是法国式的。翻译官辛不在眼前，这就使得聊天时大大限制了这位官员的无数问题。我们对于这些问题一律用已经准备好的常用话语回答："不懂啊！"（pu-tong-a）

　　将军是一个 56 岁的男人。这位清朝官员的情况也是在中国旅行的外国人中非常有名声的。在问及他的年龄时，总是以这样的方式，例如我们问："您近来可好？"接下来的回答决不会缺少诸如此类的客套话，例如："这是不可能的，我竟低估了五岁。"等等。我还记得，至少有两次，这位官员回话时只是沉默地点点头，其实他是想说："还不错。"

　　将军是总督（Vicekoening）李翰章的宠儿，他此前是在李氏的府邸中担任贴身仆人这种低微的职位。他知道要在这样的职位上为他主人的利益而努力。他必定没有经历辛劳而危险的晋升之阶而飞黄腾达——晋升为将军，并且因奖赏而戴上了带有孔雀翎的红顶官帽。这样的例子——按照我所得到的经验——是极个别的。我后来知道，中华帝国的官位，只针对在官员考试中获得完美的成绩的一些人。（作者此处似乎误解了中国军事官员和文职官员的不同出身要求——译者注）

　　将军的新职位使他在武昌（Wu-tschang）变得没有了朋友，而多了很多敌人。这些人努力使他在原本应该快乐的时刻非常痛苦。他的靠山立即委托他到名声最好的城市执行命令。在那里，他可以远离同僚的妒忌，与那里宁静、和平的居民度过一段时间。

在他谦和、可爱的友好中，他同时发出了必要的命令：扫清所有下一步旅程中可能遇到的障碍。此外，我们还必须租用这些小船——以避免因水面过浅船只搁浅的危险。此外，将军还为我们介绍了一位年轻的官员。他是一艘小炮艇的指挥官，他得到命令，将护送我们直到水路行程的终点站——荆紫关。

我们在衙门里呆了还不到十分钟就响起了敲门声，随后进来了一位新客人。这位客人的来访不仅使我们极为惊讶而且使我们非常高兴。这位天主教传教士虽然穿着中国服装，但活泼的语言和行为出卖了这位意大利人。

方塔塞丁（Fantosati）先生是罗马人。他作为意大利弗朗西斯会（Franziskaner-Genossenschaft）的传教士，在这里已呆了三年。令我们惊讶的是，他非常享受于将军真诚的信任和居民的尊重。这种情况在中国社会中是独一无二的。意大利传教团的章程要求从事一项十二年的工作，在这期间，每个成员都不允许长期休假或者永远回到故乡。结束传教回到故乡后，他们由于曾经受过贫困和放弃物质生活而可以得到一个收入丰厚的教士职位。

相比之下，法国传教士则要求毕生从事此职业，只有在得了危险的疾病的情况下，他们才被允许回到欧洲，而他一旦康复则必须继续从事中断的职业。

方塔塞丁先生已在中国待了十二年，他告诉我们，他的传教士生涯将在2—3年后结束。当我们在将军的引导下参观炮艇时，传教士正在他的房子里为我们即将的拜访准备欧式小吃。

当我们路过城市中在中国的垃圾堆（Urschmutze）中显得华丽而狭窄的小巷时，我们发现了妇女们独特的服饰，这些服饰和汉江流域居民的明显不同。宽的、绿色的、牢牢钉着纽扣的丝绸服装与土耳其式的美有很多相似之处。小小的畸形的脚在白棉短袜中更为凸显,棉袜在法式长裤和红色丝边小鞋之间忽闪忽闪。一件灰色或深灰色的小袄带有柔色针脚细密的丝质镶边,一直垂到膝部。她们的发型规模再小,也不会仅到盾形的髻——这个髻放弃了后脑上如向后延伸的钩子般的部分。

远远地,我们就看到了一个建有大门的屋顶山墙的拯救标志。方塔塞丁神父到屋外迎接我们,并先带我们进了他在中国设立的药房。一个仆人给无数顾客一些中药,或一些欧洲药剂。最大的销售品一直是化石粉或年轻的鹿或麛子的角,中国人认为后者的制剂能带来返老还童的力量。因此这种鹿角能有非同一般的价值,富人们为这种抢夺支付了令人难以相信的价格。两个花园,一个种菜,一个种粮食。这两个花园还将药房和忏悔室、居室分开。

我们进了一个带家具的半欧洲、半中国的大厅。在这里,我们贪婪地喝着数星期未见的黑咖啡。而方塔塞丁先生则向我们讲述了他职业中的很多趣事。此地皈依天主教的人数已超过了千人。要知道,在山区,这是一个很大的数目。劝奉信教的工作因有大量的财物支撑而大大加强了,这种情况尤其出现在饥荒肆虐和需要他作出牺牲的地方。当他向我们描述可怕的贫困和绝望的场景时,我们听得毛骨悚然。灾民的不幸首先是发狂、寻死,最后在体力削弱的同时,是肌体的萎缩和神志不清。最危急的则一定是对生存的放弃。政府在此间的行为是比较人道的,每天都运送各种荚果分发给饥民。这是在数以千计的贫民死亡时,官员们学会的一种能力。政府再一次想到了通讯和交通手段可能不够用的情况下,如何通过处理相似的事件,如何减缓灾情,如何使新播粮食成为灾民希望的重要支撑。当然也有这种可能:政府忘记了悲伤的过去,一切仍停留在旧的体系中。

年轻有力的人为避开愤怒的旅客而向南迁移,以求找到工作和粮食。一些人逃荒成功，而更多的人则饿死在途中。其余的家庭数个星期一直在吃含油的红土。然后，他们已然脆弱的胃开始拒绝吸收同样的事物。最后，死亡降临到了这些可怕的斗争中的幸存者的头上。

方塔塞丁神父亲眼看到了山民们如何将自己死了的孩子的手脚、头颅煮了吃个精光。事实上，真的发生了这样的一件事：人们在城市的街道上发现一些尸体，这些尸体的僵硬的手中都拿着啃光的人骨。城市街头发现的尸体达到了四百具。面对这震撼人心的场景，市政机构没有办法了，只是丧失勇气，无所事事。几个星期来一直停放在街头和道路上的尸体散发出的臭味则引发了别的危险的疾病。

方塔塞丁神父出现在了情况最危急的地方。在这里，仅仅是安抚的语言是不够的，而充足的捐献提高了他崇高的信仰语言的价值。这些捐献主要来自上海。仅仅在 1878 年，方塔塞丁得到的捐献金就达到了 6 万法郎。

传教点的小教堂虽然规模很小，但在其简易中却有一种神圣。很长时间以后，我又一次参观了一个天主教教堂，我必须承认，我被神圣的安宁和基督信仰的符号所深深打动了。一大早，一口小钟就敲响了清亮的声音，召唤去做弥撒。天天都是如此。一个看上去很年轻的中国神职人员轮换接替传教士作天主教的工作。当另两位先生参观这个机构的图书馆时，我利用这个有利的机会在大花园里架起了仪器，以期不受好奇的中国人干扰地确定坐标。

鉴于回到船上就难以享受丰盛的早餐的快乐，于是我们就接受了将军吃饭的邀请。将军的饮食是在传教机构中一位精通欧洲风味的厨师指导下完成的。席间，我们打听城市居民的人数。经过很长时间的辩论，将军做了让步，同意传教士的陈述：包括伊斯兰教徒在内，最多为二十万居民。

第二天早上，我们又开始了令人厌烦的转运工作。我们先邀请将军一起共进离别早餐，他和传教士一早就来了。将军表现得极为亲切，他允许伯爵使用他个人的游船直到荆紫关。与其它的船只相比，这艘船出奇的精美：有一个玻璃大厅和舒适的卧室。其余吃水较浅的船只纵向分成三个小间。一些水生竹节草蔓延上来，覆盖了船只甲板。船上水汽弥漫，我们的床不一会儿就变得湿漉漉的。船上低低地盖了一个竹质的席子，在其中难以站立。每艘船只允许搭载一名乘客，因此，在日后的旅程中，每天我们都得为了吃饭而停泊三次。早餐时，将军有生以来第一次喝了比尔森（Pilsen）① 啤酒（这是我们的最后一瓶）。此后，我们以最真诚的方式告别。当下午 3 点我们离开老河口的码头时，三艘炮艇上响起了礼炮。不久以后，一场突如其来的叛乱摧毁了我们眼中雄伟的城墙。

经过 70 里② 的航程之后，我们离开了汉江上的一个小城

---

① 比尔森为地名，现位于捷克境内，当时属于奥匈帝国。当地以盛产啤酒而出名。

② 里是清朝普遍使用的长度标准衡量单位。巴龙·里希特霍芬（Baron Lich-thofen）是这样解释的："中国的里是 360 步（Pu oder Schritt），或者说是 5×360＝1800 尺（Tschi oder chinesische Fuss）。尺的长度按照地区的不同有所变化，正如德国不久以前的码尺一样（德国的码尺在各地也不同，从 60—80 厘米不等）。里的长度也与之相似。中央政府在每个时期都对尺的标准作出过规定，里也随之变化。这也就意味着，在不同的朝代，长度也会随之变化。人们普遍认为，180—200 里为一个纬度，而古代的时候，里的长度更小，要 315 里为一个纬度。致力于制定标准度量衡和引入法国式标准的耶稣会传教士认为，经过特殊（exacte）的计算方法发现，200 里正好是 1 纬度。康熙（Kang-hfi）继承了这个说法，并将之作为官方的标准。直至今天，这还是最为有用的换算办法。这个里就是 556.5 米长，由此而推算的尺差不多恰好等于英国的英尺。二者之间的换算是 1：1.015。这样的换算结果是步略长于 1.5 米，尺是 31 厘米。中国尺度或者是 1 尺，或者是 10 尺，后者还被称为丈（J-tschang）。每一尺含有 10 寸，也就是讲一尺 10 等分。"——原注。

市——小江口（Siou-tschang-ho）。小船经过一个大转弯，转向西北，开始在汉江的一条支流丹水（Siĕ-ho）上航行。

小江口作为一个城市，因为其夹于两条河流之间如诗如画的地理位置而独具魅力。尤其是建在向外突出的山舌上的寺庙极大地吸引了旅行者的注意力。此处的汉江虽然水位较浅，但河面却宽达 350 步①。汉江左侧破碎的河岸要比正常水位高出 10 米。这里的村庄一个挨着一个，简陋的建筑风格说明此处的人们肯定非常贫穷。而右侧低矮的河岸也导致此处经常遭受洪灾。右岸的居民点较少也较小，大多位于类似峡谷的水沟和山间小溪的山谷出口处。

丹水在其与汉江的汇集处仅 120 步宽。汉江的平均水深为 1—1.5 米，还可以顺利地通行船只，而丹水的水深更浅，航行受到了很大的限制。小船不断地叮叮当当地撞到满是石头的河底。纤夫们吃力地拉着绷紧的缆绳，一步步地前进。基于这样的原因，我们在大部分时间里是步行前进，有时还要帮助筋疲力尽的工人们拖曳船只。山谷在很多地方变窄，成了陡峭的沟壑。虽然只有部分山岳有森林覆盖，但不可否认丹水上游的区域是风景优美而富有魅力的。高山的山脚直降到河流之中。但高山本身是单调的，由于那些从地底突兀长出的层状岩石而带有奇特的、几乎令人生厌的特性。房屋很少，难以组成相互联系的定居点。房子由晒干的砖墙或粘土墙构成，但其简陋的屋顶则由芦苇来构成。可以说，房子不过是必要的栖息场所。

当路过湖北和陕西交界的小城 Tschao-tscha-ho 时，我们看到了令人惊讶的工地群。这是人们难以第二次见到的。城市也位于河的右岸。粗粗一看，城市的环境甚至有点诗情画意。离河边不远的地方矗立着一座雄伟的官员衙署。一个小小的柏树林被那些

---

① 德语国家的步为长度计量单位，1 步约合 70—90 厘米不等。

秀美的、极有美感地组合在一起的中国式房屋分割成几列，与山岳紧挨在一起。而山岳则像是开裂的城墙一样，将城市涵括在内。右侧的山没有丧失山谷的一般特征，一如既往地作为河流的忠实陪伴者，划定了河流的河岸。而左侧的山谷，就像是被割开一样，突然断裂。一阵掠过平原的风将沙子（Sandrege）送进了惊讶的游人的眼里。这个平原在50里外又以同样的方式突然消失——就像它的出现一样。一个相对高度2000英尺的山群将之隔开。看起来，似乎是群山在突然消失之后又再次出现。这个平原多由黄沙覆盖，一度向东延伸，但这是不可能的：把地面抬升与地面轻微变化相区别。

我们在丹水左岸临近 Li-kuan-tschou 的地方过夜。在这个城市，我们没有见到由烧制的砖所砌成的城墙。这里的河床非常宽，达到了2300步，到冬季枯水时还会因为水位的下降而与沙海相似。零零散散的柏树和松树是方圆数公里之内罕见的较大的树林，也使得山麓略有生气。这些树被当成了圣物，倍享当地人民的敬仰。一般情况下，这些树的嫩枝遮庇着某一个大人物、文学家或官员的坟墓。在坟墓的附近，还有很多小小的粘土制的小屋，由黏土烧制的神像并不能给设计者带来一丝尊荣。

当第二天宽阔的山谷再次变成狭窄的沟壑时，我开始为河南发生的饥荒而紧张。事实上，这里缺少一个能解决把石头变成面包的棘手问题的神。山区景色充分体现了这个变冷的、面临毁灭的星球的特性。这个星球最后给居民带来的是饿死。

岩石景色需要的是一种庄严雄伟、陡峭的、能引人注意的形式，但这里没有。这些山的样子是对称的、招人喜欢的、圆的，人们在远望时就很容易产生幻觉：他们是为低矮的灌木丛所覆盖。走近看，则茂密的灌木丛变成了坚硬的石头和最光滑的大理石，二者之间只是在太阳的照射之下才显现出颜色方面的细微差别。由于在这个狭窄的石峡中总是有强劲的逆风，来来往往的船只一直需要人力拖曳前行。不仅如此，后来者还必须在前行时脚踩前人的足迹，以免落入江中。纤夫们交替着一会儿走在岸的左边，一会儿走在岸的右边，长久之下，他们在大理石的表面上留下了磨得非常光滑的、深深的脚印。不自觉间，我进行了比较：如果数百年以来，中国人一直踩在前人的足迹上，冰冷的石头就会变软——正如数千年来中国人所作的，千百年的时间使得中国人呆滞、保守的意义变得有弹性了。

附近多数锥形的圆山顶都被一个呈花环状的高高围墙围绕。这些显而易见的旧防御工事有时像废弃的城堡，有时又像喷发过的火山口。

这个荒凉的山谷里只有很少的居民，他们住在用大理石块垒成的石头房子里，或者是斜坡的岩石缝、洞穴中。一块大理石块在这样简陋的房子里代替了桌子、长凳、椅子。如果有三块或四块就可以构成一个用煤炭作燃料的灶台。从一开始，一氧化碳中毒在这样的环境中就是不可能的，因为空气会从各个不同的方向自由流通。

这个民族如何为生？这个问题没有答案。我曾想回答：靠抢劫？靠偷盗？尽管我们的翻译——辛出于自己个人的良知倾向于这样认为，我还是认为这样是不公正的——他们是通过诚实的劳动获得每天的面包吗——为了将那里的树木伐倒或烧成木炭，到处都看不到绿色植物。尽管原材料不足，树木都还是拿去烧制砖瓦了。为了能当船夫，他们肯定得移居樊城或汉口。

这里还残存着一些田园经济。在沙质的堤岸上，我经常能看到绿色的嫩芽，当然，嫩芽的数量很少，以致我在经过的时候必须小心翼翼，以免将这些屈指可数的小秆踩死。这些贫瘠的土地面积不大，多是辛辛苦苦从岩石堆里夺取过来的，而且是建立在水沟的石头平台上。尽管每年有两次收获，但产量很低，难以供养当地居民。

　　这里甚至连野兽的痕迹都难以发现。空气中是死亡的气息。即使只是一只鹞子飞在高高的天边，它的尖锐的叫声也能引起我们的注意。随后，它又向南方飞去，消失在我们的视野外，它没能获得任何猎物，必须寻找下一步的旅途目标。整条河流，即使是最隐蔽的洞穴，都已找不到猎物了。在渔业之后，当地人从两年前就已经开始了强盗行径，人们抛弃了网和钓竿——因为这些都是徒劳无益的。

　　我已对此无话可说。在这段短短的描述之后，读者已经可以对这片土地上的绝望做出正确的判断：居民们无法形容的贫穷与狞笑的饥饿幽灵。

　　河流越来越浅，事故增多了。随着时间的变化，拖船前行也越来越困难。纤夫把离开纤道、涉水而过看做是一件有利可图的事。在这种情况下，再多花力气可能是没有意义的，因为不再有猛烈的逆风使船只偏离方向。在英八那（Yimbana）这个小小的军事驻扎地，花哨的小旗使这个要塞在周围灰色的背景中显得格外刺眼。在我们炮艇船长的请求下，这里的驻防部队心甘情愿地帮助了我们精疲力竭的船夫。士兵们用他们强健的双手抓住了缆绳，帮助船只迅速通过了布满礁石的浅滩。小船的每一处接缝都在士兵们的猛力一拉中颤抖。

　　我们开始步行前进。所有的河岸都是指向荆紫关的步行大道。我们离荆紫关越近，路就越宽。毕竟，荆紫关存在着对驮物牲口的巨大需求。

　　1月15日早晨，我们远远地看到了令人感到亲切的房屋群落。峡谷明显变宽了，平坦的谷底和呈现绿色的原野表明我们已经走出了可怕的岩石区。

　　船员们在看到城市之后，使出了双倍的力气。在高兴的歌声中，他们将脖颈伸进了竹质的轭中，奋力前进。

　　我们看到了岸边的几群妇女，她们正在用冰冷的清水努力清洗官员丝质衬衣上长达数月的污垢。她们也看到了我们这些奇异的外国人，手中的衣物掉了下来。开始时，她们是目瞪口呆地看着我们，随后就是不可避免地进行评述，评述的方式肯定是作为女人与生俱来的添油加醋法。大约一半的洗衣妇（多数是年轻女子）没有等到我们靠岸就丢下手中的衣物匆匆地跑回城里。她们这么做，或许是出于害怕，或许是想成为第一个广泛传播新闻的人。反正，对于我们来说都是一样的。

　　在正午时分，我们停靠在了荆紫关——我们水路旅程的最后一站。

康有为日记（1886—1889 年）

张荣华 整理

编者按： 迄今公开出版的康有为著述中独缺日记类文字，但未刊万木草堂遗稿中仍保存着康氏的四年日记。1960年康同璧编成《万木草堂遗稿》抄誊本十卷，仅油印十余部。前五卷于1978年由台湾成文出版社排印出版，后五卷则迄未刊布，康氏丙戌至己丑年（1886至1889年）日记即抄在卷六下"杂记"类中。《康南海自编年谱》此四年记载仅三千余字，而日记篇幅多出五倍，内容亦不重复，颇资了解康氏在这段时期里读书、交游和行踪等各方面情形。今据全国政协文史资料委员会藏抄本录出。原抄件分段落而无标点，且油印年久，已漫漶不清。今对全文加以标点，讹误字或行文不通之处略加校注，标题系编者所拟，稿中缺字"□"系原抄者所加。

光绪十二年（丙戌）澹如楼日记

三月四日，阅日本人板会胜明子恭《甘雨亭丛书》。是书但收彼国木山簇物四家论著，多以理学兼词章，而程朱之说亦见于岛夷中。故日本之得宋儒书，自主慧始，二百余年，悃窝罗山出而学始大行，中间清原秀贤沉之，亦彼之胡余也。

日之有文字天历，皆百访之贡。其日本书记，则舍人龙王首创也。

四月四日以后无功课，不恒如此，奈何奈何！连日阅《甘雨亭【丛】书》毕，又阅陆心源皕宋藏书。自二十二至今二十日，以勋兄之丧竟废学矣。

九日，振舅来。日间少暇，晚间阅《会典》三卷。

十日晚，送振舅行。饭毕，与易一纵谈。阅得《会典》八旗户口一千八百三十九，皕宋藏书第六本三卷十九、二十，一无所取。

李焘有《续宋编年资治通鉴》十八卷，《四库》不收者，又有姚□□昕撰《太常国华礼》、王泾《大唐郊祀录》，又有《大会集礼》。

穆图善练东三省兵，拟每省马百匹，步八营，共四千五百人，合共一万三五百人，月饷八万九千二百，通计杂用约岁费百万。然度东三省非万余人所能守也。然筹饷已如是之巨矣。此间似应兼参戍兵屯田。三月六日禀报

竟日阅香山诗。先生得力在知足，盖阿于佛学者也。常云"五千言里教知足，三百篇中劝式微"。处处作知足想，故其胸次遥远如此。

十一日，《广报》说天津运使买挖泥船二只，为浚黄河用，价十四万五千。日本水师船共有四十五艘，内战船廿五艘，练船、储军械粮食船七艘，水雷十三艘。今岁已借法款六百余万云。

近在德国五里图船厂定铁甲两艘，装霍斯盖斯机器炮七尊、克鲁伯炮二尊、水雷炮五尊。又海军电云，曾侯[①]在英购洋枪二尊。高丽相为沈舜泽、谢缔。日本新公使为暨田三郎。

杭堇浦[②]《游灵峰山宝陀寺诗》云："定取平围面面峰，人天共听殷床钟。拈花试问三千佛，砥柱凝盘五百龙。海气隐空沉

---

① 曾国藩之子曾纪泽，1877 年父忧服除，袭侯爵。
② 杭世骏，字大宗，号堇浦，清学者。

落日，罡风吹浪卷飞蓬。白头老子浑无似，点笔聊书不定踪。"

五月九日，看《朱子语类》"训门人"及"吕东莱"二卷。"训门人"常责以悠悠度日，又谓为学当如救火之迅，亦迫切矣，然未见大头脑处。

朱子谓，伯恭门徒，气宇厌厌，四分五裂，久之□□□□。子静精神紧峭，使人□□而晡不同。苏子曰：□□□□□之为善，如火之必热、水之必寒，此由其气质自然是善。盖天下事理无论如何，皆是气质为主也。

朱子谓，陆子只说得许多利欲，便是千了百当，任意做出不妨。不知受得气禀不好，任意散出，不好的一起滚将去，岂不害事？

后汉郭躬父勤习小杜律，躬传父业，授徒众数百人。陈宠曾设咸以律学为尚书。此为律学，欧洲律有专门，似之。

西人谓，北极内自三百丈上便是冰雪界。《朱子语类》谓，赵子直登峨眉山，煮粥便不热，是也。

西藏之俗，兄弟三四人共一妇而分之，外交则告其夫，夫亦怡然。悦则相守，不愿同处则择所欲而适焉。淫乱纵欲，比欧洲又过之矣。

西藏人死，绳吊于梁，膝嘴相连，手插腿中，裹以□衣，盛以毛袋。尽其所有，半以布施，半以念经，夫妇父子，不留一物。哭尸数日，送□场缚于柱上，碎割喂犬，杵碎其首，炒面喂狗。喇嘛则喂鹰、火化、筑塔焉。若无钱与刚者，弃之于水，以为不幸。男女不着服，不梳不沐，妇人不带耳坠，富者请喇嘛念经度亡魂。夫以火化为不仁，岂知尚有喂犬者。欧人用为火药，亦非通中礼厚矣。然各有其化。若夫风水之说，则不在是。得无地有吉凶，感之者有祸福之异，他则无所谓吉凶欤？

西藏占俗，有喇嘛以纸画八卦，书番字而占者；有以青□排卦，抽无色毛线而占者；或敬□珠，或烧羊骨，看水碗，亦有验者。盖以人合天，精诚验物皆可，但有验有不验耳。

西藏礼仪多与泰西同者。噶隆□包见王公，并卸帽于手。王公见达赖亦然，达赖以手抹头而已。

西藏之刑囚曰黑房，不论轻重，用毛绳将四肢捆起。其死刑枪打箭射，或送獳貐野人食之，或送曲水蝎子洞食之。否则滴油其胸，或刀裂其肉。观此则中国之刑轻矣。夫刑何常之有？乱国重典，平国中典，有礼乐教化于先，然后能措刑于后也。

光绪十三年（丁亥年）日记

五月朔日至二日夏至。阅夏燮嗛父《中西纪事》。夏君，曾帅幕下士，目睹庚申之变，忧心蒿目而为之。自欧洲之通中国、天主之行、烟禁之兴，至于庚申京师议和，无不详矣。当时主战者若裕谦、陈化盛〔成〕、关天培及定海三领，则死于激战；而有功者若林少穆、邓廷桢、达阿洪、姚莹，则遭逮斥。若主和者琦善、伊里布、耆英、中锐、刘韵珂、桂良、花沙纳，俱无恙，保爵禄而享妻子。赏罚倒置如此。

分居之义，亭林所述，识之殊深。袁君载□〔独〕云："每见义居之家，交争相诉，甚于路人，则甚美反成不美，故兄弟可异居。倘能相惠，虽异居异财，亦不害为孝义也。"余谓此说最允，强人情以所难，务美名而贻实祸，殊可不必。《颜氏家训》谓："兄弟之际，异于他人，望深则易怨，地亲则易弭。譬犹居室，一穴则塞之，一隙则涂之，则无颓毁之虑。如雀鼠之不恤，风雨之不防，壁陷楹沦，无可救矣。仆妾之为雀鼠，妻子之为风雨，甚哉！"又曰："娣姒者，多争之地也。使骨肉居之，亦不若各归四海，感霜露而相思，伫日月之相望也。况以行路之人，处多争之地，能无间者，鲜矣！所以然者，以其当公务而执私情，处重责而怀薄义也。"其论深切详明矣。

顾先生曰："今人情有三反，弥谦弥伪，弥泛弥亲，弥富弥吝。"是晚阅《华严经》。

四日，阅《宋儒学案》，与易一畅谈。晚间，与溥讲古文，并抄诗。

五日，《新报》载美南省有木十六种，高一万英尺，短者五千英尺，坚实而长，可谓异木。前与易一言造气球可用翼，今巴黎有以电气为之。易一言江苏为中国富庶之区，浙江之前海回流，故钱塘湖与欧洲同，当为中国最盛处。谓诚然也。

广西出合浦，止有合水，不知可通郁水否？待考。

地中海为两海水会合处，直布罗陀口又窄，故为财脉所聚也。凡水聚处，山脉必盛，欧洲盛国无不在海边也。

六日，阅《会典》"户口"及《华严》一卷。

本朝丁税甚薄，自一厘至两余不等。

七日早，咏白石词数章。阅《庄子》一卷，《文史通义》一部，时已四点钟矣。晚间阅《白芙堂算书》。

八日午，看《华严经》及《白芙书［堂］算书》"天元"一法。

乾隆五十一年，直省州县应支官俸、长役全数、米马祭祀、禀膳孤贫等项，将留支例，概行停止。正耗全数有应支者，由司处给。遂令州县束手，不能廉洁。贪者变征于民，廉吏欲有所为，无下手处。呜呼！竭泽而渔，太酷矣！欲望其治，何可得耶！

十三日，阅英文二十六字母，而以嘎衣阿抚大为首。考天方字母，亦以阿衣兀谔昂为首。其出于天竺无疑，如唐古忒蒙古之从天竺出也。

欧洲训育，德三十五，英十六，法十三，奥十五，意九，兰三，而亚洲绝无此举。

西人择水而食，以为出于近日器艺之盛，不知古罗马时已有，长百里者每点钟通水一万斗，比纽约之水过桥百余里、引水八千斗者尚过之。

二十二日，看《格致汇编》第二年第九卷。

二十九日，连日病，风咳兼发热。为学无序，奈何奈何！是日看《列子》"天瑞"、"黄帝"、"杨朱"三篇。

七日，自午至申，阅宋王□性之《□记》一册，多记宋九朝君臣名士杂事，亦有足资义理者。院静无人，蕉阴覆地，绿色映窗户间，致足乐也。

乖厓苴蜀，钩距人事，记之小册。每观册，则行事多杀人。范荣仁父文度谯之曰：公首政过猛，又阴探人短长，不究实而诛杀人无穷也。近林文忠督粤，亦有小册数十，记以行钩距。张香涛来督粤，亦好伺察行事。皆在所戒也。

物以相较而高下始形，政以相比而是非乃定。独弦不能成声，独音不能成乐。算法所以有反比例，正以相反而是非反见。今欧洲之俗与我相反，正可求短长而损益，以得中也。

前朝宰相见上，无不命坐。命坐礼废，自范质始。温公谓，文胜而道不至，犹朽屋而涂丹雘。今之务为记诵以为文章者，可知已。

温公以魏为正统，书诸葛亮入寇，可谓无是非之心也。虽宋承汉、周之统，与晋承魏统同符，安能以本朝之讳迹易前代公论哉？朱子以为习焉而不察，当矣。

书言于不乐中求极乐，于极乐中不乐。其言似辨，其理其平。余丧少女，加以母姊有疾，为之郁郁累日，读至此而释然。

英国虽为君民共治之国，而甚不平等。其上议院皆用爵绅为之，教主参用十余人而已。虽有君主择用下议院人员之例，而君主不敢□焉。下议院亦只用英三岛人为之，允属地及入籍者不预，则尚门族、□郡望甚矣。

十六日，看《周礼》①"大学"、"明堂"、"学校"、"郊禘问"毕。其论"大学"之古本，而归本于诚意者，能用量度字义，言禘为祭名，祫不为祭名，甚辨。

以显微镜视物，动植物甚多，惟肥皂水能灭之。

郭延卿同□□□□谒道士王抱一相，抱一曰：皆宰相也。吕即岁中状元，十年为宰相，三金判河南府，郭乃得第，后亦果然。科第之微，官爵、寿命皆已前定。钟辂之言，不为妄也。鉴观于此，可释争竞。

荆公逸事亦甚多。荆公往来蒋山骑驴，提刑谒之，遇于道，移兀子坐，日影射荆公，提刑命伞就相，公却之。陈秀公镇润州，□□□□□喝道于舟中。荆公二人肩□□，与接于芦苇间，秀公大惭，归止喝道。居母丧，寝苫于堂。潘公遗人送书，以为老兵也，呼令送书，公拆之，曰：何得拆舍人书？侍者曰：此即舍人也。退曰：舍人□□荆公本为状元，以孺子其朋，语涉不恭降第。然荆公平生，略未尝言曾为状元，盖其气量高大，流俗好尚皆不在其胸中也。

尹师鲁性高而褊，与□梅诸公同游嵩山。曰游山须带得胡饼馈来，诸公谓游山贵真率。师鲁自知词不能胜，引手自扼其吭，群起救之乃免。性质之褊若此，与皇甫持正啮拔剑研鸡何以异也。滕元发为杜祁公作文学，私念此人骨相太寒，岂宰相之状？及见烛下展出，眼有黑光射纸，乃知其贵。后见荆公，睹眼光，亦然其相也。胡翼之谓安惇必贵。曰安生金玉色，金玉非富贵人用而自用哉。是夜观《朱子语类》"论仁义礼智"、"论学"二卷。

八日早，观智研堂《陆放翁年谱》、张穆《阎潜邱年谱》。是早读祭法、祭义一遍。傍晚大雨。"阎谱"卷三载《劄记》"宇中丞寿序"。云昆山有南禅寺，为周文襄栖止。僧言文襄屏

━━━━━━━━━━━━━━━

① "周礼"，疑应作"礼记"。

驺从，自携苍头就厨下爨，儿童妇女皆得至前，刺刺作吴语，故利病纤悉毕达，可谓长民者法也。

百诗七十，崎岖百里而求御书；其诲子孙，谆谆以进士为教，抑何鄙耶！能以考证经史自名于后，盖天性偶近故也。

百诗云：有志之士，务尽己取变于天之分，而力学以尽其才；固自有可传之道，与可以比拟之人，而无取于无过之学。盖百诗本无大志，安其所学，遂以自足，不过天资近考据，藉以成名。

百诗于博学五十人中，独许吴志伊之博览、徐胜力之强记，盖专以记诵为贤也。与汪苕文毒詈虐□，杭大宗亦讥其无鸿儒之雅度矣。谢山讥其未能洗去学究气，使人有陋儒之叹。盖限于天信〔性〕夫。

李终序《苏文忠集》云：古今作者非一，其以名天下者七大家。

沈休文云：《中庸》、《表记》、《缁衣》皆取子也〔思〕子，《乐记》取公孙尼子。《文选》注引子思子曰：民以君为心，君以民为体。又引子思子诗曰：昔吾有先正，其言明且清。皆《缁衣》篇，则休文信矣。其词与《论语》相表里，宜学者所留心欤！

辛楣谓，古圣贤求《易》于人事，故多□惠戒惧之词；后儒求《易》于空虚，故多深幽窈妙之论。学《易》可无大过，颜子不善，未尝夏行震无咎者，存乎悔，不远夏无祇悔元吉，可知学《易》之旨度。

达鲁花赤王巧谓取药包压之义，故元人称为监□□也。今《百官志》有诸乣详稳一员，乣乃部落之称，辛楣谓音"管"也。

元右丞乃用汉人平章不尔李秀，张经之教耳，南人入中书者，惟顺帝时危季。元色目三十一种，《辍耕录》详之。最贵者回回、畏吾、康里、唐兀、钦察、雍古。契丹、女真并谓汉人，不在色目之列。

元斡耳朵，营盘也。

《天官书》与《天文训》同言咸池。《天文训》曰斗杓为小岁，正月建寅，从左行十二辰。池为大岁，二月建卯，以右行而夏始。盖斗为市车咸池，亦以五车为□卫，有运行象，故指不逮以定四时也。晋、隋之史，时庵小星□，以之小星当咸池，失其义也。

《礼经》"裼"、"袭"无见文，孔氏《正义》曰：左袒出其裼衣曰裼，掩而不开曰袭。此定说也。吴澄谓直领而露裼衣为裼，曲领而露裼衣为袭。蔡德晋以掺袖为裼，衣下袖为袭，亦非也。又《聘礼》裼降立延，云表上有裼衣，裼上有上服，如皮弁祭服之等。夏则绿彩，上有中衣，中衣上有上服；春、秋则裧褶，上有中衣，中衣上有上服。皆同言中衣，不及裼者，盖在表始曰裼也。此正说也。孔颖达以表外有裼衣一重、袭衣二重、正服三重；郝敬谓裼外即礼服，俗同谓裼上有深衣，皆非也。鼎裘上有衣二重，必不如今人以冕为上服矣。既不以裘为上服，则无□为大毛、中毛、小毛及各色之备。如是则财力易办，亦劝靡之道欤！

唐、宋惟以纱袍为上服，知其表亦终以御寒，而不如今日之以表为礼服矣。

司马公有《荐贤录》，题曰举贤，能用心矣。

自书契肇兴，而声音寓焉。轩辕栗陆以纪世，皋陶龙□以命名。股肱丛脞，虞廷之唐歌也；昆仑沧浪，禹贡之敷土也；童蒙盘桓，文王之演《易》也。瞻天象则有蝃蛛辟历，辨土性则有瓯娄汗耶。宣尼删《诗》三百五十篇，而斯理弥显。伊感蟓蛣，界□□□，则数句相联；崔嵬虺隤，葛藟天黄，则隔章遥对。倘有好方知音者类而列之，牙舌齿喉犁然各当于心矣。

声成文谓之音，有正音以定形声之准，有转音以济文字之穷，转音以少从多，不以多从少。顾氏知正音而不知转音，则诿之方音，故扞格也。

文偏旁相谐曰正音，清浊相近曰转音，正有定而转无方。正音可以分别部居，转音则只就一字相近改借之用，而不适于他字。如难与转近，故傩入于叹韵；难又与从近，故鞼入于齐，非叹、齐可合于寒、桓也。宗与尊近，故伯宗作伯尊；凑与僧近，故凑脩作僧修。

刘熙《释名》谓古丰音居，今音如舍。按吾粤尚以本为居音，犹得古音之所也。因文字而定声音，因声而得训诗，其理一以贯之。

列国并峙，是以有争，若合于一，何争之有？各私其国，是以有争，若废其君，何争之有？今天下君有三，若民主之国，诚无利于为君矣。诚令法、美二伯理玺天德相约，尽废天下之君，合地球为一国，设一公议院，议政事之得失；列国之君充议院人员，其有不从者，地球诸国共攻之。斯真以天下为一家，中国为一人，兵军永息，太平可睹矣。美民主可不务哉！非是举，虽华盛顿之功德不足称矣。

《郊特牲》曰：男女别而后父子亲，父子亲而后义生，义生而后礼作。此数语，谈中国教治之本。欧洲之治教，其原由于不甚抑女，故不甚著别。不甚别，故父子不重，以子未必为我子也。虽欲极述之，恶得而述？此义礼之大异也。

以平等为教，以智为学，则男女均而女学盛矣。女归于智、学于游，智以同名，游以乐身，则无所恶于子。欧洲富家多恶子，有子辄送育婴堂。吾意智学既极行，妇人必恶生产之艰，而多行堕胎之法者。积之数百年，人类因此日少。日少则所为万物不修，必致大愚。至于束人行夫妇之道，再重父子之伦，而二帝三王五伦治变退焉。故无伦之教，灭绝人类，亦地球之一劫也。二帝三王以此始，亦必以此终。阳旺则阴生也，教伦绝类之后，必忧于父子，阴旺则阳生也。故以中国之教为长。

极乐世界，不能长久，□伦之教，末法也。末法千年，必为末人，教亦不久。夫妇、父子、君臣之教，道苦而教长，天地自然之理也。□伦之教，道乐而日短。人事讲求之学也。

凡治地球，尽废郡县，以三百六十度经纬线为界。每度之边，莫不树界，廿里一大界，五里一小界，高山、深川阴阳均之。其界之质，或石或铁，铭之曰：纬线赤道北第几度，经线东第几度，西第几度，赤道南亦如之。

凡地球言经线者，以海水之无岛无人者为主，□□公焉。

凡为其度之人，其衣上皆绣经纬线，使可望而知也，则政易成矣。

廿八日，早起，阅《仲氏易》。其言诸卦相变，及上下经反对，颇有条理，至于卦义则无所阐发。盖西河所得文词考证，而于理道本无断得也。再一阅谦卦，不足观矣。夜后七点钟，看《说文辨体正俗》半卷。十点钟寝。

廿九日，六点半早起，看西河《乐章议》。

九月初一日，看《皇言定声录》。

初二日，看《皇言定声录》。

初三日，早起，看《李氏学乐录》，颇合其节。饭粥后读曾子，皆礼也。格致之学，皆人事也，又见切问之功。饭后看朱子《仁说跋》，观《朱子语类》。

朱子记，古者男子拜，两膝齐屈，如今之道士拜。杜子春注《周礼》，当拜先屈一膝，如今之雅拜。则汉人雅拜，即今拜也。

朱子言乐称《通典》，温公、胡瑗、阮逸、沈括论乐，不读《通典》。然君卿以□言乐，亦未为知乐也。

七调之来自突厥，开皇末苏祇婆传之。郑译请用旋宫，何妥耻不能，止用黄钟，而谓□与吾道不合。然道乃无形之物，所以有差；乐律则有数器，所以合也。是朱子亦取苏祇婆之七调。今之乐，皆胡乐也，朱子取之。

两点钟矣，看《语类》九十一（言礼）、九十二（言孝）、九十三（诲孔盖周行浅）。三与朱子论礼服处，多怪当时公服及靴，皆本于隋赐，本是胡服。然则汉、晋以后，三代礼服久已亡矣。虽然五帝殊时不相袭礼，何服制之云哉？

朱子以算数言乐，又偏京房之六十律，言人言律，殆未能□乐也。朱子尊颜子，谓过汤武，不知从何观之。

光绪十四年（戊子）日记

余今岁自二月以事至城，值母病，未几而清明扫墓，又遇家姊之事，至四月而议行。又山游数日，五月、六月在疾病中。学之荒，今岁尚甚矣。六月六日，由广州船赴上海。十一日至廿六日，由新南升赴天津。七月三日至四日，雇民船入通州。八日乃至京师。冷雨打我孤篷，甚感人也。

春秋之时，大国求合，诸侯小国奔命。郤克以一笑兴师，卫文以不礼几亡。其国君相率皆报己之怨，以劳师丧民。不独政非及民，其知王室有几？人民之罹兵燹，可伤也。其公卿大夫之得考终、能保首领者，亦良不易睹。此乃知后世郡县之制，大一统以尊天子，其利民之政虽不举，然所以君民相保、天下安乐者，视封建远矣！

十月四日投书曾侯。十日曾侯来拜，与言澳门之事。云道光十九年，澳门葡萄牙总督来问粤督，粤督答于澳门夷地，我中国不过问。葡人今据以为辞，无如之何。今不过以夷地与之而已，非祖宗之地也。我问葡人扰我乡民如何，曰此自粤督不画界耳。

又与言变法，曰今日只有复先帝之成法。举国昏昏，况言变法乎？又曰土人陆师第三，水师第五，而泰西犹欺负之如此，盖炮械军兵之不足恃也。

余言君侯出使时，天下不颂君侯之公忠，及还国之后，则谤言盈耳，且谓女公子改用西装者。答曰：谤言我知之。我在泰西，尚能言一二事，今无表见，故有谤言。在总署言事，必当共言，即条陈亦当共上，一人不能言也。若儿女，从无西装事，不独在中国，在泰西亦无之。余云多用西人器物，故致此言。曾侯曰：少时用之尚多，今更少矣。

沈子培①言：讲治法者，举大纲，亦当及细物。此儒者之言也。

子培言：西人谓印度所以弱者，一国之中语言数十种，政俗数十种，文字数十种，所以不能为治。中国亦有之。士大夫之言与民间不同，公牍之言又与文字不同，所以败也。胡文忠每上奏折，必寄一书于军机，欲其事之通。此真能为政者欤！

曾文正述黄静轩之言曰：未死先学死，有生即杀生。

闭目凝神，以目光内视丹田，颇能养生。

十一月廿二，访黄仲弢太史、王旭庄中书、王□愈户部、屠梅君侍御，不遇。是日看曾文正《求阙斋日记》，十点半毕。（卷首亦毕，《读书记》则高邮之学也，暇看之而未毕。）

曾文正五六十时，军书之外，犹复治读《仪礼注》，其精勤诚不可及也。己未、庚申，红巾林立，而曾文正乃课诵《长杨》、《上林赋》。虽云好整以暇，然文士结习之深如此，与诸子之成一学者亦异。此后世所以寡成才也。

曾文正曰：古圣制作，皆本于平争因势，善习从俗，便民救弊。吾以老庄为体，禹墨为用。用人之法，曰广收慎用、勤教严绳。

料理官事有三：一摘由备查，二圈点京报，三□□缙绅。人才以陶冶而成，不可眼孔甚高，动谓无人可用。

兴箴沅甫谓事求可功，求成未免代天作主，颇中予病。

---

① 沈曾植，字子培。

文正自箴戒之语甚苦，真困知勉行之人。盖其学骛外太多，而自得稍少，故于从容洒脱、光明磊落处较少，然实可为中人以下说法也。

未能戒文字之累、好名之习，虽在室而治□□之时多，真文人结习也。余谓作人便有作人之结习，如好高骛远、富贵子孙，声名是也。

作文人便有文人结习，如诗文字训古考据是也，是皆为人而非为己者也。

新著笔记有论名望者，曰君子之自处，不肯与他人絜量长短，以为己之素所自期者大，不肯自欺其知识以欺天也。

魏安厘王问天下之高士于子顺，以鲁仲连对。王曰："鲁仲连者，强作者，非能自然也。"子顺曰："人皆作强之，作不止乃成君子，作之不止，习与体成，则自然也。"

文正论文，谓用意宜敛多而侈少，行气宜缩多而伸少。古人为文，但求气之缩，气恒缩则□□多□，□于文者当从此过。昔潘伯寅尚书谓余文塞，余行文，颇同此意。潘尚书知言也。

十二月十一日，读《南雷文集》。

三代而上，只有儒而已。后汉而儒林、文苑始分，宋有理学、事功、经制之异，于是儒林、道学分传矣。邓潜谷《本朝先正事略》又分儒林、经学为二，《函史》又分理学为二。古之学术岐于儒之外，后之学术岐于儒之中，各安所习，驳其异道，卒以自严，此学所以日乱也。

□〔英〕国城乡皆有学堂，无论贫富男女，自七八岁皆须入学。每七日出一本士，城内出一□□，不足由地方官捐补。大学院每季出十五□□，诸生诣力之克副而愿学者，即听其来院肄业。乡塾共分十余班，以次升转。未升首班者，不得出院就艺。乡塾上有郡学院，专教格致、重学、史鉴、他国语言文字、算历各学。再上有实学院，院有上下。上院与仕学院略似，分十三班，师二十人，业正音、写字、数学、本国暨拉丁文字、地理、格物、国史、珍画、英法文字、化学等类，院中师长皆进士。首班生徒，先试本国文章十七道、法国文章十四道，各以其文律语言书之上实学院。考得首班，选大学院肄业，免三年军籍。下院首班送入技艺院，仍免军籍。再进有仕学院，以拉丁、希利尼语为主，又须学法英文字语言，为牧师者兼学犹太语。十八岁上始准学，每考仅十余人，入选则赐文凭，入大学院，次入师道、格物、武学院。

大学院书籍、仪器甚备，一经学，二法学，三智学，四医学。经学分耶稣、天主二教，旧约经以犹太为主，新约以希利尼为主。旧约以阿拉、巴比仑、叙利亚、霄尼基、埃及及诸国文义相□，入选可任牧师之职。法学分教与政，考论古今异同、本末利弊，如何更变损益；奉使外国，如何善于说讲感客。商事款并律例诸法，必深切讨论，然后入各衙门，涉历各事，候国简派。智学一学话，二性理，三灵魂真幻说，四格物学，五教妙谛，六行为，七美形，八书理名家言。医学，一形体，二功用，三病源，四药品，五制配。

又技艺院学气机、电报、采矿、陶冶、制炼、织造、屠□、食品。格物院与技艺连贯，多发源算学，以几何为宗。几何者，言度、言数、言形，究方圆平直之情，画规矩准绳之用，故郡学院重之。其最要者，则力学、化学。化学则格金石、格粗物、格胎卵湿化各生物。观天则有测天镜仪，而算学其要焉。

船政院为行船之学，先通数国语言文字，并娴几何、天文、算法、地理之学，随处知船在经纬线若干分，各处潮路，各国海口水之近浅、礁石、风信、潮汐若何，考选可为副舵工，阅历有年为正舵工，后乃为船主。

武学院与实学院同，但多武艺、兵法、御马诸技。取后任旗长升千总，如才识超群，则调京师大院习兵法，如测量、图画、地利、各国水陆战法。水师则测风防飓，量星□石，辨各国兵船，议各处沙滩、水面阵图，截敌人不克奔之法。

通学院以数学、文学为尚。更有农政院、丹青院、律乐院、师道院、女学院、训瞽院、训聋喑院、训孤子院、养废疾院、训罪童院。余有文会、夜学、印书会、新闻馆诸院。悉隶文教部，每省派有主院二人。

古有官师合一，有一学必立一官。秦人以吏为师，不为过也。特所设者非其人耳。刘向叙百家，章□《七略》，皆以为出于古者之某官，即其意也。

后世儒术既盛，势若统一，实则不然。若韩昌黎之为儒家，柳宗元之为名家，苏洵之为兵家，苏轼之为纵横家，王安石之为法家，其取力端绪究竟，编文章者正当分别观之，据为叙录，以续《七略》诸子之后。

《七略》有互注之法，欲明大道之条别，不计甲乙之部次也。其义例见于班书者，如权谋家有伊尹、太公、管子、荀卿子、鹖冠子、蒯通、陆贾、淮南王九家之书，而儒家有荀卿、陆贾，道家有伊尹、太公、管子、鹖冠子，纵横家有苏子、蒯通，杂家有淮南王，兵书技巧家有墨子。而墨子曰天地委形，身非我有，所宜保守，惟在灵魂。吾内其魂而外其身，血气不充，灵魂亦弱，吾亦不敢不保此身焉。

光绪十五年（己丑）日记

九月二日晚间，乃得电汇。是夜论□俗，兼到仲弢处夜谈。三日延秋先生忌辰，诸长捧手致祭。入城诣连生编修、伯熙祭酒告别，在伯熙处坐谈至夕返。至聚宝堂与屠梅君、沈子培、董仲祓酒谈，至四鼓乃散。

三日，停车大清门前，瞻望宫阙，徘徊久之乃去。夜观戏局，几至天明。有二伶弹琵琶，二伶合唱，余赋一小诗曰："银烛僝僝夜五更，凤城秋梦未分明。不堪酒渴微云后，一曲琵琶带别声。"

四日晏起，且有零事。黄季度约至陶然亭，纵望京国，为大感慨。

五日成行，打尖于余家集。过张家湾，广城屹然，过桥绿柳万株，流水回抱，白鸭泛泛，有江南风味。此地亦为粮船之所集。夜宿于马朗〔厂〕，去京七十里。

六日，四更起行，天明过安平镇，打尖于河西务，宿于杨村焉。去天津六十里。

杨村之北蔡村，佣人程福所居也。程福请一归，许之，停车于其村外候之。其村以土为堤，上种垂杨，高皆六七丈，居然绿杨城郭也。到天津后，程福还。

七日至天津，访晦若不遇，路过□庄。

八日早，搭"通州"则已乘潮行矣，候之海口。菜畦柳堤，弥望苍翠。夜饮大醉。

九日，搭"武昌"启行。自天津泛海，月夜听某《调寄采桑子》，词曰：

驾浪长驱蓬□路，宫阙白银，夜有琼华驻。欲采琅玕知是处，月明沧海人归去。

直上仙槎河□□，目极紫澜，百变蛟龙舞。九万天风吹浩浩，星辰回荡瑶台雾。

天津船遇龙君季兴、罗君（锡祺、绾云）、何君仲㒸，颇藉其招呼也。

十三日至上海。（自津至沪，连日抱病，苦不可言，此甚念清福也。）

十四日游徐园，得一诗："萧风城雨墨模糊，强病重游秋气苏。去国情怀存宝剑，寻花心事落当垆。过桥鹅鸭频相恼，登阁棠梨暂借扶。碧海涓涓通是处，坠红消息岂真无。"

廿日，搭“翔凫”小轮船入杭。

廿一日，三点钟开船。是日风雨杂作，道黄浦江，过嘉鱼，夜泊嘉兴。

廿二日，风得稍晴。越中水程皆是菰蒲杂树，石桥无算，粤中花埭似之。过石门，申刻至杭州学署，时夜漏已深也。

廿三日，游灵隐冷泉亭。其前为飞来峰，有三洞焉。灵隐为战火所毁，致今仅有僧廊耳。山水中等，亦非绝异。殆藉西湖之力，游者为多，故如是显耳。磴道盘旋二里许，万竹森森，则为韬光，能俯望西湖之胜也。有高宗御制诗焉，其地为高峰也。

游韬光得一绝句：“深深万竹一峰圆，磴道盘青欲上天。空翠湿衣山雨合，身行云雾作飞仙。”

廿四日，雨，欲游不得。午间峄琴学使来，作半日之谈。然余病未复，绝无谈兴也，但谈京华近事耳。

廿五日，与刘虚斋孝廉为湖上之游。先至退省庵，彭公雪琴之行庐也。与三潭印月相连，石桥三折，楼榭六间，修竹夹路，残荷满塘。其外为堤，环植垂柳，高高然在湖中焉。将来为彭公之祠矣。三潭月有僧寮数座，石桥数折，为亭焉。外有石塔，亦在水中，云有三月，未能知其故也。回棹至湖心亭，泊舟栖霞下，饮酒于总宜楼。入里湖谒左文襄祠，其左为花神祠，其园即竹素园，有堂祀李敏达焉。流水绕园，夹以太湖之石，为徘徊久之。

谒岳武穆祠墓。（祠后有石像，后殿有岳之夫妇像，诸子配焉。）

“西湖秋水绿沄沄，路入栖霞日已曛。北狩两宫难返驾，南枝大树欲成军。空阶铁像生青草，旧史金陀写碧文。一树冬青凄绝后，枉将冤狱结纷纷。”

西湖经乱后，前贤祠馆多废，中兴诸将祠宇云起。左、蒋二公，故应俎豆。吾家中丞公平浙之功不少，不得配享其间。刘典冒功，俨然崇祠矣。

"浙水当年平盗寇，中兴诸将占湖山。吾家不少兜鍪力，但觉刘公颇厚颜。"

栖霞下即岳武穆祠，与左祠相倚，其泊为市，湖里人家之所聚也。

洪杨之乱，无不焚毁，惟岳、于二祠俨然存焉，想见二公之威灵焉。祠像奇大，高盈丈许，立碑殊夥，惜日晡雨大，不能遍读。门有夏言和公务词致佳，书尤工，想见此公气魄也。冒雨寻岳王墓，古柏犹存。过石桥有重门，则墓在焉。翁仲石马各半，二铁人已碎，想其子孙为之也。石桥前为启忠祠，祀岳三先世焉，所以报忠崇德至矣。还过风林寺钟声鉴然，则葛岭之麓也。舟巡逶垂柳间，至西泠桥则苏小墓在焉，为低徊而后去。循孤山之背，在白沙堤内，是为后湖，山麓竹树阴森，夕阳回望，具北范得意笔也。登放鹤亭谒和公祠墓，循磴道至山顶，万木萧萧，落叶满道，秋气逼人矣。回舟绕孤山谒行宫，文澜阁藏书在焉，惜不得入也。还至平湖秋月，有帅公祠焉。细雨入夕，回棹至城，已上灯矣。

《游天竺寺》

万山深碧里，天竺数重回。落木秋风见，分香山寺开。

凄凉宝掌寺，零落客儿台。只有钟声咽，三生又再来。

《游凤篁岭龙井寺》

秋风来问凤篁岭，二老遗踪不可寻。野竹半生池馆废，只余龙井一泓深。佛堂新筑半寮初，病废残僧亦嗣居。茗罢劫余空叹息，辨才当日果何如。

《谒于忠肃公祠》

华夷渐无界，社稷赖斯人。惨狱同鹏举，公才过太真。

秋山落叶拓，湖水洁蘩蘋。冒雨求祠墓，庄严拜大神。

《调宗齐天乐》

遍西湖垂柳修竹，裹成一片深绿。群岛摇波，离宫压水，入琉璃寒玉城。窿曲曲，有柳外轻舟，花边绣縠。回首夕阳，孤山深处看□幅。

扶杖□寻山麓，问旧家林馆，只余丛木。名士台倾，美人坟小，都是秋心相触。庵庐又筑，叹绝好江山，为人新属。细雨西泠，问岳王祠墓。

廿六日，晴，登城隍山，即吴山也。是山自天目、灵隐、南山磅礴□□，皆拥护此山。而入城东望钱塘江，一线涛头，回绕西湖，如一白水。北望临杭城，屋瓦万家，粉墙低亚，可谓气象万千矣。是日再游湖上，扁舟荡入里湖，沿苏堤而行，南北山环碧倒翠，插玉水中，苦竹连山，荷花盈沼，极望湖波浸濡山脚，绝无人踪，里湖胜于外湖也。泊舟“苏堤春晓”，盖第三桥也。登桥而行数百步，内桑树夹路，垂柳拂水，登桥则兼揽内外湖之胜矣。循堤行入崇文书院，诸生颇有读书声。过刘公祠登舟后至放鹤亭，系舟柳下，冯小青之墓在焉。由放鹤亭东行，柳蓼深□，依山倚水，幽瀧独绝。

《调寄捣练子》

波洒洒，雨萧萧，夜打孤篷听落潮。秋梦忽忘身是客，冷云飘压入西桥。

《夜泊石城，忽思今日已十月朔矣，怅怀弥已》

冷雨终霄打草篷，石城小泊夜闻钟。南来北去成何事，屈指今朝已孟冬。茗霅百里路，肥竹与垂柳。小艇穿菰蒲，大舸鸣柁走。时时见飞桥，卧波矗左右。城窿何盘盘，苔莓封之厚。沿溪绕曲曲，抚樯在前后。云此是石城，小邑万家有。淫霖已两月，禾稻芽已朽。县市米骤腾，民饥何以救？斯诚有司忧，羁客宁独否？夜雨打孤舟，愁绝不得酒。孤灯照寒江，拥被伤怀久。

至水浸路穷而返舟中，回望夕阳在山，碧峰深深，为孤山佳处也。穿白沙堤而出，听舟行，独步堤上。垂柳倚夕照，与湖水摇成碧绿。步至湖秋月亭后，访得苏、白二公祠，入谒焉。其旁有副使姚公祠，后为学海堂，杭人肄业之地。柳塘荷沼，随在有佳趣。过诘经精舍不入，至云因寺，则废瓦颓垣，时则有土木之工，�㗁声盈耳矣。泊舟垂杨之底，杨枝垂下数丈，力披杨枝乃能入舟。惜日夕情意匆匆，身在图画中，他人未能领略也。回望行宫红墙，南北诸山荡摇湖水中，极目一碧，然晴湖终不如雨湖也。

廿七日，游天竺及凤篁岭。出清波门，跨苏堤，过花港观鱼，为里湖幽绝处。荷荡数十重，时有人家杂居柳荷深处。此间泛舟，较孤山似更有味也。余为一小诗曰："百亩荷花占一洲，里湖深处结红楼。琉璃世界饶消受，更傍苏堤掉小舟。"

中、下天竺相去数十步，经焚毁后，绝无佳处。问寺僧以宝掌桥三生石，皆不知焉。上天竺曰法镜寺，既入境则有山市，皆卖香烛，司市事者僧人为多。时时有茶饭、卖菱角杂果于其间，别一境界也。法镜寺新修梵宇一二重，颇为壮丽，阶前宋桧，犹自青葱然。三天竺万山拥护，独占山灵，香火之兴，当无已也。

天竺绝无佳处，惟自九里松来，万木夹道，苍翠无尽，流泉涓涓，碧□不绝。肩舆左右望，应接亦不暇也。

自天竺至凤篁岭，逾山而行。连山磴道盘折，岩洞峭窈，泉瀑淙潺，涧道曲曲，皆有桥架其上。舆轿逾岭，苍松倒挂，万峰玉露。俯视天竺，在诸山凹处，绿树人家，自成深苑。东望西湖，清波一勺。栖霞葛岭，伏地拜谒，乃钱塘之□沙也。孤山如覆芥著杯水间，而行宫红墙，映水照波，犹自动目。迤望钱塘江，滚滚一线，群山揽之，气势磅礴，非复西湖□□也。下石磴数百步，夹以树木，磴尽即凤篁岭。旧时遗迹无复存者，僧寮一间、龙井一泓而已。酌而饮之，味甘如醴。问坡公辩老之迹送迎桥，不可得矣。残僧烹龙井之水为茶，酌之乃去。欲至云栖，则舆夫以晚不可至。在杭数日，访于忠肃寺不可得，观湖山便览而无有。道过南高峰下，有祠翼然，神像森设，曰旌功祠。过之数步，心不能已。欲知之时，西风吹树，叶栎纷然而下，密雨飘人。冒雨至祠，乃知即于少保祠也。后堂为三代祖父，忠肃公像甚秀伟，草草读碑不能尽。旁即其墓，先墓附焉，立碑亭一。风雨萧萧吹鬓，不暇徘徊矣。晚归，过苏堤登桥，西湖绿波邈然。明日行矣，为徘徊久之，得诗一首："苏堤柳色雨模糊，水藻摇波碧欲无；惆怅明朝荡舟去，晚烟楼上望西湖。"见里湖荷荡中人家，羡之不已，安得移家就此也！

廿八日，雨，不能游。打听轮船不可得，于是定游苏州矣。午后到药园中定春亭小游。是园中凿一池，池上为亭。石湖三折，池中残荷犹满，环池为路，约以红阑尽绕。以正北为楼，旁莳花药，旁屋三间，颇有幽绿之气。楼上庋书，回坐阅之，携其《藩部要略》（书局祁韵士辑刻）、《夷氛闻记》、《赵氏丛书》（内有《英夷寇粤始末》一），看至四更乃寝。

廿九日，早起，既托刘君虚谷代雇船。肇公来小坐，候见出门，返乃行检点行李，与虚谷谈文。早膳后，□公来谈，一时许乃行。虚谷送陈墨端砚各一，潘公送茶叶四樽、茶饼一箱、宋碑三套，皆受之。买物乃行，盖开船已三下钟矣。是日出杭州。

十月朔日，宿石门，小雨不能行也。自石门至嘉兴一百里。

二日，宿嘉兴。入城一行，市井嚣隘，雨气昏昏，遂返。记自廿一日宿嘉兴，于是再宿矣。

三日，宿吴江。午刻过平望，溪桥曲折，人家傍水。自平望至江趋十里有石堤，下为桥洞，取以界太湖者耶。

自嘉兴至吴江一百二十里。雨入船窗，被褥为湿。船中看《文选》。在嘉兴买蟹三个，酌酒独饮，陶然大醉。数日吴越舟行，晚泊水市，夕烟打篷，颇令人愁绝也。

"溇泖菰蒲秋水生，扁舟载酒数邮程；不堪去国怀乡客，夜夜孤篷听雨声。"

四日，晓起，料理行李，望见苏城。沿城□坡，下有藻荇，浮鸭泛泛，帆樯萧然，荡桨徐行，忘其为都会也。入水门，至胥门内同恰安客，旋过两广馆，有当邑凌县丞鹤舫在焉。游恰园，回廊拗折，水石台馆颇佳。其为廊善用遮法、拗法而已。入门回廊四合，折为二亭，中空植竹。沿亭而入，东为长廊，西为岁寒堂及老抱琴室，堂屋二重，中树奇石，故又为拜石轩。是为正堂矣。循廊直入，中曲而停抱者为亭及室，三廊折而西矣。岁寒堂中，以墙隔之，则为夹廊焉。出廊而望，则为水石池台之聚。廊有高下，折而南行百步，为会碧馆。曲池三折，甃一湖石，石皆为洞，高下曲折，为亭凡三。馆旁一室，位置楚楚，馆外竹篱中蓄鵞鹤，旁为迳窟，中有室，曰"旧时月色"。循廊□□折而北，狭仅数丈，面山临池，为一船舫，东为鹿栅，曲路登石山矣。廊后垣墙高闭，入为一堂，曰"琼岛飞来"。旁出后一堂，则为内室。总而录之，其外以廊胜，池树山石虽幽，亦寻常园囿所有耳。虽然，吾粤中及京师便不可得矣。

晚游沧浪亭。入外门，绿水红栏，人家两岸，既已幽绝。度桥得门，循廊高下百折。廊旁为楼馆，长廊绕园，纵横百步，中为石山，窍而洞，突而为亭，平而为台。其廊馆高下凹突不一，其形虽幽而非其胜也。其胜在廊外之廊，湖石低绕而下，上俯临荷荡，长杨杂沓，廊尽为亭，在湖石上，残荷高柳映带，坡塘数十亩，其后皆园林也。斯其幽瀲绝世矣。其东为廊三折，为堂三重，有亭耸然在山耳。洞可以远望。入门之东，为堂室一二重，其外有溪桥环之，翠柳红桥，映带无尽。此则以地胜天多而人少者。

沧浪亭斜门为可园，巡抚黄公彭年新开学古堂于其中。长廊回折，凿池筑山，为堂二座。西为斋房三重，亦弦诵之佳所、筋咏之胜地也。

五日早起，天晴，旭日斜升。自浙至苏十日间，雨未尝息，至今日乃见晓日耳。命舆访江庶常建霞、费庶常屺怀，皆不遇。乃游狮子林，地阔十余丈，深六七丈耳，而洞疑幽深，若入无穷玲珑深窈，可谓巧夺天工矣。

〜〜〜〜〜〜〜〜〜〜〜〜〜〜〜〜〜

下期要目

〜〜〜〜〜〜〜〜〜〜〜〜〜〜〜〜〜

静生先生遗墨

胡宗刚 整理

说明：范源廉（1876—1927），字静生，湖南湘阴人。少孤，从舅氏读书于清泉书院。戊戌维新，考入长沙时务学堂，为梁启超得意门生。时务学堂停办后，东渡日本，受学于东京大同学校，旋转学于东亚商业学校。1900 年秋，曾回国携胞弟范源濂（后改名范锐，字旭东）一同赴日留学。范源廉第二次赴日本后，转入东京高等师范学校，攻博物学，曾任留学生总会副干事长。1902 年，在东京创办宏文学院，为留日中国学生开办速成法政、师范等科，先后有千余人在该校肄业。1904 年归国后，出任京师大学堂师范馆东文分教习。1906 年创设殖边学堂，招学生百余人，传授蒙、藏语言及垦殖等科目。又参与创办优级师范学堂、清华学校、南开学校。1909 年发起成立尚志学会，购置会所于北京化石桥，并筹集基金，梁启超及许多早期留日学生均为会员。该会以增进学术教育，发展社会文化为宗旨，开办尚志法政专门学校，设立尚志医院，编纂《尚志丛书》，翻译出版《哲学评论》等国外文化及科学名著数十种，邀请西方著名哲学家杜威、罗素等来华讲学，活跃中国知识界的思想。1910 年升任学部参事，拟定学制及各级学堂章程，以期全国学堂悉统制于部章之下，然后徐图教育之普及。民国成立后，曾三任民国政府教育总长、上海中华书局编辑长、北京师范大学校长、中华教育文化基金董事会董事与干事长。1927 年病殁于天津寓所。

其逝世之后，中华教育文化基金董事会与尚志学会遵其遗愿，于 1928 年合组成立北平静生生物调查所。该所后来发展成为民国时期中国生物学最大的研究机构。1949 年中国科学院成立，其植物部与北平研究院植物学研究所合组成立中科院植物研究所，其动物部后来也演变成为中科院动物研究所。

范源廉于中国近代教育、文化、科学等诸多事业，贡献良多，然学界至今对其文字著述、生平交游皆未见整理刊行，给研究者带来不便。在抗战胜利之后，静生所所长胡先骕曾委人整理其遗稿，并准备撰写其传记。后受社会动荡影响，仅整理出《静生先生遗墨》八卷，亦未刊行。今此八卷，尚存七卷，分为会务、荐函、捐启、答谢赠书、复候吊唁、文诗联、束约等。其中会务一卷藏于中国第二历史档案馆，其余六卷藏于中国科学院植物研究所档案室。遗墨形成时间起于 1925 年范源廉任中基会干事长，止于其去世，涉及教育、科学、文化、体育、赈灾等内容。现按原来目次，予以过录，不辨之字，以□代替。原有题目，也为沿用；原无题目，酌予草拟，并加＊号以示区别。

之一：会务

致驻美施公使①函

植之仁兄公使阁下：

远违雅苑，时切弛思，敬维勋猷日懋，动履绥和，为颂无量。年来国内政局未宁，学务深受影响，经费支绌，百举皆废。美国退还庚款余额，为教育文化基金，适在此时，为助甚大。此事经营数年，远迩属望，本赖鼎力主持，卒获如愿，嘉惠学界，

---

① 施肇基，字植之。1921 年起任驻美公使。

裨益邦交，闻者莫不忻佩。去岁董事会成立，弟亦滥竽其间。今夏开会，复承同人不弃，被推为干事长。自维庸拙，殊难胜任，况事属创局，职在执行，责任尤重。比时辞不获已，只得试一为之，期效绵薄。刻下会务伊始，头绪繁多，绠短汲深，时虞不逮，惟乞南针时锡，示我周行，毋任企祷。专此。敬颂韬安。

弟　范源廉　拜启

致顾维钧黄炎培函 *

少川、任之先生大鉴：

日前奉到来书、来电，敬悉。董事会事务所开幕，台从不及莅会，是日开会时已由弟遵代报告，兹将剪报一段寄请察阅。招待美使茶会情形，具如所载不赘。至茶会毕后续开董事谈话会，所议定者三事：

一、美国拨还余存庚款，计美金一百三十余万元支票一纸，现由美来华之途中，俟美使馆收到转交本会后，即交北京花旗银行存储；至以后每月由海关拨交本会之款，则交上海中国银行存储。

二、增订分配款项原则之附言。

三、干事部增设专门秘书一员。

是日董事到会者为颜骏人、周寄梅、张伯苓、丁在君、贝克、贝诺德、蒋梦麟诸君与弟共八人。本会会章及分配款项原则等件，现正付印，印就后当再寄上。特此奉告。即颂台绥。

十四、七、三十

致鸿岚函 *

鸿岚先生大鉴：

违教日久，良殷想念，屡阅报纸，藉悉旅程，为国宣勤，至堪佩仰。中华教育文化基金董事会本年六月初间在天津举行第一次年会，议定设立事务所。七月廿八日事务所成立，是日特开茶话会，兹将剪报一段寄请察阅。会时情形具如所载不赘。是日董事到会者为颜骏人、周寄梅、张伯苓、丁在君、贝克、贝诺德、蒋梦麟诸君与弟共八人，此会务之最近概况也。基金董事会之组织在我国尚系创举，国人以台从正游欧美，彼邦公益事业发达，类此机关所在多有，拟请就近便为考询。凡业务之经营，款项之处理等，如得取彼成规，藉资考证，于本会进行自必有益。至为此事所必需之费用，容由本会奉缴。多劳费神，无任感谢，并请将通讯处见示，以便随后报告一切。专此奉布。敬颂台绥。

致王亮畴函

亮畴①先生大鉴：

启者：国立北京师范大学董事会成立有年，其职务详见董事会简章。梁任公、熊秉三、李石曾、张伯苓、陈筱庄、邓芝圃诸先生皆现任董事，弟亦滥厕其列。今岁开会，因有期满改选者，公推执事继任。弟曾通电奉告，当承惠诺，同人皆极欢悦，已由学校照章呈请教育总长加具聘书，不日当即奉上。兹将北京师大组织大纲及学则撰要一本、董事会简章并周刊各一纸送呈，敬祈惠收察览。

年来时局不宁，学务深受影响。执事敦品励学，众望所归，师大校务从兹得承鼎力共事，匡襄前路光明，更多希望矣。曷胜□幸。专此布达。祗颂台绥。

---

① 王宠惠，字亮畴。

致北海公园董事会函

北海公园董事会台鉴：

　　敬启者：昨私立勖勤学校校长梁毅君来访，谓该校向恃官厅补助及各界捐款为经常费，现因战事影响，劝募维艰，校务进行极感困难。曩者承北海公园当局惠助，准将公园开放，俾收票资藉事维持学校，受惠实多，深为感谢。现值校款奇绌，又至山穷水尽之境，拟援前例，于七月二十八日至八月一日请特予许再假公园售票筹款，俾该校得以继续支持，并送到函件，请为传达。

　　查该校成立有年，任事者多历辛苦，校址所在于北城一带，子弟就学颇多便利。兹特据情为之转请，如承慨允赞助，俾遂其苦心兴学之愿，实属有裨公益，匪特私人心感已也。如何之处，祈示复。专此代恳。祗颂公绥。

复勖勤学校梁校长函

和甫先生大鉴：

　　昨承枉顾，并接到来函及附件俱诵悉。拟假北海公园售票筹款一节，业经转为函达公园董事会，并分致孟玉双、方石珊、江翊云、张季才、彦明允诸位董事矣。惟弟未能分函代达，尚希亲自接洽，方俾事有济至。呈财部文未为转送，明知库款奇绌，不能生效，顾总长亦不易接洽，以故将原件奉还，即请察收为幸。专此复告。祗颂时绥。

　　附致北海公园董事会函稿一件①

---

　　① 原文无函稿。

致湖南赵省长函

炎午①先生执事：

衡云燕树，想望为劳，迩维福履绥和，勋猷日想，为颂无量。曩承钟君伯毅转达执事及湘学界同人盛意，为筹设湖南大学事，嘱弟南旋相助为理，殊深感谢。适以琐务纷冗，不克分身，钟君回湘已托代致歉忱矣。中华教育文化基金董事会前为考察请款学校，特请李君湘宸到湘一行。李君曾留学日本、美国，专习教育并任直隶教育行政事务及北京师范大学校长，最近游欧，特致力于高等教育之研究，学识经验，超越寻常。弟因请其于莅湘后，于大学建设计划予吾人以周详之指导。幸已承其快诺，特先函奉达，届时敬祈接洽，并转介于筹设大学同人，将计划一切尽量提出，与之讨论，以求一当，至为感盼。又与李君同行者有吴君承洛，吴君专长为理工科，如请其一同参与，当并能获益也。专此布达。即颂勋绥。

复函湖南教育会公函　附寄章程原则各份②

敬复者：

顷接华函，并陈述书十五件，诵悉种切。年来政局不宁，学款奇绌，诸公苦心经划，组设图书、博物两馆，以牖民智，热诚宏识，嘉惠实多，南望岳云，无任佩慰。兹将陈述书列入请款卷内，俟本会开会时，再行提出讨论。先此奉复。即颂公绥。

复历史博物馆函

敬复者：

顷接华函，诵悉种切。热忱硕画，无任钦迟。兹将说明书列

---

① 赵恒惕，字炎午。
② 原文无章程原则。

入请款卷内，俟本会下届常会提出讨论。先此奉复。祗颂公绥。

致北京女子美术专门学校函 *

敬启者：

前接贵校来文一件，展阅之余，悉为请求分拨法国退还庚款，但敝会办理之事与法款无干，兹将原件奉还，并附敝会章程及分配款原则各一份，希即收阅为荷。此致私立北京女子美术专门学校。

致平江启明女学校李校长函

敬复者：

顷接大函，诵悉一是。贵校成立十有九年，成绩斐然，极为佩慰。金佛郎案分配教育经费，系归财、教两部主办，刻下教部辛总长既未到部任事，而财部当局平素又无交往，有怀莫逮，良用歉然。贵校要求分润，此请具备正式公文向当局直接请求可也。专此奉复。即颂时绥。

范源廉　敬启

致冠伦函 *

冠伦先生大鉴：

久疏讯候，时切怀思，忽奉朵云，快同良晤。敬谂谭祺安燕，履祉吉羊，如颂为慰。海州创设商埠，得我兄臂助，其间筹划，新犹自多佳胜。美国退还庚款余额为中华教育文化基金，在京设立董事会，弟现承乏为干事长，事系创举，责任綦重，因关公益，只好勉力任之。知注并告。专泐奉复。即颂公绥。

致卞鸿儒函 *

宗孟吾兄左右：

违教日久，甚念。前奉函询中美庚款分配办法，兹将董事会章程及分配款项原则中英文各二件送上，即请察览为幸。迟日当拟趋谈也。

一四、八、二四

致丁文江函 *

在君仁兄左右：

昨寄快函，想已达览。晚间奉手示，敬悉一切。尊处办事，月需百元，此为必要之费，自当按月照支。本月廿八日开会，台从来京，即可奉交。送上开会通知一件，另英文函三件，请签名邮发为荷。请美使茶会之帖，已由此间迳发矣。余容晤叙。手颂暑安。

一四、七、二四

复长沙艺芳女子学校曾宝荪函

宝荪先生大鉴：

昨接惠函，诵悉一是。贵校拟建图书室，庪置藏书，以供阅览，自属当前要务。惟敝会款项需要供给相差过多，现拟定于北京与教育部合组一图书馆，已须支出巨数，欲同时补助一校另建专馆，实觉力有未逮，既承推诚见商，用敢据实奉告，想当荷察谅也。此复。即颂台绥。

复上海韩紫石①函

紫石仁兄先生阁下：

久违雅教，时切怀想。顷奉华函，敬悉种切。东南农科所办棉作稻麦各项改良事业，成绩卓著，至堪佩仰。其向中华教育文化基金董事会请求补助之件，业经领悉，一俟开会有期，自当提出详加讨论。尊示农业为现今立国要图，洵为至论，弟亦甚愿勉竭绵薄，以辅赞农业之进行也。专此奉复。敬颂道安。

复侯致本函

致本仁兄左右：

顷接来函，诵悉种切。斐利君提倡工业，甚为热心，至堪钦佩。其所拟计划书，业已列入本会请款卷内，一俟开会时，即当提出详加讨论也。专此奉复。即颂时祺。

复河南图书馆何日章函

日章仁兄左右：

顷接华函，敬悉一是。承赠石拓及古物照片多种，拜领，谢谢。中华教育文化基金董事会大会拟提前于年内择定日期，前已电商在美各董事，但至今未得复电，恐提前一节，碍难办到，则须照原来规定，俟明年一月间方能开会矣。至旁听办法，依会章第八条，议事时外交、教育两总长及美国驻华公使皆可派遣代表出席。专此复谢。即颂公绥。

复张新吾函

新吾学长左右：

昨承枉顾，有失迎候，至以为歉。顷接华函，并会章、会志

---

①　韩国钧，字紫石、止石。

及会员题名录各件均诵悉。前颜总理交到贵会公函,已列入请款卷内,俟本会开会时即当提出讨论。先此奉复。敬颂道绥。

复湖南省教育会博物馆

遇夫、劭西两兄大鉴:

顷承转示湖南教育博物馆来函,并陈述书各一件,均奉悉。前项陈述书业已列入敝会请款卷内,俟将来开会时自当提出讨论。弟承乏干事长一职,责在执行,至款项如何支配,照章系归董事集会议定,非执行者所得专也。谨此布复。即颂台绥。

复湖南省教育会方克刚

小川先生大鉴:

顷接华函,诵悉一是。湘省博物、图书两馆陈述书已列入请款卷内,一俟敝会正式开会时即当汇案提出讨论。来书所示各节均甚扼要,自可供研讨之资,结果如何,容俟后报。专此奉复。即颂台绥。

复赵炎午省长函

炎午先生省长大鉴:

顷接寝电暨湖南大学行政委员会李待琛先生来电,均敬诵悉。惟敝会业于二月廿六日开会,廿八日会毕,不及讨论,良用怅然。应俟明年春开会以前再行由校备具请款书,照章办理可也。专此奉复,敬请亮察,并希转致大学行政委员会为感。此颂勋祺。

复王耀东函

耀东先生大鉴:

来函敬悉。修理先农坛操场事项,须与教、内两部接洽,刻下时局变动,教部负责无人,欲与内部商办,亦必无效。事势如此，实难进行。五月间之田径赛，即在地坛内举行何如？请与委员会诸君酌之为幸。复颂时绥。

复师大王耀东函

耀东先生大鉴：

顷接华函，诵悉一是。华北运动会集会，刻因时局未宁，交通阻滞，执事与陈君均拟暂缓举行，弟意甚表赞同。请即函达委员会诸位，以便决定为荷。专此奉复。祗颂时祺。

范源廉　敬启　四月　日

复王荣春函

荣春仁兄左右：

日前接诵华函，得悉一切。虚劳枉驾，未获晤谭；通电师大数次，亦未及达，甚以为怅。前次议定二月下半期开大会，现因战事影响，杨、李二君既不能来，只好俟交通恢复，再图集会。球类比赛不能在济举行，亦只得暂行中止。时势如此，诸难进行，深可惜耳。此复。即颂春祺。

复华北联合运动会王耀东函

耀东先生大鉴：

接奉来函诵悉。本月二十六日六时在师大体育部开会讨论田径赛运动事宜，弟刻因贱恙少愈，拟赴津静养数日，届时不能到会，甚以为歉，敬请执事代表出席，并转告同人为荷。专复。祗颂台绥。

复中国科学社、湘雅医科学校、
楚怡学校、中华图书协会函

中国科学社、湘雅医科学校、楚怡学校、中华图书协会大鉴：

敬启者：前承雅意，推为董事，承乏以来，愧无贡献。弟因就中华教育文化基金董事会干事长之职，本会事业于国内各学校及学术团体多有关系，为谋执务公平起见，不能不将向任各学校及各团体一切职务或名义概行辞谢。此特函达，敬祈鉴察。弟所任董事一席，请另选贤者继任为感。专此。敬颂公绥。

复任福黎函

寿国先生大鉴：

顷由天津返京，奉到华函，诵悉种切。前劳枉存，失迎怅甚。执事在湘创办孔道大学，热诚宏识，至堪钦佩。承示曾以董事一职见推，公函尚未接到，或因弟不常在都，故致延误耳。惟弟在中华教育文化基金董事会任事，本会事业与国内各学校多有关系，为谋执务公平起见，于向任各处董事职概经辞谢。贵校事同一律，自难遵嘱承乏，有辜雅意，尚乞鉴原。又承约在陶然亭宴集，适因养病津门，未获趋陪，至为怅歉。专复致谢。敬颂台绥。

复中华职业教育社函

敬复者：

顷接来函，并选举报告及社章，均诵悉。承诸友盛意，以议事员之职见推，殊深惭感。惟弟现在中华教育文化基金董事会任事，本会事业于国内学术团体多有关系，为谋执务公平起见，于向任各处议事职务等概经辞谢。贵会事同一律，自难遵嘱参与，敬祈鉴察，准予辞退。所遗议事员一席，请照章以次多数递补，免致旷误，至为感荷。此复。中华职业教育社公鉴。

复中国天文学会函

敬复者：

　　顷接华函，诵悉种切。前承雅意，推为职员，自惭毫无贡献。现因就中华教育文化基金董事会干事长之职，本会事业于国内各学校及学术团体多有关系，为谋执务公平起见，不能不将向任各学校及各团体一切职务或名义概行辞谢。兹特函达，敬祈亮察。弟所任职员一席，请另举贤继任为感。专此。祗颂公绥。

复中华教育改进社函

敬复者：

　　顷接华函，诵悉种切。多承诸友盛意，仍以董事之职见畀，殊深惭感。惟弟已在中华教育文化基金董事会任事关系，如果再行兼职，实有未便，已向各方面概行辞谢，务请鉴察，准予辞退。所遗董事一席，即照章以次多数递补，免致旷误，至为感荷。专此。复上中华教育改进社。

复浦东中学校长函　　上海浦东六里桥

浦东中学校长公鉴：

　　接奉华函，诵悉种切。承诸公盛意，以董事一职见推，实深心感。惟现因在中华教育文化基金董事会任事，本会事业与国内各学校多有关系，为便于执务起见，年来各处有以董事等职相属者，概经辞谢。贵校事同一律，自亦未便参与，敬祈鉴察，另举贤能。有方雅命，至以为歉。专此奉复。祗颂公绥。

复上海博物院路二十号余函

日章先生大鉴：

　　由陈达先生转来二月九日大札，已敬领悉。太平洋国交讨论会，弟夙重视，惟因现今职务关系，凡他处以董事等职见委者，概行辞谢。至于是会，未便独处例外；且贱躯近来多病，不胜繁剧，窃恐挂名要职，无所裨益，徒抱不安，用特再缄奉辞，唯望台端及贵部同人特加鉴谅为幸。陈达先生来访，亦因弟适在医院中未获晤谈，殊歉然也。专复。顺颂道祺。

复京西清华园清华学校曹校长函

庆五先生大鉴：

接奉惠书，并转到黎明中学张校长来函及聘书、章程等件，均经诵悉。承诸公盛意，以该校董事一职见推，实深心感。惟弟现因在中华教育文化基金董事会任事，本会与各学校多有关系，为求便于执务起见，年来各处有以董事等职相属者，概经辞谢。该校事同一律，实觉碍难参与，有方雅意，无任歉仄，尚祈转达鉴谅为幸。除函复张校长外，特复致谢。祗颂公绥。

一六、二、一六

复西城区丰盛胡同黎明中学张校长函

子和先生大鉴：

昨由曹庆五校长转寄台函，并黎明中学董事会聘书及章程等件，均经诵悉。承诸公雅意，以董事一职见推，实深心感。惟现因在中华教育文化基金董事会任事，本会事业与国内学校多有关系，为便于执务起见，年来各处有以董事等职相属者，概经辞谢。贵校事同一律，自有未便参与，兹将聘书奉还，敬祈鉴察，另举贤能。有方雅命，至以为歉。除函复曹校长外，特此致谢。祗颂台绥。

一六、二、一六

复光华大学函

光华大学公鉴：

顷接华函，诵悉种切。多承贵校校务委员会盛意，推为名誉董事，实深心感。惟刻因在中华教育文化基金董事会任事，本会与各学校多有关系，为谋执务公平起见，已将所任各处董事等职概行辞谢。贵校事同一律，自亦未便参加，敬祈鉴察，另举贤能。有方雅命，至以为歉。专复致谢。祗颂公绥。

复中华国民拒毒会函

中华国民拒毒会公鉴：

顷接华函，诵悉种切。厚承雅意，推为名誉董事，实深心感。惟刻因在中华教育文化基金董事会任事，本会与国内团体多有关系，为谋执务公平起见，已将所任各处董事等职概行辞谢。贵会事同一律，自亦未便参与，敬祈鉴察，【另举贤能】。有方嘉命，至以为歉。专此复谢。祗颂台绥。

复北京东方大学余校长函

天休先生大鉴：

日前劳枉驾，失候甚怅。顷接华函，诵悉种切。承不弃推为校董，实深心感。惟弟自服务中华教育文化基金董事会以来，因此机关与各学校多有关系，为谋执务公平起见，已将向任各处董事等职概行辞谢。贵校事同一律，自难遵嘱，敬祈鉴察，另举贤能。有负盛意，良用歉然。专复致谢。祗颂台绥。

复上海美术专门学校函

上海美术专门学校公鉴：

接奉惠函，诵悉种切。本年十二月将举行十五周年纪念盛典，并开展览名家书画会，远道闻之，深为欣仰。弟因服务于中华教育文化基金董事会之关系，碍难担任校董职务，前经函达，想蒙亮察。对于校事毫无贡献，实深惭恧，承示函稿亦未便签署，尚请谅之。专复。即颂公绥。

复北京女子高初级中学校函

北京女子高初级中学校公鉴：

顷接来函，知本月廿八日将举行秋季始业式，甚盛甚盛。关于董事名义有应行奉陈者：鄙人自去岁在中华教育文化基金董事会服务以来，因此机关与各学校多有关系，为谋执务公平起见，已将向任各校董事等职概行辞谢。贵校事同一律，自亦未便参与，兹特函陈，即请亮察，将鄙人董事名义撤除，至为感盼。专复致谢。袛颂公绥。

复上海美术专门学校函

上海美术专门学校公鉴：

顷接华函，诵悉种切。廉自去岁在中华教育文化基金董事会任事，因与各学校多有关系，为谋执务公平起见，已将向任各处董事等职概行辞谢。贵校事同一律，业经函达，谅荷察许。兹奉来书，特再行陈明。有负雅意，良用歉然，尚祈鉴原是幸。专此奉复。袛颂台绥。

复清室善后委员会函

敬复者：

顷接十二日来函，诵悉种切。故宫博物院院务卢、庄两先生出任维持，深可庆幸。至维持方法，须视事务之情形而定，未能虚拟。弟因贱恙初痊，不克到会参与讨论，至以为歉。此致清室善后委员会。

范源廉　启　四月　日

复合组北京暑期学校

敬复者：

顷接华函，诵悉诸君热心教育，无任欣慰。承雅意嘱弟参与讲演，适因病后体气尚未复元，歉难担任，敬请谅之。专此奉复。祗颂公绥。

复尚贤堂筹备处李佳白函

李佳白先生大鉴：

顷接华函，诵悉种切。先生志切和平，特组织中外睦友会，并承盛意推弟为委员，实深感谢。惟兹事体大，欲期渐着实效，不托空言，在有人能积极负责，专心任事。弟琐务纷冗，势难兼顾，仅拥虚名，良非所愿。故对于尊嘱一节，不克承诺。有方雅命，尚请鉴原是幸。专此奉复。祗颂道绥。

复勖勤学校梁校长函

和甫先生大鉴：

顷接华函，诵悉种切。贵校经费奇绌，甚为系念，但请求内务部开放先农坛开会筹款，呈文可由贵校自行投递，因弟与内部当局难于接洽，未便代为办理，非若对于北海公园尚列于董事之一。原件奉还，希即查收为荷。专此奉复。祗颂时绥。

复南洋大学校长凌鸿勋函

竹铭先生大鉴：

前者台从来京，得亲雅教，至为欣幸。顷接华函，并承惠柬，均经领悉。三十周年纪念盛典，理应遵嘱参加，惟以关山远隔，琐务羁身，莫能如愿，有负盛意，良用歉然。专复致谢，并申祝意。祗颂道绥。

复勖勤学校梁校长函

和甫先生大鉴：

顷接华函，诵悉种切。所属一节，昨从各方接洽，知故宫博物院无定期开放消息，且该馆经费亦属支绌，欲请藉助为学校筹款，恐未易办到也。此复。祗颂时绥。

复梁和甫函

和甫先生大鉴：

昨接毅成平民学校来函，诵悉种切。内附游艺入场券多张，及尊名片一纸。是校既为执事主办，其组织如何？与勖勤学校之关系？均望示之为荷。专此。即颂时祉。

致张季才函 *

季才先生大鉴：

违教多日，惟兴居佳胜为颂。启者：尚志学会前接贵公所函示拨地一事，另有敝会具函请给照接收。兹谨介职员刘树森君进谒，敬祈指示一切，俾得从速办妥为感。专此。即颂台绥。

一四、一一、七

致张季才函 *

季才先生执事：

前为尚志学会请贵公所拨还地亩事，肃上一函，计登签掌。顷接学会通告，知前项地亩业经划拨，有费清神，同深感荷。惟该地营业执照尚未领到，兹再函介学会职员刘君树森上谒，敬请拨冗接洽，饬将应给凭照发交领取，以便经营而清手续。中国公益诸多烦劳，想当蒙谅许也。专此。即颂台安。

一四、一二、二

复袁观澜函

观澜先生大鉴：

昨由钱君雨农处转到大札，诵悉种切。博物学会因时局关系，经费深受影响，故对于教育改进社津贴之数难于筹付，嘱为与该社商洽，暂免按年缴纳，自应代为奉达。惟弟抱恙数月，与该社当事诸公均未会晤。陶君知行现已出都南下，迳由尊处与彼接洽，或较便利。除将尊意转达陶君，并将此情函告钱君雨农外，特此奉复。敬颂台绥。

复钱雨农函　　清华学校

雨农仁兄左右：

按奉华翰并袁观澜先生一函均诵悉。承嘱博物学会以时局关系，经费维艰，每年津贴教育改进社之数就近商洽免缴一节，弟抱恙数月，与该社当事诸公均未会晤。陶君知行现已出都，无从接洽，除将尊意转告陶君，并函复袁观澜先生外，特此奉复。祗颂时祉。

致叶公绰函 *

誉虎仁兄总长阁下：

日前家慈寿辰，渥承厚贶，并辱高轩，情意殷拳，至为心感。敬维景福骈蕃，鸿猷彪炳，为颂无量。兹有请者：前接驻美公使施公植之函，称纽约大学学生随同该校校长、教员共计约五百余人，考察世界教育，定于十一月一日由纽约出发，十二月一日可到大沽，即由该处转赴北京、上海等处。此行并非寻常游历，专为视察各种教育。该团行经之处，拟请设法转达各地教育当局，预备欢迎等语。现拟由中华教育改进社筹备一切，敬祈届时饬备专车，俾便接待，以笃邦谊，无任企祷。专此奉恳。敬颂公绥，并乞赐复。

致叶公绰函 *

誉虎仁兄总长阁下：

顷自津归，接到十一日复示，敬悉种切。昨阅报载，有美国纽约大学组织一团体，约五百余人，同乘海船，同揽世界，从事学修。大概情形与前接驻美施公使来函所称纽约大学师生五百余人来华考察事相类，究竟是否一事，现已分别探询，一俟得有确息。关于备车接待一节，即当遵嘱着人赴部接洽。又贵部派往法国留学之沈生润身，刻有函来，称学费旅资亟待接济云云。兹特为代陈，如该生应领之款尚未发出，请饬迅予汇往，同身感荷。此上。祗颂台绥。

致叶公绰函 *

誉虎仁兄总长阁下：

顷自津归，接到十一日复示，诵悉一是。关于美国纽约大学师生五百余人来都考察，拟备车接待事，请派员与之接洽为感。兹谨介中华教育改进社陈君主素晋接。专此。即颂台绥。

一四、九、一八

复交通部龚总长函

仙舟先生总长阁下：

顷接大函，敬悉种切。华北联合运动会赴会会员乘车办法，多承雅意，特予往持，允照普通价五折减收，无任感谢。一俟开会有期，自当查照。先期函达贵部，以便刊送凭单，俾利进行。专复致谢。敬颂台绥。

复体育研究社许雨生函　　西斜街

雨生弟大鉴：

本月一日来书奉悉。北海公园对于往图书馆阅书之人换缴门证，此事系该馆主任与该园当事者所商定，未得阅其详细办法。贵社已在公园内建立分社，社员出入拟请通融免费，甚愿赞成。兹特依尊嘱奉上致北海公园张季才先生一函，请即径行商洽为幸。至贵校请敝会补助一节，容俟开会时定当汇案提付详议也。专此奉复。即颂时祉。

致北海公园张季才函

季才先生大鉴：

敬启者：顷接许君雨生来函，谓体育研究社在北海公园内建立分社，已租妥房屋，定期开幕，拟请公园对于该社社员年季各票减半核收等语。因思体育关系重大，许君于该社事务力策进行，用意极为可佩。兹特据情转为函达左右，倘承费神商洽，能得适宜之通融办法，俾便社员出入，非特私人心感已也。专此代恳。祇颂台绥。

复广州岭南农科大学张焯堃函

焯堃学兄台鉴：

接奉大札，并中英文本各一件，俱已领悉。岭南大学改归国人自办，无任欣慰。承嘱补助费一节，自应注意。惟此次开会各董事均以时局纷扰，进行诸多窒碍，爰议决将本届可供支配之款暂行保留，对于各处请款之件，均俟下次开会时再行讨论。承嘱各节，容俟下届开会时再为留意可也。专此奉复。祇颂暑祺。

之二：荐函

致章士钊函 *

行严吾兄左右：

不见又已多日，良念。启者：欧君华清为时务学堂教习，欧榘甲先生之弟，学有根柢，早岁赴美求学，归国后历任行政及教育事务多年，近充广东大学农科主任。奈地方不靖，不能安于其位，来都期有所就，日久仍是赋闲，可用之才等于靡置，实为可惜。兹为呈上履历一份，敬乞察览，或部或校，如有相当职事，敬请酌予录用，俾得展其所长，不胜感盼。专此。即颂台安。

一四、九、二一

致某总长函 *

□□仁兄总长阁下：

启者：友人仇鳌君，才局开张，明敏干练，曾任湖南民政司长及海关监督、交涉员等职；近由欧美游历归，尚未有就，兹特为函介，酌予任使，俾展所长。易寅村兄亦系旧交，深爱其才，已为推荐于孙禹行督办处，若得于直省财政界中位置一席，尤属相宜。公暇倘承约时接见，俾遂其倾慕之忱，当知弟之说项初非专为私交也。草此。即颂台绥。

一五、一、一○

致仇鳌函 *

亦山吾兄左右：

　　陈君交荐函，今早已送其寓所，特录稿奉览，约见宜托寅翁转催，否则恐事忙置之也。前承代拟函稿一件，附以奉还。专此。即候刻安。

一五、一、一〇

致刘馥函 *

奇甫仁兄左右：

　　久违良念，惟近履清嘉，新猷丕焕，式符心颂。启者：旧友吴君仰芝，早岁毕业日本成城学校及早稻田大学，研习政治经济，继任教员多年，努力学修，造诣日进，殊为难得。闻中等警官学校法政科目须人担任，兹敬为函介，即请接见，并为荐引，俾得如愿。莘莘学子，当必获益匪浅也。手此。即颂台绥。

一五、二、一

致顿川函 *

顿川先生大鉴：

　　不见多日，惟近履绥嘉为颂。启者：朱君昊飞，早年毕业北京高师，赴德留学，专研化学，近始归国，兹函介奉访，敬请拨冗接唔，并引导参观为感。手此。即颂时祺。

一五、二、一九

致阎锡山督军函

百川先生执事：

　　自违雅教，忽已数年，三晋云山，时蒙梦谷，敬维福履绥和，勋华日懋，为颂无量。兹有旧友郭君琮翰，早岁毕业日本东京高等工业学校，历任农商部佥事、技士等职，并天津纱厂厂长有年。其人学识优良，性行敦谨。我公综理省政，劝工兴学，在在需才，若郭君者实可备佐治之选，特敬函介上谒，倘承识拔，予以器使，俾展所长，必能勤奋从公不辜盛意也。专此布悃。敬颂勋祺。

一五、一、一五

致赵省长函

炎午先生省长大鉴：

启者：左佩勋先生，前任知事有年，学行俱优，老成练达；迩来赋闲太久，深为可惜。欣闻我公敷布新猷，澄清吏治，襄助一切，度必需才，拟恳优予位置，俾展所长，无任感盼。专此奉恳。祗颂勋绥，诸维宣照。

致赵省长函

炎午先生省长大鉴：

启者：毕君杰为吾湘烈士毕永年先生之子，曾习商学，办理局务有年，经验亦富。前来都谋事未成，闻其母病遄归，及抵家门，则其母已逝，殓葬无资，来函告急。弟亦无力多为之助，深为慨然。现在读礼乡居，家口嗷嗷，亟待存活，特据情为之转请。素念我公笃念先烈，对于其后人如毕君者，定为关注，拟恳因才器使，俾得一食力之地，无致失所，感荷高雯非独身受者已也。专此。敬颂勋绥。

致赵恒惕函 *

炎午先生省长大鉴：

赵君聚垣来京，奉到惠书，敬领一是。启者：武冈李君国栋，品学俱优，近年赋闲长沙，深为可惜。欣闻台端现方整理厘务，考核知事，敷布新猷，需才必多，拟请酌予一职，俾图报称，无任感祷。专此。即颂勋绥。

复湖南赵省长函

炎午先生省长勋鉴：

启者：左君宗固，曾任衡州银行及榷运等职多年，学行优良，经验宏富，深堪信用。现闻我公励精图治，整理财政，尤为急务，襄理一切，度必需才。兹特为函介，乞予位置，俾展所长。仰荷盛情，伊必能力图报称也。

致马邻翼函 *

振五先生大鉴：

违教日久，怀想为劳，辰维景福时膺，勋猷日懋，如颂为慰。今日边陲，关系綦为重要，我兄督办西北教育，需人必多。同乡张君运生，早岁毕业北京学校，其人诚实稳练，而于边塞情形尤为熟习，用特介绍一言，俾自达于左右。倘承酌予录用，则感激驰驱非独身受者已也。专此奉恳。敬颂勋绥。

致易寅村函

寅村先生大鉴：

日前晤教，甚为欣快。启者：同乡曾君载畴，早岁毕业北京大学文科，历充教育部编纂、视学有年。其人诚实稳练，兹特介绍，俾自达于左右。倘承推爱，酌予器使，则感荷高雯非独身受者已也。曾君来函及履历并附呈。专此奉恳。敬颂台绥。

致颜总长函

骏人先生执事：

多日不见，惟兴居胜常为颂。启者：敝同乡廖君德珍，留学法国，专研外交，归国未久。兹谨介晋谒，敬请赐见，俾遂其仰慕之私。廖君年少美才，有所请益，并乞近而教之，幸甚。专此。即颂勋祺。

致上海中华书局陆费君函

伯鸿先生大鉴：

久违雅教，时切怀思，敬维兴居嘉胜，如颂为慰。友人辜君兰生，绩学之士，著有《论语评议》一书，费时五载，尽力钻研，殊非等闲之作。现拟将版权出售，用特为介绍，如尊处可以收受，请优予酬给，以偿其劳，不胜感盼。专此奉托。敬颂筹绥。

致陆费伯鸿函

伯鸿先生大鉴：

新秋乍凉，想兴居佳胜，当如遥颂。启者：朱君文熊，字造五，早岁毕业日本东京高师，在教育部任职多年。其人学行俱优，原习理化，近于国语一科亦颇研究有得。惟时局不宁，教部薪金停发久矣。朱君郁郁居此，殊少佳趣，近拟尽力于编辑事业，兹特为函介，若局中编辑部尚有虚席，或有各项稿件需人编译，敬请加以委托，俾有所能，不胜感荷。如何之处，即乞示复为幸。专此布达。祗颂台绥。

致上海中华书局陆费伯鸿函

伯鸿先生大鉴：

久违雅范，时切怀思，敬维动履胜常，如颂为慰。启者：文君亚文，前任长沙中等学校数学教员六年，彼时译有布氏算学第三篇，其稿经商务印书馆购取印行，各地中学现多采用。文君复于去年毕业北京师大数学研究科，学修视前益进，近日编成数学稿三本，欲出版，用特专函介绍，如尊处可以收受，拟请优予酬赏，以偿其劳，不胜感盼。其书内容另纸开录，即请察览为幸。此上。祗颂筹绥。

致陆费逵函 *

伯鸿先生大鉴：

启者：李君益华，籍隶江西，系筹边高等学校毕业生，为人诚笃谙练，相从有年，知之甚悉。前在本省教育界服务甚久，经验颇富，近拟改途尽力于实业。因思中华书局正图发展，赣省分局经理等职如能以之充任，人地当极相宜。盖既熟悉情形，与各方面接洽自然容易于推销，承办诸事必能生效也。兹特为函介趋谒，敬乞接见指示，俾获如愿，毋任跂祷。专此。即颂台绥。

致陆费逵函 *

伯鸿先生大鉴：

久违雅范，时切驰思，敬维献岁凝厘，履祺笃祜，如颂无量。启者：甘君大文，殚精学艺，讲习余暇，所著论文诸稿，与时俱积，思出版质诸当世，特为介绍，如尊处可以印行，拟请优予酬赏，以偿其劳，无胜感盼。余由甘君径行函陈，即请商洽为幸。专此布达。祗颂台绥。

致上海商务印书馆王云五函

岫庐先生大鉴：

久违雅教，时切怀思，敬维兴居佳胜，如颂为慰。启者：刘君炳藜，毕业北京师范大学，努力学修，曾翻译英文书，题名为

《美之实验心理学》（The Experimental Archeology of Beauty），系英国 C. N. Volentine 著，长约七万言，思拟出版，用特为之介绍，如尊处可以收受，请优予酬赏，以偿其劳，无任感盼。其书内容具详刘君来函，特以附呈，即请察览为幸。专此奉托。祗颂筹绥。

复王云五函

岫庐先生大鉴：

顷接复书，诵悉种切。另寄刘君炳藜所译《美之实验心理学》书稿一本，并已收到。承示复稿俟修改后可再审查，具征郑重学术之意，至为感佩。即经转告刘君。据云请人修正，颇属为难。兹将稿内附寄到，贵馆藏书原本一册，另封邮还，即请察收为荷。专复。祗颂撰安。

致梁任公函

任师赐鉴：

暌违絜训又已多日，甚念！兹有同乡周君正钧，早岁毕业湖北文武普通学堂，历充湖南都督府科员、交通部秘书上办事等职有年。其人诚实稳练，而办事极有经验。现闻司法部设立储才馆，已聘我师为馆长，想馆务创始必需人助理，兹特函介，敬请接见。周君寒士，生涯赋闲日久，倘承推爱，酌予录用，俾展所长，无任感盼。专此奉恳。敬请道安。

致汪东仁函 *

汪东仁兄公使阁下：

京华握别，倏忽经年，翘首云天，辄深神往。敬维勋猷日懋，动履绥和，为颂无量。兹有敝同乡曹生典环，自费赴德国留学，藉资深造，远适异土，一切生疏，特为介绍一言，俾自达于左右。敬祈格外垂青，随时照拂，则感荷高情不独身受者已也。
专此奉恳。敬颂台安。

致瑞士陆公使函

子欣先生公使阁下：

　　曩游欧陆，快晤教言，多承厚遇，判□以来，时殷怀想。迩
维勋华日懋，动履绥和，为颂无量。启者：直隶永利制碱公司技
师陈君德元，赴欧洲考察实业，拟取道西比利亚前往瑞士。远适
异地，诸事生疏，用特专函为介，俾自达于左右。敬祈推爱赐
见，于所请求之件并乞惠予助力，俾获如愿，不至虚此一行，感
荷高雯非独身受者已也。专此奉恳。祇颂辑安。

　　　　　　弟　范源廉　拜启　十五年十二月三十日

致汤总长函

尔和先生大鉴：

　　违教有日，维动履绥嘉为颂。兹有敝同乡周君正钧，早岁毕
业湖北文武普通学堂，历充湖南都督府科员、交通部秘书上办事
等职有年，人甚诚实，任事稳练。台端综理财政，需才必多，用
特函介上谒，敬请赐教。周君寒士，生涯赋闲日久，倘承推爱，
酌予位置，则感荷高雯匪独身受者已也。专此奉恳。祇颂勋绥。

致直隶教育厅长张效良函

效良仁兄厅长大鉴：

　　曩为定县平民教育事，拜奉复书，殊深感谢。献岁以来，敬
维鼎祜笃祜，履祉多绥，为颂无量。启者：友人白君眉初之子名
汝成，于民国十三年毕业北京中法大学，比即由校保送自费留
法，现在里昂大学理科肄业。该生志行学绩均属优美，只因其父
服务北京师范大学，薪赀积欠太久，以故接济学费非常困难，势

将中辍。现闻贵省有留学官费出有缺额，正待择人承补。该生留学成绩已由驻法使馆函达贵省，当道证明在案。素念台端提挈后进在远不遗，敬恳惠予玉成，俾得遂其远道求学之志，无任感荷。专此布恳。祗颂台绥。

致赵月潭函

月潭先生大鉴：

久疏音候，时切怀思，遥维誉望日隆，动定绥吉，为颂无量。兹有恳者，范生定九为敝族之后起，去夏在耶鲁大学毕业，曾获得一名誉奖金，秋间转入芝加哥大学，欲从事研究二三年，只以学费支绌，不得支持，半工半读即为美律所限，亦难望收良好之效果。近有来书，谓筹思再三，惟有请求尊处赐给半费之一法。该生志行敦笃，学绩优良，似与尊处补费条件尚相符合，拟恳台端惠予玉成，俾得遂其远道求学之愿，不胜感盼。专此布恳。即颂台绥。

致清华学校曹校长函

庆五先生大鉴：

违教多日，敬维动履绥嘉为颂。启者：留美自费生宋麐生，家境清寒，继学不易，闻贵校有津贴自费生之举，渠已遵章填具请求书及学业证明书等件，请驻美监督处转陈，文到时敬乞惠予玉成，俾得遂其远道求学之愿。该生志行学绩均属优美，倘蒙培植，自当益加奋勉不负盛意也。专此代恳。祗颂道绥。

致曹云祥函 *

庆五先生大鉴：

启者：友人陈君家璠，其女名咏岚，于民国十二年自费留美，专习体育，近有书来谓家境窘迫，深恐半途辍学，业闻贵校有津贴自费生之举，渠已遵章填具愿书，请求监督转报，俟文到时敬乞鼎力玉成，俾得遂其远道求学之志愿。该女生品行学绩均属可取，倘蒙培植，能益加奋勉不负盛意也。专此代恳。敬颂道安。

附呈陈君来函及陈咏岚履历各一件。

致曹云祥函 *

庆五先生大鉴：

久违雅教，时切怀思，敬维道履绥和，如颂为慰。启者：兹有敝同乡留美自费生许孕六，家境清寒，深恐半途辍学，闻贵校有津贴自费生之举，渠已遵章填具请求书及学业证明书等件，请驻美监督处转陈，文到时敬乞惠予玉成，俾得遂其远道求学之愿。该生志行学绩均属可取，倘蒙培植，自当益加勉励不负盛意也。专此代恳。敬颂台绥。

致曹云祥函 *

庆五先生大鉴：

连上芜函，谅尘清览，敬维履祉多绥，式符心祝。启者：兹有师大教育科毕业生杜元载，于去岁自费留美，入明列苏达省立大学研究院，专习教育。昨有书来，谓家境清寒，继学不易，闻贵校有津贴自费生之举，渠已遵章填具请求书及学业证明书等件，请驻美监督处转陈，文到时敬乞惠予玉成，俾遂其远道负笈之愿，不胜感盼。恃爱渎请，尚祈鉴谅。专此代恳。祉颂台绥。

复湖北高等审判厅林棨函

少旭仁兄厅长台鉴:

久违雅范,正切怀思,忽奉瑶函,快同良晤。敬念鼎祉萃吉,水镜同清,为颂无量。族弟式南,多承推爱,实深心感。第初到汉皋,诸事生疏,尚祈南针时锡,俾有遵循,他日有所成就,当拜先进提携之赐也。专此奉复。敬颂台安。

致江西南昌财政厅长函

诏云仁兄厅长大鉴:

久违雅教,时切驰思,维履祉绥和,勋祺日懋,如颂为慰。启者:李君益华,曾供职贵厅多年,充总务科员及票照主任等职。去冬因教育厅令其赴京津考察,执事莅赣接任,适在差次未归,及返则职务业已被裁。新旧交替,彼此代谢,固自不能免也。李生曾毕业北京筹边高等学校,从游有年,弟知其为人诚朴。顷来京乞为谋事,京师人海,弟亦难为代谋,因劝其回里服务,伊甚乐从。尊处综理财务,需才甚多,李生任事实心,且富经验,兹特为函荐,尚祈推爱提挈,俾效所能,不胜感幸。倘承允予录用,即祈示下,伊当即日谋归力图报称也。专此奉恳。即颂台绥。

弟　范源廉　拜启　七月廿二

致文群函 *

诏云仁兄厅长大鉴:

前致一函,谅邀察阅。辰维泰祺,晋邕鼎祉咸和,如颂为慰。执事综理财政,需人必多,李君益华,诚实稳练,而供职贵厅多年,于赣省财政情形较为熟习,兹拟返赣,专候台命成全。倘荷推情酌予录用,则感激驰驱,知必不负雅意也。专此奉恳。顺颂公绥。

复江西教育朱厅长函

伯篯仁兄厅长大鉴：

　　顷接复函，诵悉一是。李君益华，蒙允设法位置，同深心感。兹拟返赣，专候台命，尚祈推屋乌之爱，逾格关垂，则感荷高雯不独身受者已也。专此奉托。敬颂公绥。

致朱伯篯函 *

伯篯仁兄厅长大鉴：

　　顷接李君益华来函，藉悉近履绥佳，荣□休畅，至以为慰。李君多承关注，允予裁成，同深心感。第寒士生涯，赋闲已久，益形支绌，尚乞推爱，早为设法，以玉成之。台端惜士爱才，知之有素，故尔代为渎请，肯当为见谅。专此。即颂台绥。

致刘百昭函

可亭老弟左右：

　　启者：敝戚童君炎南，曾充美专文牍服书记。兹闻艺专成立有日，仍欲就此谋一食力之地，特介奉访，祈接见指示之为感。

致东南大学校长蒋竹庄函

竹庄先生大鉴：

　　久违雅教，时切怀思，敬维道履春和，潭禧日永，为祝无量。启者：戴生德辉，肄业北京师范大学已经四载，现因事思欲转学，已由师大给与公函，拟转入贵校肄业。兹特为介绍，俾自达于左右，敬请特予成全，即为收录，俾不致应学半途，则他日薄有所成，皆出自盛德之所赐也。专此。敬颂道安。

致京穗路局俞子文函

子文先生大鉴：

前车站相遇，快挹清芬，欣慰之至。敬维兴居佳胜，为颂无量。启者：敝同乡杨君全斌，曩岁毕业交通部直辖学校，分发京绥路局供职有年。其人学识优良，经验亦富，去年无端被裁，殊为可惜。兹幸值执事新猷敷布，百废待举，用特函介，敬请接见。倘蒙推爱，酌予器使，必能勤奋从公不负盛意也。专此布恳。祗颂台绥。

致巢懋丞函

懋丞仁兄大鉴：

不见多日，惟动履绥嘉为颂。兹有同乡旧友何志澄君之子何愈，年二十余，早岁毕业于北京外交部俄文法政专门学校。其人诚实稳练，而于俄文法学尤擅专长。现因赋闲都门，拟前赴东省，在铁路管理局谋一服务之地，第初到东省，诸事生疏，敬请推爱代为介绍，俾得如愿，展其所长，不胜感盼。专此奉恳。祗颂大绥。

致袁雪安函

雪安先生大鉴：

自违雅范，时切怀思，敬维动履绥和，新猷焕发，式符心祝。兹有同乡严君寅昌，曾在湖南西路军政各界任事有年，老诚谙练，来京日久，时事多艰，未遇机会，长安居大不易。现因南旋之便，特为函介一言，俾自达于左右。倘承酌予录用，俾效所能，匪仅身受者知感已也。专此奉托。祗颂台绥。

附履历一纸。

致夏口地方审判厅陈厅长函

幼君仁兄厅长台鉴：

久钦雅望，未遂瞻依，辰维履祉多绥，鼎祜笃祐，为颂无量。族弟炳焕，侧身法曹，现在贵厅服务，初到汉皋，诸事生疏，顷接来函，盛称多承关爱，予以指导，远道闻之，同深感谢。尚祈箴规时锡，俾有遵循，他日倘有所就，皆当拜先进玉成之赐也。专此奉布。敬颂台绥。

愚弟　范源廉　拜启

致上海中华书局陆费伯鸿函

伯鸿先生大鉴：

久违雅教，时切驰思，敬维履祉多绥，筹祺迪吉，如颂为慰。启者：友人刘君闻长，著有《能力主义与能力本位制》一书，二万余言，费时六载，殊非等闲之作。现拟将版权出售，用特为之介绍，并附该书目录、演说二纸，请察览。如尊处有意收受，当由刘君将全稿径行寄奉也。专此布达。祗颂台绥。

之三：捐启

复湖南水灾筹赈会函

湖南水灾筹赈会台鉴：

顷接大函，敬悉种切。去岁承寄下捐册、收据各十五本，当时因乡旅京者多接到同样捐册，若分途在京向各方劝募，必致重复、遗漏两不能免。故由旅京筹赈会议定，将各人所接捐册汇交该会，以便进行。所有敝处捐册、收据即于是时照议送往湖南旅京筹赈会，并用范进修堂名义捐银五百元，亦交该会转寄，想早荷鉴及矣。特此奉复。即颂公绥。

致某先生函 *

□□先生大鉴:

　　启者:敝县湘阴今岁旱灾奇重,时入冬序,灾民饥寒交迫,日即死亡,惨状匪可殚述。旅京邑人集议,拟筹募捐款,藉资救济,曾备函送上捐册,请予捐助,并代为募集,特虑公务繁多或致延搁,敬恳台端费神就便接洽,请其速赐实行,俾生机垂绝之灾黎得有续命之望。台端怀仁好义,夙所佩仰,琐琐多烦,想当许也。专此。奉恳善安。

十四年□月□日

致某先生函 *

　　启者:湘省连年兵燹,天灾流行,今岁复遇干魃为疟,敝邑湘阴受患特甚,自春徂秋,全境赤地,颗粒未收,且临邑如岳州、平江等县,木叶草根采掘都尽。近则寒风凄紧,夙乏□藏,更无接济。生机危迫,万井萧然,雨雪交加,啼饿益以号寒,惨苦之声不堪入耳。□□等旅京国,谊切梓桑将伯之呼,情匪获已。夙仰台端慈祥慷慨,在远不遗,谨呈上捐册一本,伏乞鸿施并为劝募。倘百万生命垂绝之灾黎,得藉义粟仁浆,回春有望,感怀大德实永之年无涯矣。专此布恳。祗颂勋安。

致黎黄陂函

总统赐鉴:

　　敬陈者:燕京大学系美国教会创设,成立有年,着绩甚伟。今岁改建新校于京西海淀,规模尤为宏大,所有经费悉由外人捐助,购地建屋已达华币三百余万元。现因来学日众,宿舍难容,地处乡间,在外寄宿诸多不便,拟再添筑宿舍,约需银五万元。此款专在中国筹集,因受其委托代为劝募。外人对于我国教育已集得如许巨款，惨淡经营，不遗余力。我国人士对此盛举，自应尽力扶助，共策进行。热忱钧座，乐育为怀，中外钦仰，敬恳俯念该校此次筹款情形与泛常有别，特予惠助，以资提倡。宏寿考作人之化，树外邦观听之风，胥于是举得之矣。专此上呈。敬颂崇安。

范源廉　上

附燕京大学建筑一览并募捐启各一份。

致法政大学函

敬启者：

叠次承惠寄校刊各件，先后收到，深为感谢。惟鄙人因事不常在京，不便阅览，上项校刊暂请停寄可也。专复致谢。此上法政大学诸位先生。

中华民国十五年一月□日　范源廉　拜启

复张壮猷函

敬复者：

顷接来函，诵悉一切。寄上银二元，聊副雅属。限于棉力，未能多助也。当券一纸付还。即颂大安。

复长沙宝南街会芳园毕浤瀣函

浤瀣仁兄左右：

顷接来函，惊悉尊慈仙逝，殊深哀悼。兹谨具楮仪十元，聊申薄奠，即祈代荐为荷。协和公司祁君处，迄今久无复信，想事已不谐矣。专此奉唁。顺候孝履。

复湖南筹赈会函

湖南水灾筹赈会台鉴：

顷接大函，敬悉种切。湘灾过重，实堪悯念，去岁弟（系用范进修堂名义）曾交捐银五百元，由旅京湖南筹赈会寄上，想已收到。至前次寄来捐册【收据】各十五本，因各地连年兵灾水患，到京募捐者太多，弟实苦无处劝募，兹将捐册收据各十五本奉还，敬乞察收，并请原谅为幸。专此奉复。即颂公绥。

复朱少屏函

少屏先生大鉴：

两次奉到来函，敬悉一是。迩来因支出日繁，入不敷用，兹寄上捐款十元，请交环球中国学生会察收。至赞助费一项，不能续任，尚请谅之。会报以后亦请停寄。此复。即颂台绥。

复上海大学函

敬复者：

前接华函，并捐册各一件，诵悉种切。贵校遭遇暴举，至堪愤慨。惟此间学款奇绌，无从代募，弟亦骤难设法，承示结束有期，还将捐册一本奉还，敬乞察收，并请见谅是幸。此复。即颂公绥。

致某先生函 *

敬复者：

日昨接到通知书，诵悉八月十五日为徐君佛苏昆仲尊慈熊太夫人七十正寿，兹奉上屏分八元，希即代收汇办。至称谓请书世愚侄范源廉、锐为荷。专此奉复。即颂公绥。

复中华职业教育社函 *

敬复者：

　　顷接华函，并中华职业教育社一览各一件，敬悉一一。兹将社费二十元寄上，希即查收见复为荷。专此奉复。敬颂时祺。

复尚贤堂筹备处函

李佳白先生大鉴：

　　日前接到华函，诵悉一是。兹将会费奉上，希即查收见复为荷。此颂台绥。

范源廉　敬启

复中华基督教青年会函

日章先生大鉴：

　　前由津寓转到九月廿四日惠函，诵悉一切。贵会事业为公众谋福利，与时俱进，深堪佩仰。承嘱提倡筹款，原应尽力，惟以近来时局杌陧，都中生活日昂，益以各地灾荒捐募等事应接不暇，筹思再三，竟难设法，至以为歉。特此奉复，尚请鉴原是幸。此上。敬颂道绥。

复北海公园事务所

敬复者：

　　两接华函，诵悉种切。地图景物略报告书及游览证各件，均已收到。兹照章付上会费洋三十元，即请查收见复为荷。此上北海公园事务所。

复国立女子大学高师部游艺会

来函诵悉。二月十六、十七日适因事须出都，兹将游艺大会包厢票一纸奉还，送上银四元，请查收见复为荷。复颂学祉。

范源廉　启

复京师市民会教育委员会函

敬复者：

顷接来函，诵悉一是。敝寓不认月捐，兹奉上一次捐款五元，并将捐册一本奉还，希即查收见复为荷。此致京师市民会教育委员会。

范宅　启

复熊汉章函

敬复者：

顷接来函，诵悉一切。迩来时局杌陧，都中生计日昂，各地灾荒捐募等事应接不暇，此寄上银二元，聊付雅属。限于棉力，未能多助，尚请谅之。专此奉复。即颂时绥。

复武绍程函

绍程仁兄大鉴：

顷接来函，诵悉一是。筹赈水灾事，日昨刘霖生、彭静仁、马振五、向北翔、刘奇甫五君到舍商议，已决定先用各个人名义呈请国务院及内务部拨款赈济矣。具呈人名除将七月十五日到湖南馆与会者全数列入外，比时曾议为谋将来与政府接洽赈款及与鄂赣诸省联络进行之便利起见，更酌将王文豹、徐佛苏、荆嗣佑、范治焕、徐森、叶瑞菜、毕厚、陈延龄诸君之名加入。除另行分别知照王、徐诸君外，兹抄录呈文原稿并致湖南赈灾协会及赵会长电稿各一件，送请查收留存湖南会馆备案为荷。专复。祗颂时祉。

范源廉　敬启

复叶筱嵩函

筱嵩先生大鉴：

顷接华函并附件，均诵悉。湘省水灾奇重，贵县尤甚，深堪注念。前次湖南会馆开会，议定向政府请求赈恤，并推刘霖生、彭静仁、马振五、向北翔、刘奇甫及弟共同办理。越日同人会商呈电，旋发致湖南赈灾协会及赵会长电各一件，又草拟稿呈国务院及内务部，两呈文亦悉于日前投递矣。至切实进行之法，现尚毫无眉目。至将来将有款项如何支配，自尚有待于共同审议也。先生关怀桑梓，素见热忱，对于此事宜如何筹策方可发生效力，拟请转达同乡诸君，多方设法，庶乎有济。专此奉复。祗颂台绥。

同乡诸君均此致意。

复叶培之函

培之仁兄大鉴：

两承枉顾，歉失迎候。顷接华函，诵悉一是。救济水灾事，前湖南会馆开会，金谓时局俶扰，京都生计维艰，加以灾区太广，湘、鄂、赣同罹浩劫，以故此次筹赈拟不照往年办法，惟有联名呈请政府颁发赈款，并请于海关附捐项下特别设法。日前同人会商，已电致湖南赈灾协会及赵会长，并具呈国务院及内务部矣。专此奉告。祗颂台绥。

弟　范源廉　敬启

复中国华洋义赈救灾总会

中国华洋义赈救灾总会均鉴：

顷接华函，并募赈启稿，均诵悉。今夏长江流域水灾惨剧，深堪注念。诸君痌瘝在抱，联合劝募急赈，极表赞同，嘱列衔名，自当遵照。专此奉复。祗颂公绥。

复李佳白函

李佳白先生大鉴：

接到华函，诵悉种切。兹奉上会费十元，希即查收见复为荷。此颂台绥。

范源廉　敬启　一五、一〇、二

复中华教育改进社函

敬复者：

日前来函奉悉。兹送上社费五元，请查收见复。又付价一角购取英文丛刊四卷一号一本，即请捡交来人带下为盼。此致中华教育改进社。

复萧子升函

子升先生大鉴：

顷接来函，诵悉种切。兹致罗君宗翰赙金十元，即请代收转达为荷。此复。即颂时祺。

范源廉　敬启

致各银行函

敬启者：

敝邑居湘水下游，处洞庭东城，地当冲要，水患恒多。自民国以来，天灾流行，重以兵燹，盖藏久匮，凋敝非常。不意今岁夏间，洪水横流，竟成泽国，一切苦厄，惨不忍闻。近据邑中士绅寄来湘阴空前大水灾募捐册多本，嘱为分途筹赈，以救灾黎。源廉等谊不容辞，只得同声呼吁。素仰诸公慷慨仗义，已溺为怀。特尘上捐册一本，敬乞贵行暨贵行诸君子，大发慈悲，宏敷惠泽，普仁浆之分润，广义粟之遥颁，俾得集腋成裘，用以活数十万哀鸿之命。功德无量，曷胜颂祷。专此。祗颂德旌，诸维惠照不宣。

复南开学校董事会函 *

南开学校董事会大鉴：

顷接本月五日来函，知将于十九日举行例会，弟现因在中华教育基金董事会服务，于兼任校中董事一职事，实殊多不便。除前次函陈外，并已将详情告知伯苓校长，请其转达矣。敬祈俯赐鉴察，准予辞职，另选贤能，补充斯席，至为感荷。此上。即颂公绥。

　　　　　　范源廉　敬启　十五年九月□日

复吴桂冬函

桂冬仁兄大鉴：

接奉华函，诵悉种切。令先翁热心公益，遗惠长留，至堪佩仰。执事能继其志，将遗存公产清理就绪，并拟交出，托□等共同经营，以维久远。事关乡人善举，未便推却，容俟会商后再订接收办法可也。此复。祗颂台安。

复西直门内南小街南口后大坑七号北洋平民工读学校函

北洋平民工读学校公鉴：

来函诵悉。二月六日适因事须出都，兹将游艺会入场券四纸奉还，送上银洋二元，请查收见复为荷。复颂公绥。

复本京西城宫门口内苦水井鞍匠营五号神州
平民女子工读学校函

神州平民女子工读学校公鉴：

　　来奉台函，诵悉一是。兹将入场券一纸奉还，送上银洋二元，请查收见复为荷。即颂时祉。

复振亚小学校

振亚小学校公鉴：

　　接奉华函，并捐册一份，均诵悉。年来时局多艰，各处捐募等事应接不暇，思维再三，勉自行筹银二十元，藉副谆嘱。未能多筹，至以为歉。捐册奉还，并请查收为荷。此复。即颂公绥。

　　　　　　　　范源廉　敬启　十六年四月十一日

复北京黎明中学校董事长曹庆五函

庆五先生大鉴：

　　接奉华函，并捐册一件，均诵悉。黎明中学创办经岁，经费维艰，兹特捐银四十元，藉副雅嘱。未能多筹，至以为歉。捐册奉还，并请查收为荷。专此奉复。祗颂公绥。

复中国红十字会总会函

中国红十字会总会大鉴：

　　接奉大札，并捐册一份，均诵悉。兹特捐银一百元，并捐册一本奉还，敬请查收为荷。专此奉复。祗颂公绥。

致华北运动会陈小田函　　宝钞胡同小豆腐池胡同

小田先生大鉴：

　　不见有日，维动履绥嘉为颂。华北运动会经费维艰，兹代募银一百元，请查收并赐回收条为荷。专此。祇颂台绥。

之四：答谢赠书

复梁漱溟函 *

漱溟仁兄左右：

　　日昨赴津，接到手书，并令先翁遗稿及年谱一部，拜诵之余，弥深钦仰。《思亲记》读后，深觉时变急激，思想分歧，致使父子之亲，有时亦因以疏隔，实大可伤。安得世之为父者，以身教人；为子者，学与年进，精神上终有感孚之日，皆能如贤乔梓之所示者乎。真诚令人感不绝于中耳。匆复。即候道履，不尽一一。

一四、九、十八

复张祥集函

祥集仁兄大鉴：

　　日前承惠赠《蟋蟀窝诗集》四卷，业经拜领。狮崖先生行谊清高，卓越千古，至今读其诗，想见其为人，景仰无已，非徒文词纯雅之足学也。专复致谢。祇颂台绥。

愚弟　范源廉　拜启

复春晖堂袁述之函

述之先生左右：

　　日前南开大学思源堂开幕，瞻仰鸿规，并叨雅教，益欣佩无已。昨又奉到华函，并承惠赠家集一部，拜领之下，弥殷景仰。

端敏公以忠义接将士，勋业崇隆；而其后能继先志，非特忠贞世笃，望重国家，抑且嘉惠士林，功在社会，后先辉映，何其盛哉。今展读项城遗编，然后知积厚流光自流有来矣。专复致谢。敬颂道安。

弟　范源廉　拜启　十月□日

复王漱苹函

漱苹仁兄足下：

顷接华函，并大著《中华刑律绪论》一册，均敬览悉。足下笃修日进，复出其绪余为后学指导，无任钦佩。弟琐务纷冗，又不能文，遵嘱谨题签奉上，乞即察存为幸。专复。即颂时绥。

附还《中华刑律绪论》总则、绪论一册。

复《大公报》贝先生函

元徽先生大鉴：

暌违雅范，裘葛几更，蓟北楚南，时殷想望。辰维福兴日增，德随年劭，为颂无量。湘省年来政局未定，民生多艰，贵报主持木铎，匡救实多。承示十年纪念，嘱贡芜言。自维学识迂疏，俭于边幅，未知寸莛击钟，能为贵报轻重否？特撰祝词，还希润色是幸。肃复。敬请道安。

复王芸生函 *

芸生先生大鉴：

久未晤教，正切怀思，忽奉大著《吾谋录》，宏猷卓见，迥异庸流。捧读之余，莫名佩慰，行见焦桐逸响自有知音也。专此奉复。敬颂时绥。

复上海贝勒路均益里一号吴剑学函

剑学先生执事：

前承惠寄吴太夫人墓志两卷，拜诵之余，殊深感仰。君家盛德，后先辉映，贤达之遗，其后必昌，可预卜也。专此致谢。敬颂台安。

复财政善后委员会函

敬复者：

顷接华函，并交通债款说明书、附表一册，诵悉一是。吾国债务亟待整理，大著钩稽精密，洵可供参考之用。拜登之余，无任感谢。专此奉复。即颂公绥。

复苏锡经函

锡经仁兄先生大鉴：

顷承惠寄《苏魏公文集》一部，捧读之余，景仰无已。公之学问、道德、文章，炳尊千古，而为后之者，能读其书，继其志，在今日尤为难得矣。瞻跂德门，无任钦慕。专此致谢。敬颂台绥。

复奚亚夫、惠廉函

亚夫、惠廉先生大鉴：

顷接华函，诵悉一是。承惠赠英文《名人论说集》一本，并已寄到。拜登之余，无任感佩。专复致谢。祇颂撰绥。

范源廉　敬启　七月□日

复华通齐函

通齐先生大鉴：

顷承惠赠尊夫人所著《心文》数册，展读之余，无任钦佩。除留存一册外，悉已分赠诸友好矣。专复致谢。祇颂儌祉。

复协和学校函 *

来书诵悉。日前陈志潜君过访，未晤为怅。承赠《年报》一册，领到谢谢。嘱书封面，望将拟书之字见告。如书作"协和学生校刊"，则校之一字，似有未妥，希酌定复告为幸。此颂学祉。

范源廉　敬启　九月廿八日

复凌鸿勋函

竹铭先生大鉴：

顷接华函，并承惠赠印刷品多件，拜登之余，无任欣感。专复致谢。祗颂道绥。

弟　范源廉　敬启

复华洋义赈救灾总会函

华洋义赈救灾总会诸位先生均鉴：

顷接华函，并承赠农业合作印刷品多件，拜领之余，无任欣感。专此致谢。祗颂公绥。

复清华学报社函 *

清华学报社大鉴：

顷承惠赠《学报》第三卷第二册一册，展读之余，无任感佩。专复致谢。祗颂公绥。

复张焕文函

焕文先生大鉴：

顷承惠赠《实用眼科学》书一册，展读之余，无任钦佩。

多年以来，执事既殚精竭虑从事治疗，复以研究之余著书饷世，行见斯学日益进展，造福人群，宁有极耶！专复致谢。祗颂撰安。

复梯霞函 *

梯霞先生大鉴：

顷承转到中华旬刊社惠赠《中华旬刊》五本、《建国刍言》及《翟城村》各一本，展诵之余，无任钦佩。特此奉复，敬希转致谢忱为感。此颂台绥。

复东城南小街大方胡同三十三号姚名卿函

名卿先生大鉴：

接奉华函，并《中俄界务沿革一览表》，均已诵悉。我国与俄国连疆最广，而疆界被其侵略者亦为最甚，现值中俄会议，有重行划定疆界之规定。执事对此问题详加研究，并出所得以饷公众，诚属应时急务，为益定非浅鲜也。专复致谢。祗颂时绥。

一六、二、一九

复北京图书馆袁守和函

守和先生大鉴：

接奉华函，诵悉种切。生物学书 F. D. Hamaker——The Principle of Biology 已收到，转致前途矣。译本俟印出后定当奉赠五部于清华图书馆，以答厚惠。多费清神，殊为感谢。专复。祗颂台绥。

复南京东南大学农科邹秉文函

秉文先生大鉴：

接奉华函，并十五年农科简要报告及概况各一份，均敬览悉。执事热心作育，日益进展，成绩斐然，至为钦佩。遵嘱题年报封面寄上，即乞察存是幸。把晤匪遥，无任翘企。专此奉复。祗颂台绥。

复清华学校郝更生函

更生先生大鉴：

前接北京中学以上学校体育联合会募捐一函，正裁答间，又奉到华函，敬悉一是。承赠大著《中国体育概论》一册，并已收到。捧读之余，甚佩甚谢。捐奉体育联合会银四十元，即请查收转付。未能多筹，时局维艰，又无从广募，殊歉然也。专复。祗颂台绥。

弟　范源廉　敬启

复傅葆琛函

葆琛先生大鉴：

接奉华函，并《农民报》及《农民千字课》各一册，展读之余，无任感佩。现在时局多艰，民生困敝，执事对于农民详为指导，造福社会，讵有涯耶。专此致谢。祗颂台绥。

弟　范源廉　敬启

复上海圆明园路二十三号中华国民拒毒会函

中华国民拒毒会公鉴：

叠奉华函，并印刷品各件，均经领悉。展诵之余，无任欣感。此后承惠函件请改寄北京石驸马大街八十三号为荷。专此奉复。祗颂公祺。

复上海辽阳路聂云台函

云台先生左右：

年来叠承惠赠旬刊，领诵之余，至深感佩。兹奉上邮票一元，敬请查收。弟现已辞去中华教育文化基金董事职务，改就北京图书馆事，以后刊件请径寄北京石驸马大街八十三号敝寓为荷。此上。敬颂侍安。

复育德财团函 *

育德财团公鉴：

昨接华函，领悉一是。承惠赠尊经阁丛刊中之《古语拾遗》一卷，洵为书林瑰宝。拜观之余，深为欣感。谨将是书归诸北京图书馆，藉供众览。至北京师范大学校长一职，久已辞退，现在中华教育文化基金董事会任事。兹附上敝会第一次报告书中英文各一份，敬请查存为幸。专复致谢。即颂台绥。

中华民国十五年九月三日　范源廉　拜启

复用庚函 *

用庚先生鉴：

刻奉大函，敬悉。承惠多仪，心领盛情，惟万难破例收受，谨以奉璧，尚乞谅之。专此奉谢。敬颂台绥。

弟　范源廉　拜启　九月廿五日

之五：复候　吊唁

复颜总理函

骏人仁兄总理阁下：

前奉大函，约备充顾问之列，自维庸陋，良深惭感。昨接院秘书厅函，并送到五月份夫马费一百八十元。兹值政费支绌之时，弟对于国事又毫未效力，无处而馈，云何敢当。除面告来使将支票带回外，特此函陈，并致谢意，即祈亮察为幸。专复。即颂勋绥。

复直隶教育厅张厅长函

效良仁兄厅长大鉴：

接奉一月廿七日华函，诵悉种切。敬念履祉绥和，勋华日懋，为颂无量。白君眉初之子汝成，留学法国，成绩优良，近以经济不充，势将辍学，仰荷鼎力扶助，呈请将留美学生回国遗缺充补，何幸如之。昨经告知，白君眉初伊甚感激，此特敬为转达。又承贵公署寄赠直隶省最近教育统计一本亦已收到，展读之余，至为欣感。并此复谢。祗颂台绥。

复何愈函

蒲僧世兄如晤：

昨接来函，诵悉一是。国立京师图书馆原拟由中华教育文化基金董事会与教育部合组，就旧有图书馆基础改造扩充，现因时局关系，诸多障碍，难即实行。北海新馆建筑甫在计划之中，预计告成为期甚远。弟不过委员之一，未有用人之权。刻下尚在筹备时代，亦实不能增用职员也。贱恙渐愈，承念甚感，并以复告。即颂侍祺。

范源廉 敬启 四月七日

复李益华函

锦书仁弟左右：

顷接来函，诵悉一是。写真瓷片亦并收到，甚谢。惟致累多费，又难奉却，殊觉不安耳。京师政局未定，谋事綦难，所属代谋一节，如赣省及近处有机会可图，自当时为留意也。专复致谢。即颂侍祺。

复谈公远函

公远仁世兄大鉴：

顷接华函，诵悉一是。照片一纸并收到。香山风景清秀，文物斐然，是日宴游，可称嘉会。幸托高枝，留兹片影，甚盛事也。珍惜之余，良殷感谢。此复。即颂时绥。

范源廉　敬启　十二月□日

复蒋钵恩函

钵恩仁兄左右：

顷接来函，诵悉种切。舍弟现所经营之事，责任已属过重，向来对于本职外之各事，概行辞谢。时局不宁，百举皆废，固有事业，已难支持。承嘱一节，即使转达，亦知其仍必奉辞也。即颂台绥。

复楚石函 *

楚石仁兄大鉴：

顷接华函，诵悉种切。敬沈文祺邕茂，履祉绥和为慰。旅宣公学，赖执事尽心筹划，渐著成绩，良可欣佩。现虽碍于情势，不易措施，然事属桑梓义务，似宜勉为其难，勿萌退志也。专此奉复。即颂时绥。

谢医大孙校长函

六桥先生大鉴：

启者：本月五日晚间旧病猝发，多承关爱，并劳代邀陈先生枉临诊视，实深心感。旋入协和医院疗治，病势渐平，现已回寓从事静养，惟气力尚弱，不克趋候，特此奉告，藉纾锦念并表谢忧。敬颂台绥。

　　陈先生处敬请致意道谢。

　　　　　　　　　　　弟　范源廉　拜启

复竺可桢函 *

藕舫先生大鉴：

　　奉一月二十日来函，祗悉一一。科学救国，具有同情。弟此
次勉任敝会事务，即本服务社会之心，聊图千虑一得之献。辱承
嘉言，远锡惠我，实多甚谢。科学社请款案，俟开会时自当照章
提出，以便详加讨论也。专复。即颂撰安。

　　诸位先生均此，敬请转达为感。

复张集祥函

集祥仁兄大鉴：

　　承赠莲池书院法帖全份，裱好泰山碑联一幅，隆仪叠至，殊
不敢当，心领之余，敬还原璧。专复致谢。祗颂台绥。

复国务院函

敬启者：

　　日昨旋京，接奉公函，约备充故宫博物院保管委员会委员，
实深感谢。惟源廉俗务殷繁，体弱力绌，保管要职，不能兼任，
谨此恳辞，敬乞鉴许为幸。此上国务院。

致方石珊函

石珊先生大鉴：

　　不见多日，惟近履清嘉为颂。弟前于三月间旧恙猝发，多
劳枉视，并承惠赐药品，实深心感。厥后幸得粗平，又因琐务
纷冗，未克趋候，至为怅歉。敝同乡陈梅生先生，年将八旬，

作书犹如少年，请其书对联一幅，佐以花盆一对、水果两包，谨陈座右，藉表谢忱，敬祈哂存勿却是幸。专此布达。祗颂时绥。

弟　范源廉　敬启　九月□日

致孙六桥函

六桥先生大鉴：

　　不见多时，惟近履清嘉为颂。弟前于三月间旧恙猝发，多承关爱，重劳枉临，实深心感。厥后幸得粗平，又因琐务纷冗，未克趋候，至为怅歉。敝同乡陈梅生先生，年将八旬，书法秀美，特请其书对联一幅，佐以瓷器一事，谨呈座右，藉表谢忱，敬祈哂存勿却是幸。专此布达。祗颂时绥。

弟　范源廉　敬启　九月□日

复雷惠南函

惠南先生大鉴：

　　顷接华函，诵悉种切。弟自服务中华教育文化基金董事会以来，因此机关与国内各学校多有关系，为谋执务公平起见，已将向任各学校董事等职务概行辞谢。民大事同一律，业于八月廿四日函达，谅荷察阅。此次对于校务自未便发言，附件奉还，敬请鉴谅为幸。专此奉复。祗颂台绥。

复历史博物馆函

历史博物馆大鉴：

　　顷接华函，并承惠赠入览券十张，拜登之余，无任欣感。除将多券奉赠诸友好外，特复致谢。祗颂公绥。

复袁道冲函

道冲先生左右：

昨奉惠函，敬悉令嫒将于本月十四日文定廿一日结婚，佳偶天成，良堪欣贺。承嘱执柯，理应遵诺，惟弟年来在京知友间以此类事相属者，概经辞谢，今若勉从遵命，对于他友，颇觉不安。谨以情奉陈，敬希察谅为幸。贱恙近已渐愈，承注极感。手复。即颂公绥。

复刘定一函

定一先生大鉴：

接奉华函，诵悉种切。执事大著，并未接到。弟今年患病数月，多方调治，尚未复原。医者谓宜加意静养，免致重发。因此之故，所有一切外事，均经辞谢，有负雅嘱，至以为歉，尚请谅之。专复。即颂时祉。

复袁士权讣

士权仁兄先生苦次：

久违雅教，正切怀思，忽奉讣书，惊知老伯大人仙逝，殊深骇悼。吾兄秉性纯笃，自切哀思，然老伯□德优尊，躬膺福禄，虽归真于天上，亦无遗恨于人间，况乎生尽其欢，死尽其礼，亦可释皋鱼之痛矣。尚祈顺变节哀，以慰泉壤。弟以关山连隔，未获亲奉刍香，至为怅歉。专此奉唁。顺候孝履。贤昆仲均此。

复徐定澜之父讣

定澜仁兄苦次：

违教日久，正切怀思，忽奉素函，惊悉为报令尊二老安葬之期，殊深怆惋。执事孝思纯笃，自切哀思，然立身求学，无愧□述，义亦足以慰期一于九京矣。尚祈顺变节哀，以慰泉壤。弟以关山修阻，未克躬亲奠酹，至为怅歉。肃函奉唁。顺候孝履。令兄均此。

复顾养吾讣函

养吾仁兄先生苦次：

正深怀想，忽奉讣函，惊悉老伯大人驾返蓬瀛，曷胜怆惋。吾兄秉性纯笃，自切哀思，然老伯生有余欢，殁无遗恨，尚祈节哀顺变，无过摧毁。弟远阻关河，莫亲祭奠，谨呈寸素，聊当束刍。专此奉唁。顺候孝履。贤昆仲均此。

愚弟 范源廉 拜启 四月十三日

唁任嗣达讣

嗣达仁兄苦次：

正深怀想，忽奉讣函，惊悉老伯母驾返瑶池，殊深怆惋。吾兄秉性纯笃，自切哀思，然老伯母生有余欢，殁无遗恨，尚祈顺变节哀，勿过摧毁。弟以关河远隔，未获亲奠灵帏，至为怅歉。专此奉唁。顺候孝履。贤昆玉均此致意。

唁何海清讣

海清仁兄苦次：

顷奉讣书，惊悉老伯母驾返瑶池，曷胜怆惋。吾兄秉性纯笃，忽遭大故，自当哀痛逾常。然老伯母四德兼全，三多备具，徽音邈渺，而懿范常存。尚祈顺变节哀，是所至盼。弟以远隔关河，莫亲祭奠，谨呈寸素，藉当束刍。函此奉唁。顺候孝履。贤昆仲均此。

复梁璧原函

璧原老兄如握：

别久极念。前接惠函，得悉嫂夫人仙逝，殊为愕惋。嗣奉讣书及《西归记》，展诵之余，乃证菩提。吾兄当此虽不免神伤，亦可以达观自慰已。弟与舍弟锐远阻山河，莫亲祭奠，谨具素幛一悬，付邮寄呈，敬请察存代荐为荷。至另寄诸友处讣函数通，已遵嘱分别送达矣。

多承爱注，询及似续一事，差幸小妾得举一男，已满三岁；又得一女，才三月耳。谨以奉告。舍弟经营业务仍前进行，惟时局不宁，支持应付殊感困难耳。专复奉唁。顺候痊安。贤昆季暨诸友均此问候。

夏历八月廿二　阳历九月廿八

唁米逢吉函

逢吉先生苫次：

昨接讣书，惊悉尊慈大人及令弟逢清先生先后仙逝，殊深骇悼。吾兄孝友性成，瞻萱闱而失恃，嗟荆树之忽残，当兹事变，自切悲思。惟念尊慈大人福备其畴，令弟先生辉增棠棣，均可称殁无遗憾，尚祈免节哀感，是所企祷。刻以抱恙未获亲奠刍香，至为歉怅。专此奉唁。顺候礼绥。贤昆季暨令侄均此唁候。

唁李院士吉函

院士先生苫次：

顷奉讣书，惊悉老伯母大人仙逝，并闻令弟著群殉国之耗，殊深怆惋。执事秉性纯笃，瞻感荆萱闱而失恃，花之忽凋，变故迭乘，哀思自切。然老伯母年高德劭，生有余欢；令弟为国执戈，殁亦无恨，尚祈顺变节哀，勿过催伤，是所盼祷。弟以远阻河山，未亲祭奠为歉。专此奉唁。顺候孝履。贤昆仲同此唁候。

之六：文诗联

中华教育文化基金董事会公函

径启者：

美国退还庚子赔款余额充作教育文化基金，去年九月十七日奉令组织中华教育文化基金董事会，派颜惠庆、顾维钧、施肇基、范源廉、黄炎培、蒋梦麟、张伯苓、郭秉文、周诒春、孟禄、杜威、贝克、顾临、贝诺德、丁文江等为董事，接管此款在案。依据原订董事章程，今年六月二日至四日本会在天津开第一次年会，选举正式职员，颜惠庆为董事长，张伯苓、孟禄为副董事长，周诒春、贝诺德为会计，丁文江为秘书，顾维钧、蒋梦麟、顾临为执行委员，范源廉为干事长，并议决分配款项原则与十四年度本会办公预算。旋经赁定石驸马大街四十三号民房为事务所。七月二十八日事务所成立，举行茶会，并承外交、教育、财政各部长及美国公使等均到会。八月廿五日接到驻京美国公使馆转交一九一七年十月一日起所积存之庚子赔款，计美金一百三十七万七千二百五十元零二分，现已存储花旗银行作为基金。兹将本会章程及分配款项原则，并第一年会会议纪要中英文各一份，函请查照备案，实纫公谊。此致教、财部。

湖南私立衡粹女子职业学校董事会公函 *

呈为女子职业特宜提倡，援例请拨佛郎余款以维校务事。

窃敝校设在长沙，创立于清光绪廿九年，迄今二十余载。经营擘画，多历艰辛，所幸学生成绩尚有可观。计宣统三年出品于本省学校成绩展览会，蒙督署奖给每年补助银四百两。民国三年成绩送农商部转送美国巴拿马博览会，蒙农商部给予二等奖，又得美政府奖凭。六年教育部派视学到校视察，蒙奖给"妇功励教"匾额。十年成绩送上海积商会商品成列所，又得优等奖二本。此皆历历可证者也。

始基即已粗具，故步未可自封，筹划进行，势不容缓。兹将急待兴举各端列陈于次：一、组织刺绣工场。湘绣已为出口货品，惟学生毕业后，散处各地，往往因交通多阻，遂不能以所学自谋生计。故在校内附设工场，一面容纳毕业学生，一面收集校外贫苦工绣之女子，俾得入场参习，以资营生，实为要务。一、附设职业教员养成所。女子职业教育日渐发达，惟各地设立女校，聘请教师任文科者，每缺乏职业技能；任职业科者，又苦乏文科素养，极感困难。故附设职业教员养成所，造就文艺兼备之才，实于促进女子职业教育大有裨益。一、扩充校舍。敝校校舍大部分旧为民房，无隙地可作操场，体育功课常须借地实行，因陋就简，诸多不便。现在就学者日众，每苦校舍狭隘，不能收容。附近房基，如得资购买尚可办到，故谋拓地改筑，未可再迟，近拟收买。一、印行各种编织图案。民国三年，本校曾印行各种编织图案五册，由商务、中华两书局代售，风行一时。近年花样日新，敝校续出样本现已存积不少，亟须付印，以公同好。

以上四端，皆为要著。至其他当待进行之处，不胜枚举。惟年来校款入不敷出，亏负累累。湘省财政奇绌，补助金已积欠二十余月未发。敝校当此维持现状已属万难，欲进行各种计划，更为无望。窃思女学尚在萌芽，兹幸闻佛郎余款仰赖钧座主持，京外国立和私立各等学校多得分润。职业关系生计，敝校已成立二十余年，成绩嘉良，历有实证，在全国中并无多处，倘承特予提倡，他校亦难援例以请。敬恳俯赐鉴核，以励妇功而宏作育，无任感祷。谨呈临时执政财政总长、教育总长。

湖南私立衡粹女子职业学校董事　熊希龄　范源廉　等

致某先生函 *

敬启者：

　　前以家慈寿筵，仰荷隆情，蜀锦越缣，巨制尽延年之字；班香宋艳，宏裁骈寿世之文。写松鹤之图，□张遐景；咏芝鸾之句，铺耀清芬。德星肯聚于篷芦，文斗增辉与爱阁。源廉等□南伺膳，迎效潘与，堂北承欢，戏思莱彩。蟠桃宴会，拜嘉贶于宾朋；寸草心思，渤芳情于衷悃。爰修雁讯，敬答鸿施。祗候台祺，诸维亮照。

范源廉、锐　敬启

湖南大公报祝词

　　岳云高峻，湘水澄清。猗欤大报，毓厥精英。贾生策古，屈子辞鸣。昔标义纛，今树风声，声震聩启，石破天惊，纳民轨物，跻世和平。期屈十稔，远播寰瀛，于亿万载，莫之兴京。

新加坡南洋工商业补习学校丛刊序

　　美哉南洋工商业补习学校，惜哉南洋工商业补习学校，努力哉南洋工商业补习学校，何以明其然也。

　　新加坡为欧亚航路必经之枢纽，东望香港，西望可仑坡，遥遥万余里，呼吸相同。英人据此商务，称雄于世界。我国人侨居此地，成立南洋工商业补习学校。藉此工商业发达之区，实地练习，即可增进经验，而于做事之暇，补习学科，又可增进学识。昔日人考查德国实业教育，诏其实业学校之所在地，即其实业发达之区。今南洋工商业补习学校学识经验既日增进，安见此新加坡不可为我国实业发达之区乎？故曰美然。

　　新加坡为英殖民地，英人为事业教育之主人，我华侨萍寄此地，势亦微耳。倘我国能养成实业主人之教育，使实业家与学校互相联络，则各地华侨不至受人支配，可臻主人之实业，乃重洋万里，行李一肩，谋生之余，兼之求学。此中艰苦情状，从可知矣。故曰惜。

虽然国家之进取，全视民族之精神。有冒险精神，而后能辟殖民地；有实业精神，而后能为富强国。我华侨远在异域，亟亟焉注重工商学业，既瀹众人之知识，以壮祖国之声灵；复吸收海外之新知，以灌输宗邦之学子，其奋往精神为何如乎？虽在英人势力范围之下，不免相形见绌，然筚路蓝缕，可以启山林。事在人为，亦何可馁。诗曰：高岸为谷，深谷为林。果人人振作精神，纵今日不为实业之主人，安知异日不为实业之主人耶？故曰不可不努力。

昔美、德实业之勃兴，由于实业补习学校之盛。考其学制，凡未受中等以上之教育者，须就其所执之业而课以应用之学理。年幼者，则强制之；年长者，则劝喻之。以故成效大著，每校之就学者，往往达三数千人以上。我南洋工商业补习学校虽未必如此之盛，然注重事业教育，吸取他国之精英，挽回我国之权力，成绩斐然有足多者。今就校内发行丛刊，殆将以此中艰苦情状，应如何努力奋勉始能得此优美之结果，详细记之，以垂示来兹欤。余未睹南洋工商业补习学校之丛刊，不能悬揣。惟远道来书，征序于余，因即余之感想与希望，聊缀数语，弁诸简端，愿我华侨共勉焉。

考察山西地方自治制度辑要序

尝考东西各国，物阜民康，国家之统治权，日增巩固。而其致此之原，实由于地方自治之发达，有以立其基而植其本。法国袭中央集权，对于地方团体监督特严，其自治之发达，由上而下。美国人民素富，于自治性质，无俟行政上之监督，自然成为习惯，国家亦因而仍之，其自治由下而上。法、美两国之自治情势各有不同，而其成效率无或异。返而求诸我国自治之制度，古无所闻。然周之比闾族党，齐之连乡轨里，汉之三老力田，类皆以乡官为重，有合于自治之精神。唐以降，里正坊正目为户役，古法渐就凌夷矣。有清末造，锐意图新，须行自治制度。行之数年，特多流弊。推其原故，实由当局者忘我国旧有乡约之遗规，完全采用他国。今日之新制，骛虚去实，重形式不重精神，此所以未见其利先见其害也。民国改造，重颁布地方自治试行条例，以为改弦更张之计。不谓内争不已，民物凋残，非特自治不能进步，并将旧日略具雏形自治之事业亦隳败无余。即有一二士君子，关心民瘼，大都只知修订国宪省宪，以为国家根本大计，而于地方自治，以为卑之无足高论。岂知欲谋国家之统一，不外乎养成人民之爱国心；而养成人民之爱国心，仍不外乎古圣先王相友、相助、相扶持之精义。

山西为尧舜禹建都之地，流风遗泽，犹有存者。得贤者起而导之，其势固较易耳。郭君次璋长山东农业学校十余年，知振兴农业非改良自治制度、整理农村不可，率诸生赴山西各县实地考查，将自治一切制度编辑成书，蔚然大观。其意非特限于一地方实行自治，实欲使此自治之良规，得以广行于全国，非所谓立其基而植其本者乎？今国变极矣，安得各地方之公民皆如郭君之热心自治，以左右国家于不敝也。故乐观是书之成，聊缀数语，以为之序。

题武昌师大毕业同学录

荆山高峻，汉水澄清，猗欤多士，毓厥精英；
乐群敬业，有志竟成，愿宏作育，大道昌明。

祝沈母徐太夫人七十寿序诗

萱阁春浓爱日长，松心竹节德弥彰。
凡熊〔能〕励学心多苦，封鲊资廉誉远扬。

吉语荣褒崇晋国，板舆迎养迈虞堂。

芝荪满砌开桃宴，喜动慈颜举寿觞。

沈志伯母徐太夫人七秩大庆　　愚侄范源廉拜祝

送洵贝勒仲泉之女公子出阁联

其一：上苑桂开，异香馥郁；中秋节近，好月团圆。

其二：月到中秋，素娥绚彩；花开上苑，丹桂飘香。

其三：秀毓兰闺，雀屏中选；香分桂苑，凤侣腾欢。

贺金绍堂侄女出阁联

其一：秀毓兰闺，射欣中雀；才高柳絮，喜恰乘龙。

其二：林下风清，诗题红叶；庭中瑞霭，酒酿黄花。

贺郭曾圻之孙结婚联

其一：秀挺桐孙，音谐引凤；丝牵绣幕，喜恰栖鸾。

其二：奕叶帛长，丝牵元振；岭梅初放，妆点寿阳。

祝邢次征先生八秩寿诗

其一：堂堂德行绍前人，秋实遗风自有真。

　　　义问一乡推祭酒，孝经千载仰传薪。

　　　范躬谦谨同圭璧，季世浇浮此凤麟。

　　　玉面方瞳饶乐趣，优游垂钓渭江滨。

其二：天开淑景庆高堂，恰值群称曲水觞。

　　　九十春光饶秀色，八十椿树涌和祥。

　　　三株玉树齐璀璨，累叶琼枝倍炽昌。

　　　更有长城资保障，柳营同祝寿无疆。

挽卞母黄太夫人联

其一：苦志励和，凡教子有成，咸羡庭帏森玉树；

荆山完太，璞家声勿替，好医末俗作金针。

其二：有子克家，共仰才猷纾国计；

徽音足式，长留节义立坤维。

贺新婚

丽日和风，花开并蒂；（切四月）

高山流水，曲奏同心。（切姓陈）

贺医院新张

其一：传来海外长生法；（切西医）

练就人间不老丹。

其二：杏林生意满；

橘井异香多。

祝陈任中之母王太夫人九十正寿

其一：彩舞德星堂，贤士欢联五百里；（切陈姓）

筵开王母宴，蟠桃花放三千年。（切王太夫人）

其二：六月庆生辰，恰同大士先五日；（切六月十四日生日）

十年如转瞬，又看慈帏满百龄。（切九十岁）

其二：堂启德星，莱衣绚彩；（切陈氏）

寿同王母，桃宴腾欢。（切王太夫人）

其三：卅载寿添，重周花甲；（切九十岁）

中秋月朗，恰遇良辰。（切八月十二称觞）

其四：八月称觞，霓裳好奏九如颂；（切八月十二称觞）

十年增算，萱阁旋开百岁筵。（切九十岁）

旅宁安徽光学楹联

其一：英才来皖北；

　　　春意满江南。

其二：君子所以教者五；

　　　天下之达德有三。

其三：讲舍辟金陵，好共挹钟山灵秀；

　　　故乡怀皖水，最难忘元晦心传。

其四：此地原虎踞龙蟠，看皖水英才，一望萃处；

　　　故乡有张村朱里，喜前贤教泽，千载常新。

北京汇文学校欲立校训，以诏学者，因思达德之教，百世常新，特敬为揭之：

　　　智、仁、勇。

　　　　　　　　　　　　　　　民国十五年八月　范源廉

挽路孝植、路孝沈之母陶太夫人联

　　　鹤算遇稀龄，玉树临风娱晚景；

　　　鸾䡟归上界，梅花戴雪只含哀。

祝芳孙先生七秩诗

　　　邰伯高风七二贤，桂枝书屋绍其传。

　　　远才成德熏陶遍，博济宏施惠问宣。

　　　经诵黄庭心即佛，杖衡绿玉健如仙。

　　　跻望竞献岗陵颂，莱彩承欢福泽绵。

挽陈复可司长

　　　历著龙韬，赢得勋名垂竹帛；

　　　邃催鹤驾，不堪时局正沧桑。

挽李鸣九之父若斋先生联

其一：名教育群英，望重登龙，一代楷模争共仰；
克家有令嗣，才成鸣凤，满庭花萼竞联芳。

其二：有主器宣劳国事，有哲嗣侍养庭帏，绕膝多才，共羡
桑榆饶晚景；
其律己必慎独居，其海人先陶德性，立身名教，长留
楷模式乡间。

其三：风雨老名山，乐育群英，公自衡湘推硕望；
蓬莱还故处，生刍一束，我从京洛怅遗型。

愚侄　范源廉、锐　拜挽

祝张海钦先生暨德配戴太夫人七十寿联

其一：大斗酒斟，蓬壶日永；
上元灯满，极婺星辉。

其二：泽绍香山，齐眉溢庆；（张浑七十岁，香山四皓
之一。）
风宗义里，饶膝多才。（张宗昌历八世三千口同居
旌，其第曰义里。张竹樵之父，食指三百人。）

其三：鸿案齐眉，莚开七秩；
龙文绕膝，华祝三多。

祝张黙君之母何太夫人七秩寿联

其一：令德孔昭，从心所欲；
持家有法，绕膝多才。

愚侄　范源廉　集征文语拜祝

其二：瑞辑璇闺，多福多寿；
欢承彩服，乃武乃文。

其三：降幔传经，菁莪启化；

斑衣绚彩，杞梓多才。

其四：泽绍西铭，灵钟南岳；（征文启云家慈世为衡阳望
族）

梅开东阁，萱茂北堂。

之七：约束

复清华大学函

庆五先生大鉴：

顷接华函，诵悉一是。十一月六日贵校大会日期，谨当遵约
到校，藉聆教益。是日下午二时当在石驸马大街敝寓候车前往。
专复。即颂道安。

复河南图书馆长何日章函

日章仁兄左右：

顷奉瑶函，快同良晤，敬念兴居佳胜，如颂为慰。新郑古物
已在贵馆陈列就绪，且得乘机与师大同学诸君聚叙，辱承宠召，
情意殷拳，恒为心感。惟此间公务伊始，势难分身，摒挡南游只
有迟之他日耳。专此奉复。即颂台绥。

一四、九、二四

复高鲁函 *

曙青先生大鉴：

顷接天文学会来函诵悉。今午公宴科学社社员，本应趋陪，
适先已束约他友，自作东道，时间冲突，不克分身，至以为怅。
特此奉告。即颂刻安。

复南开大学张校长函

来函敬悉。思源堂定于十八日午后三时开幕，届时谨当遵约到会。复上伯苓先生。

致完颜祥卿函

祥卿仁兄左右：

前游济垣，多承款恰，尚迟函谢。奉到华翰，并同学名单一纸，展诵之余，快同良晤。诸位萃聚一方，愿宏作育，翘企前途，深用佩慰。专此奉复。即颂时祺。诸同学均祈代候。

复鹿笙振华函 *

鹿笙、振华先生大鉴：

顷接华函，敬悉一是。前日匆促因事返京，下星期当再赴津，容届时奉约，以图良晤。专复。即颂台绥。

致石瑛函 *

蘅青先生大鉴：

午间劳枉驾，失迓甚怅。六日（星期四）上午九至十二时，请惠临敝事务所一谭为感。手此。敬颂台绥。

十四、八、四

复师范符九铭函

九铭先生大鉴：

顷接琅函，诵悉种切。十一月八日为贵校开校纪念日，届时谨当遵约趋前，藉图良晤也。专此奉复。即颂台绥。

复清华曹校长函

庆五先生大鉴:

两接华函，诵悉一是。本月六日遵约到校，讲题为《师友间之情义》。日来琐务纷冗，而所欲陈者，又非高论，以故未备讲稿。承招晚餐，谨当奉陪，但期饱德，不敢厚扰郇厨也。专此奉复。即颂道安。

附上讲题一纸。

复邓兰园函

兰园先生大鉴:

顷接惠柬，约于十六日晚七时宴集，甚为心感。弟适以要事明日晚车须赴津，届时歉难趋陪。专此致谢。即颂台绥。

复国民外交协会函

敬复者:

顷接来函，诵悉一是。欢宴王君亮畴，事关公益，甚表赞同，请将弟名加入为盼。此致国民外交协会。

复余日章函

日章先生大鉴:

久违雅范，时切怀思。顷接华函，快同良晤。敬念近履绥和，荣问休畅，如颂为慰。贵会第十届全国大会定期在济举行，承盛意相召，参与演讲，甚为感谢。惟宗教理论非深有研究者不能置词。弟对于各种宗教从未问津，领解已难，安能阐发，实在不克胜任。有负雅嘱，良用歉然，尚希察谅为幸。专此奉复。祇颂台绥。

复颜骏人总理函

骏人仁兄总理阁下：

顷接大柬，约于本月二十五日下午八时宴集，甚为心感。届时谨当遵约奉陪，藉聆雅教。专此奉复。即颂勋绥。

愚弟 范源廉 敬启

复孙慕韩总理函

慕老惠鉴：

顷接大柬，约于三月五日下午七时宴集，甚感。届时谨当遵约奉陪，藉聆雅教。专复。敬颂台绥。

范源廉 敬启

复协和医院朱友渔函

友渔先生左右：

昨奉一函，计达尊览。前承雅嘱于四月十六日到校讲演，本应趋前，藉图良晤，适近因患病，失血过多，虽幸渐愈，尚未复元，届时势难践约。有负盛意，良用歉然，尚希察谅是幸。专此。祗颂台绥。

复陈子云函

子云先生大鉴：

接奉惠柬，约于月之二日午间在西站宴集，深感。适因有事未克奉陪，至以为怅。专复致谢。祗颂台绥。

复北京师大湖南学友会函

敬复者：

顷接华函，诵悉一是。现因病后体气尚未复元，不克到会，殊深怅歉。专复致谢。敬颂学祺。

复北京师大附中学校林砺儒函

砺儒先生大鉴：

顷接华函，得悉贵校于明日举行童子军宣誓礼，弟因病后体气尚未复原，不克莅场，至为怅歉。专此致谢。祗颂道绥。

复协和医学院顾问委员会周诒春函

敬复者：

顷接华函，诵悉本月二十八日下午四时举行第十次常会，届时谨当遵约到会，藉聆教益。专此奉复。祗颂公绥。

复国立北京师范大学函

国立北京师范大学公鉴：

顷接大函，得悉明日上午举行学生军成立典礼，鄙人因病后体气尚未复原，不能莅会，有负盛意，良用歉然。专此奉谢。祗颂时绥。

范源廉　敬启

复颜总理函　送外交部交际司

骏人仁兄总理阁下：

顷接惠柬，约于本月十六日宴集，甚为心感。届时谨当遵约奉陪，藉聆教益。专此奉复。祗颂勋绥。

复国立北京师范大学张校长函

少涵先生大鉴：

昨接华函，得悉校中于本月二十三日举行毕业式，本应趋前藉聆教益，惟弟因病后体气尚未全复，谈话稍多，每觉不适，故不能到校参与。有负盛意，良用歉然。专此致谢。祗颂台绥。

复余天休函

天休先生大鉴：

　　顷接惠柬，得悉贵校于十九日举行毕业典礼，是时适先有约，不克趋前藉聆教益，至以为怅。专复致谢。祗颂台绥。

复清华大学曹校长函

庆五先生台鉴：

　　顷接华函，得悉贵校于本月二十五日举行毕业式，承盛意相召，甚感。惟因病后体气尚未复元，不克到校参与，至为怅歉。专复致谢。祗颂道绥。

复有田八郎函

有田先生大鉴：

　　日昨赴津接到惠柬，约于三日在贵寓宴集，甚感。惟其时适因事在京，未及趋陪，至为怅歉。专复致谢。祗颂台绥。

　　　　　　　　　　　　　　　范源廉　敬启　六月十日

致熊正理函

正理先生大鉴：

　　顷接惠柬，约于廿四日宴集，甚感。惟是日中华教育文化基金董事会举行年会适在同时，不克分身藉聆教益，至为怅歉。专复致谢。祗颂时绥。

致北海公园事务所函

启者：兹拟于七月三日下午六时假座董事会画舫斋□庙宴集，未知是日有闲座可假用否？希即示复为荷。此致北海公园事务所。

范源廉 敬启

复张梅僧函

梅僧先生大鉴：

顷接惠函，诵悉贵校于七月十一日举行毕业式，本应趋前藉聆教益，惟是时因事在京，不克到校参与。有负盛意，良用歉然。专此复谢。祗颂时绥。

复蔡竞平函

竞平先生大鉴：

顷接惠柬，得悉本月二十九日为尊太夫人设祭，唪经之辰，本应趋奠，惟是日适另有要务，不克分身前来，至为怅歉。专复致谢。祗颂礼绥。

复顾少川函

少川先生阁下：

顷接惠柬，约于本月二十六日午后五时茗叙，甚为心感。惟弟现适因事须赴津一行，届时不克趋陪。有负盛意，良用歉然。专复致谢。祗颂勋安。

复杜总理函

慎臣先生总理阁下：

顷接惠柬，约于本月二十一日下午一时茗叙，甚为心感。惟弟适先有他约，不克趋陪，至为怅歉。专复致谢。祗颂勋安。

复中国工程师学会第九次年会函

中国工程师学会公鉴：

　　顷接惠柬，约于本月二十八日下午七时宴集，实深心感。惟是日适先已柬约他友，自作东道，不克分身，至为怅歉。专复致谢。敬颂公绥。

复赵次、孙慕老函

次、慕老赐鉴：

　　前复一函，谅邀察阅。顷奉惠书，约于本日下午三时在故宫博物院办公所开保管委员成立会，甚感。惟故宫博物院保管委员一职，前于接到国务院聘函时即已具复辞谢，今日之约不克趋陪。专此奉复。祗颂崇安。

复法源寺道阶和尚函

道阶上人清鉴：

　　顷接惠柬，并范任卿先生大片，约于今日下午六时宴集，本应趋陪，藉聆教益，适中华教育文化基金董事会开执行委员会，时间冲突，不克分身，至为怅歉。专此复谢。祗颂时绥。

　　　　　　　　　　　　　　　　　一五、一〇、七

复周诒春函

寄梅先生大鉴：

　　顷接琅函，得悉协和医学校顾问委员定于十月二十九日（星期五）午后四时开第十一次常会，是日弟当按时到会。专此奉复。祗颂公绥。

复颜总理函

骏人先生大鉴：

顷接惠柬，约于本月四日下午一时宴集，甚为心感。届时谨当遵约奉陪，藉聆教益。专此奉复。祗颂勋安。

一五、二、三

复中国天文学会函

中国天文学会公鉴：

接奉华函，诵悉十月三十一日上午九时开第四届年会，惟是日适因事须赴津一行，不克到会参与。有负盛意，良用歉然。专此。祗颂台绥。

范源廉　敬启

复达权函 *

达权先生大鉴：

顷劳枉存，失候甚怅。奉到惠书，敬悉一是。南洋大学卅周年纪念，承厚爱见招参与，深所心感。惟弟以患病新愈，医者切嘱，暂宜静息，多事言动，难免再发，九日盛会，势难前往。有负雅意，至深歉仄。特此复谢。乞转达同人为感。此颂时绥。

复北京师大湖南学友会函

北京师大湖南学友会公鉴：

顷接华函，得悉本月十四日下午一时假乐育堂开会，本当到校，藉图良晤，适同乡李宾四先生月前在津逝世，办理丧事，是日已先约定前往，不能分身参与。有负盛意，至以为歉。此复。即颂时祉。

范源廉　敬启　十一月十二日

校中同学并候。

复陈颂平函

颂平先生大鉴:

顷接惠柬,约于二十一日在广和居宴集,甚为心感。适到京逾时,未及趋陪,至以为歉。专复致谢。祗颂时祉。

　　　　　　　　　　弟　范源廉　拜启　十一月二十二日

汪、黎、赵、沈诸位先生处均祈代为致谢。

致小平总治函

小平先生大鉴:

昨自津归,接丁君士源来函,诵悉一是。多劳枉顾,失迎歉甚。兹奉约于二十七日上午十一时敬请惠临石驸马大街四十二号敝处相晤,藉聆雅教,无任翘企。专此布达。即颂台绥。

　　　　　　　　　　范源廉　敬启　十一月二十四日

复师大湖南教育研究会函

师大湖南教育研究会公鉴:

接奉来函,得悉本月十二日上午九时假乐育堂举行常会,本应到会,藉图良晤,适是日因北京图书馆事先有约定,不克分身,至以为歉。此复。即颂公祺。

复华洋义赈救灾总会函

华洋义赈救灾总会诸位先生均鉴:

前接惠柬,约于本月五日宴集,甚感。适先期因事在津,未克趋陪,至以为歉。专复致谢。祗颂公绥。

复南开学校董事会函

南开学校董事会公鉴:

顷接华函,得悉十二月十九日为例会之期,有诸多要件待议。因恐出席人数不足,难于成会,是日谨当遵约到会,藉聆教益。专此奉复。祗颂台绥。

范源廉　敬启　十二月十一日

复中国科学社、中国地质学会、中国天文学会、北京博物学会函

中国科学社、中国地质学会、中国天文学会、北京博物学会诸位先生大鉴:

接奉惠柬,约于今日下午一时在北海公园宴集,本应趋陪,适先有他约,自作东道,时间冲突,不克分身,至以为怅。专复致谢。即颂公祺。

复周诒春函

寄梅先生大鉴:

接奉华函,得悉协和医校顾问同人宴客,已订妥于十二月三日下午一时在取灯胡同颜宅举行,多承偏劳,实深心感。是日自当按时前往也。复颂台绥。

弟　范源廉　敬启　十一月三十日

复中国地质学会函　农商部地质调查所内

中国地质学会诸位先生均鉴:

顷接惠柬,得悉本月十六日欢迎法国拉克华先生,定于下午七时在西安饭店宴集。届时谨当遵约趋陪,藉聆教益。专复致谢。祗颂公绥。

复北京师范大学函

师大诸位先生大鉴：

顷接惠柬，约于新年元日六时在华美番菜馆宴集，本拟趋陪，藉图良晤，适因事须赴津一行，不克分身，至以为歉。专复致谢。祗颂公绥。

复平教总会傅葆珍、冯锐函

葆珍、梯霞先生大鉴：

顷接惠函，约于九日正午十二时假欧美同学会宴集，甚感。届时谨当遵约趋陪，藉聆教益。专此奉复。祗颂教绥。

复中华红十字会总会颜、蔡、杨三先生函

骏人、耀堂、小川先生同鉴：

顷自津归，接奉华函，诵悉一月四日在干面胡同红十字会开会讨论医院事宜，热忱宏愿，无任钦迟。适弟因事先期赴津，未获到会，藉聆教益，至以为歉。专此奉复。祗颂公绥。

复团城财政整理会周诒春函

寄梅先生大鉴：

接奉华函，得悉协和医学校顾问委员会定于二月二十四日午后四时开十二次常会，是日弟当按时到会。专此奉复。祗颂台绥。

一六、二、六

复江叔海函　小方家胡同

叔海老伯先生大鉴：

顷接惠柬，约于本月四日十二时宴集，甚感。惟现患感冒甚重，身热头痛，医云须静养数日，届时势难趋陪，至为怅歉。专

复致谢。祗颂福履。

世愚侄　范源廉　拜启

复天津南开大学函

南开学校董事会公鉴：

接奉华函，得悉本月十三日午后二时为开会之期，是日自当按时到会，藉聆教益。专复。祗颂台绥。

复国立北京农业大学许校长函

叔玑先生大鉴：

顷劳枉顾，失迎甚怅。展读华函，得悉本月八日为贵校成立四周年纪念，承厚爱见，招参与讲演，实深心感。惟弟现患流行感冒颇重，医者切嘱静养，纪念盛会，届时势难前往。有负雅意，至以为歉。特复致谢。祗颂台绥。

复燕京大学司徒校长函　　京西海淀

司徒先生大鉴：

顷接华函，快同良晤，敬念兴居嘉胜，如颂为慰。承赠玉照，拜登谢谢。嘱捡敝会章程，以备参考。兹奉上敝会中英文第一次报告各一份，所有章程均附在内，敬请查阅为盼。专复。祗颂台绥。

复燕京大学董事会代表颜惠庆函　　取灯胡同

骏人先生大鉴：

接奉惠柬，敬悉燕京大学董事会代表诸公约于三月廿七日上午十二时在海淀朗润园宴集，甚为心感。惟弟近抱恙月余，久未回津，现幸渐愈，亟须赴津一行，是日势难趋陪，至为歉怅。专复致谢。祗颂台绥。诸位先生均请致意。

复高凤山函　　北京汇文学校

凤山先生大鉴：

前奉大札，敬悉种切。适因贱躯抱恙，裁答迟迟。多劳枉顾，有失迎迓，至以为歉。现病已渐愈，谨奉约于本月七日（星期六）上午十时请惠临敝会（南长街老爷庙胡同廿一号）相晤，藉聆雅教，无任翘企。专此奉复。敬颂台绥。

复燕京大学司徒校长函

司徒先生大鉴：

顷接惠柬，约于本月八日上午十二时宴集，甚为心感。惟弟现适因事须赴津一行，届时不克趋陪。有负盛意，良用歉然。专此致谢。祗颂道绥。

范源廉　敬启

复顾总理函

少川先生阁下：

日时得聆雅教，快甚。顷接惠柬，约于本月八日下午七时半宴集，甚为心感。惟弟现因病后拟赴津小住，藉事养息，届时不克趋陪。有负盛意，良用歉然。专复致谢。祗颂勋绥。

弟　范源廉　敬启

复振亚小学校函　　地安门外北官坊口二十六号

敬复者：

前接五月卅一日华函，并优待券十张，甚为心感。惟是时适因养病在津未克到会参与，兹将优待券十张奉还，即请查收为荷。专复致谢。祗颂公绥。

范源廉　敬启　六月十日

复女子校长胡敦复函　教育部街国立女子大学

敦复先生大鉴：

顷奉惠柬，欣知贵校于本日下午二时举行体育专科毕业典礼。弟于是时适先有他约，不克趋前，藉聆教益，至以为怅。专复。祗颂台绥。

范源廉　敬启　六月十日

复燕京大学函

燕京大学均鉴：

顷接惠柬，欣知贵校于本月十二、十三日两日举行第九次毕业典礼。廉于是时适因事赴津，不克趋前，藉聆教益，至以为怅。专复。祗颂公绥。

范源廉　敬启

复体育研究社函　西单北西斜街

体育研究社均鉴：

顷接华函，欣知贵社于本月十二日下午二时开幕茗叙。廉于是时因事赴津，不克分身，至以为怅。专复。祗颂公绥。

范源廉　拜启

复南开大学张伯苓先生

伯苓先生大鉴：

顷接董事会来函，诵悉七月十日下午二时在南开中学补行例会，届时谨当遵约到会，藉图良晤。专复。祗颂道安。

复杨适生函

适生仁弟左右：

接奉华函，欣悉七月二日举行嘉礼，佳偶天成，洵堪庆贺。承嘱证婚，理应前往，惟在天津因先有他约，是日恐难回京。有负雅意，良用歉然。专复致贺。祗颂。①

复群化中学校函

群化中学均鉴：

接奉华函，欣悉贵校于本月二十五日举行毕业典礼，承盛爱见，招参与演讲，实深心感。惟贱躯病后体气尚未复原，谈话稍多，每觉不适，因此之故，届时势难前往。有负雅意，良用歉然。专复致谢。祗颂公绥。

复刘振华函　前门外北京旅馆

仙洲先生大鉴：

日前劳枉临晤教为快。顷接惠柬，约于本月二十六日上午十二时在撷英馆宴集，甚为心感。惟弟于是时适先已柬约他友，自作东道，不克分身，至以为歉。专复致谢。祗颂台绥。

---

① 下缺。

倪嗣冲碑传四则

倪祖坤 供稿

编者按：倪嗣冲生前死后先后有五人为其撰写"生祠碑记"、"神道碑"、"墓志"和传记，均收入《倪氏族谱》（未刊）。其中王树枏撰写的已收入本编辑部主编的《民国人物碑传集》内，其他四篇均未公开发表，今刊出，俾相互补充，供研究参考。

安武将军陆军上将勋一位前安徽督军长江巡阅使阜阳倪公生祠碑记

安徽督军张文生拜撰

民国九年秋，前安徽督军、长江巡阅使阜阳倪公感疾辞职，中央命文生督皖，严令敦迫。自惟朴鲁，又从倪公久习，知公所以治皖者，非文生之愚所能任，再辞不获。命倪公去就医，居天津。当其行也，皖人士深念九年保障抚字之劳，一旦违离，如婴儿之失慈母，相与彷徨，依恋不忍舍去，而义不可留。时淮上治公园，其地极风景之胜，中楹爽垲，居高而履厚。皖人谋所以永其思者，营度修饬，以为公之生祠。众力具举，既坚既华。将落成，以刊碑之词来请。余不文，然不敢辞，因记其略而复为之论曰：今天下时事之变极矣，三纲沦，九法斁，举古所谓伦常经义，后生小子得以端坐而訾议之至，搉提剖灭以为快。而天地之运，赖以维系斡旋不即失坠者，独此一线未泯之人心而已。

倪公之治皖，垂八九年，其所以福皖人者，靡不举也，而莫切于治水。皖北之水，淮为经流。自淮阏于洪泽湖，尾闾不畅，上游入淮诸水乃雍滞为灾。濉自江苏之萧、铜，经宿、灵东趋五、泗，清季以来，每届夏秋，霪霖横溢，沿濉三百里横二十里，田庐稼穑悉在巨浸中。男妇老幼骨立菜色，逃亡乞食以数万计，见者咨嗟叹息，无可为计。而水利交涉案牍盈筐累箧，皖人与苏人争，五、泗之人复与宿、灵之人争，群构交哄，纷纭纠结，势不可解。官斯土者，既苦于无力，又以事体大且难畏不克举，相与听之于天，委之于气数，盖民无噍类久矣。

倪公时兼任省长，独慨然发愤，引以为己责，誓不为民除害不止。请命枢府，得款百万余，设立工赈处，召集地方官绅，剀切劝告，教立程限，躬其不率者。越三年，筑淮堤三百余里，浚渠塘以千计，而濉河亦同时告成。滨淮滨濉各邑，向之扶老携幼流离转徙于沟壑者，乃得夷然安枕，享有父母妻子、田庐丘墓之乐，今又三四年矣。其田野日辟，其生产日饶，其人民日滋长而富庶，咸曰非倪公之力不及此。然则公之尽力于民者若彼，而皖民饮水思源于游观燕乐之所，以一瓣之香，一掬之水，竭诚而供献之，以报公之功不为过也。或曰生祠非古也。余愧不知礼，独以为当此风俗偷薄之日，乡邦父老犹能拳拳于既去之长官，绸缪爱慕，极尽恩礼，以求其备而致其隆，则人心之所维系者大矣。虽违于古，犹当存以为甘棠茇舍之思。况考之《礼》曰：能捍大患御大灾，则祀之礼之。所谓则祀者，义意直截明了，虽据以为生祀之权舆可也，何疑于非古乎？敢称之以告后之议礼者。至公之在皖，武功文治，炳耀震铄，它日有国史在，兹不具赘。

安武上将军阜阳倪公神道碑铭
常熟孙雄撰

公讳嗣冲，字丹忱，安徽阜阳人也。曾祖会，曾祖杰之，父淑，均赠光禄大夫。公幼聪颖，有神童之誉，年十二，通五经四子。稍长，潜心经世之学，赠公由名孝廉，作宰四川开县，公从之官，益明习吏事。赠公宦蜀数年，撄微疾，致仕归里。公承严命，遵例入赀，奖分部郎中，改选山东陵县知县。陵故岩邑，多窃盗，蠹役杨武阴左右之。公烛其奸，立置重典，邑乃大治。

逾年丁继母忧①，闻讣请奔丧，车已驾矣，适义和团甫萌芽，有设坛授术者，公力斥其左道惑众，亟捕至，予杖下狱，并通详大吏，请予严禁，俟欀发然后成行。未几，项城袁公世凯巡抚山东，廉知其事，檄充德州等九县拳匪善后委员。公亲历各县，悉知村民良莠暨教民被害情状，诛不法者若干人，而谕胁从习拳之良民，量力出赀，葺教堂，抚教民，既竣事而教士复至，无可争议，遂辑睦如初。是役也，用钱十八万缗有奇，悉由富民自任，不费公家一镪。而邻近直隶各邑，有一县糜帑至数十万，牵连狱戮良民至数百人者。神明之颂，洽于遐迩。袁公深器伟材，谓堪大用，荐保至道员，奏充留京执法营务处。旋充北洋总理巡防、行营、执法各营务处，擢任黑龙江民政使。公感激殊知，勇于治事，举垦务、军务、盐务诸要职，悉以一身任之，训农经武，绥圉图强，劳怨不辞，忌者刺骨。会黑省大水，漂没垦地、庐舍、农具无算。疆吏不察，惑于潛言，仓卒劾奏，遂遭严谴。公怡然处之曰：吾俯仰无愧怍，利害非所计也。

越年辛亥，武汉兵起，项城袁公奉朝命再出治军，奏起公为左翼翼长。旋奉河南布政使、帮办河南军务兼署安徽布政使之命。袁公因皖北骚动，汴省势亦岌岌，故破除常例，举两省军民之任悉之付公。公因统武卫军三营，进复颍州。颍州者，安徽之北鄙而河南之屏蔽也。既克颍州，旋督办苏、豫、皖、鲁四省交界剿匪事宜，未及逾年，萑苻绝迹。

_____

① 据王树枬撰倪嗣冲神道碑铭，倪的继母亡于庚子年。

癸丑五月，赣宁事起，奉令出师，下凤台、寿州，徇正阳、合肥、六安，遂任安徽都督兼民政长。莅任之始，公私赤立，延揽才俊，百废具兴。公念皖省贫瘠，由于水旱频仍，爰督饬有司修筑沿江圩堤、开渠塘以万计。又办皖北工赈，移驻蚌埠，创设皖北水利局，周巡淮河上下游，测量地势高下，为大举疏导之准备。复筑淮堤七百余里，浚濉河三百余里。公据鞍巡视，风雨不辍。迨全工告竣，宿、灵、泗三县滨濉之区，涸出民田数十万亩，滨淮各县保全田庐墟墓不可殚计，流亡复业，丁漕收入岁增十余万。公犹不自满，假欲进谋实业、教育经久之计。拟于食盐每斤加铜元二枚，岁计得五百万，创办因利银行，以辅实业，年取羡余，以兴教育。手订规条，付监督权于省议会，以杜属吏侵渔。规画甫定，而浮言胥动，事格不行。公每歔欷太息，谓民情信可与乐成，难于图始也。

丙辰、丁巳以来，国家多故，公权衡轻重，因物付物，一以国家人民为归，不以一己之毁誉祸福为意。参战一役，所关尤巨，公力赞其成。每定大疑、决大计，往往绕室徬徨，终宵不寐，用心之苦，非局外人所及知。公亦不求谅于人也。西南不靖，党见纷咴。公以为强邻逼处，非先谋统一不足以御外侮，故援湘援粤，迭派重兵。既而环顾时势，又感武力之不足恃，忧兵祸之将自焚，则又主裁兵节饷，以纾急难。先汰皖兵十分之二以为倡。公虽焦心劳思，急于求治，无如一傅众咻，道谋筑室。公私慨国势凌夷殆无补救之望，往往独居深念，太息流涕不能自已。己未冬初，遂患怔忡。庚申八月，病势益剧，因辞职还津就医。辛壬、癸甲四年之间，息偃在床，时剧时愈。病中呓语，辄及时事，或中宵愤起，奋袂抵几，曰天下事皆若辈误之。饥馑洊臻，灾害并至，虽有善者末何如矣。中西医士，为目病狂，不知公实忧时念乱，郁为疚疾，心痛脑亏，非药石所能治。此殆古人所谓神伤者欤。嗟乎！今世之拥兵自雄，日寻干戈以相征讨，奋其武怒，以惄焉于中国，敛怨以为德者，以公之德量心术较之，孰为病狂，孰非病狂，必有能辨之者矣。

公生于同治六年戊辰正月十三日，卒于共和十有三年夏正甲子六月十一日，年五十有七。娶宁氏，子四人，道杰、道炯、道焘、道熹，孙二人，晋埙、晋增。光绪季年，余官吏部，项城袁公奏调办理北洋学务，派充北洋客籍学堂监督。时公方任行营营务处，公余宴集，上下千古，议论昕合无间。公又命道杰、道炯肄业客籍学校，谊益亲密。乙卯、丁巳，公方督皖，余因省墓南旋，道经淮泗，班荆话旧。维时道杰方佐公治皖，学识弥益闳邃。公亦喜继志之有人，每于酒半掀髯称快，语及时事，则又微露愤慨之意。曾不数年，人事变迁，乃执笔以铭公之神道。东坡之哭庐陵也，曰为天下痛兼哭其私，古今人殆有同感矣。公生平俭于自奉，笃于待人，昆弟族党尤为从厚，视犹子如己子，饮食教诲，俾使成立。其治军也，威令虽严，结以恩义，每战陷阵先登，至策勋行，赏必归功诸将，故人人乐为之用。宏奖人才，无党援门户之见。独严于治盗，不稍宽假。尝谓：为治当先去其害政者，然后庶政方能推行无阻，况盗贼之起，一捕役之力制之有余，一旦溃决，虽战伐经年，膏涂原野，而无可如何。若博宽大之名，酿无穷之患，是不忍于一二奸宄而忍于千万良善，养痈贻祸，虽悔何追。平居谆谆，以此告诫僚吏，故督皖八年，盗匪潜踪，闾阎安堵。子产治郑，武侯治蜀，何以加兹。公之世次官爵，志其墓谱于家藏、于有司，勒于国史，无待赘述。述其关系天下国家今古世变之荦荦大者，爰为铭曰：烈烈倪公，丹心许国，纬武经文，平康正直。筑防浚渠，惠流郑白，造福梓桑，民安作息。火烈鲜死，治盗尤力，禁虣戢兵，惩贪纠墨，世乱方殷，乾坤为赤，大同之治，匪一朝夕。公愿未酬，威凤敛翮，二竖为灾，归神渊默。公灵在天，殷忧未释，殛彼凶残，拯民困厄。天下为公，仙凡不隔。我为此铭，昭告无极。

安武上将军倪公墓志铭

桐城马其昶撰

公讳嗣冲，字丹忱，倪氏。其先明初由山东迁阜阳，遂为阜阳人。考讳淑，以举人官四川开县令，三子，公其仲也。生而英异，有智略。光绪中以赀为郎，改令山东陵县。庚子春，将受代，民有习拳设坛者，公曰此乱民也，立捕系之。乃去，留牍大府，请一切逮治，毋令煽蔓。数月拳祸作，项城袁公巡抚山东，见公前牍，奇之，檄办九县善后事。公首斩仇教尤不法者，余令出金自赎，以其金恤教士，葺前所毁教堂，民教大和。从袁公之直隶，以营务处领骑兵，擒广宗豪猾景廷宾，叙功晋道员。公知兵名由此起。诏授黑龙江民政使，以谗劾免。辛亥袁公视师湖北，起公为行营翼长，迁河南布政使、帮办河南军务，进军平张孟介颍州，兼署安徽布政使。时郡县伏莽纷丛，苏、鲁、豫、皖界上尤甚。既更国变，安庆数易都督，又皆非政府意。袁公知东南且有事，令公治兵淮北，先剿匪。公以兵三营大破匪商邱，躬巡四省界上，后益扩军选将，精炼练。癸丑转战，克寿州，进抵安庆，遂定全省，授安徽都督兼民政长，已而又兼长江巡阅使。公曰：今铁道通津浦，防守不得专在江。移屯凤阳，县属蚌埠，地故荒瘠，未数年，军垒商市，次第开辟，屹为大镇。皖帅不驻安庆自此始也。公起县令，于时帅中知民事，独悉重吏治，尤严捕盗之令，戒毋姑息，曰是忍于民而不忍于害民者也。淮上故多盗，公在位八载，千里肃然。尝筹议导淮，修江堤三百里、淮堤七百里。岁饥，集饥民浚淮河，计工授粟，工成，河两岸田增收甚巨，民尤赖其利。乙卯云南事起，苏帅忤政府意，政府密令公进讨。公曰江表一家，且吾不能以兵事苦吾民，力争之，事遂以寝。丁巳应召入京，议参欧战利害。公言德无胜理，吾国更内乱，今不与列强比，边衅立启，民益不堪。当是时，合肥段公秉国，意主参战，得公言遂决，议院顾力沮之。公还屯，大会诸帅徐州，请散国会，锋颖凛凛。其后事变错连，而参战之效卒著，忌议公者亦颇自息。己未疾作，逾年得请去位。又四年，甲子夏终于天津，年五十有七，追赠安武上将军。夫人宁氏，侧室王氏、陈氏。子四，道杰参议院议员，道炯陆军少将，道焘、道熹。女二，长适同邑通威将军、皖南镇守使王普。自公卒后，国连岁内战，且夕变异不可究诘，兵民死亡动以亿万计，而十年完晏如安徽未大罹兵祸，则人尤以为难，思公者乃益多矣。公以丁丑年四月初四日葬于天津佟家楼之新阡。道杰致状请铭，不获辞，遂铭曰：气坚以刚，有声洸洸；不宁国武，亦造于乡。盛屯弗扰，龈猾绥良，完完千里，若水安防。悕今崩宇，畴嗣公望，生论或异，殁思以长。我铭征实，万祀斯藏。

安武上将军勋一位长江巡阅使
安徽督军兼省长倪公家传

胶西柯劭忞撰

公姓倪氏，讳嗣冲，字丹忱。先世本山东籍，明初迁颖州，遂为郡著姓。曾王考会，曾王考杰之。考淑，同治十二年举人，花翎四品衔四川开县知县。三世俱赠光禄大夫，妣俱赠一品夫人。

公生有异禀，读书十行俱下。年十二应学使试，背诵五经，为学使所称叹，以书法不入格被黜。公夙有远大之志，不屑以章句进也。侍开县府君于官所，益明习吏事。援例入赀，为分部郎中，改选山东陵县知县，缉盗锄奸，县大治。丁内忧去官，已办装矣，闻境内义和团设坛，立逮捕其魁，下之狱，且白于大府，乞严禁其事，俟禀牍发而后行。已而妖乱蜂起，果如公所料。会项城袁公来为山东巡抚，见公禀牍，奇之，以为知缓急可任大事，檄公充直鲁沿边九县善后委员。公首至陵县，父老相庆，曰倪公来吾侪无患矣。公密侦获匪首数人，斩以徇查境内所毁教堂及教民遇害者命，讵误于团匪之家，认罚镪偿恤之。其余八县一准以办陵县之法，不费国家之帑，不株连良善一人，内奸除而外衅弭。于是袁公益知公可大用矣。未几，袁公移督直隶，两宫西幸，外兵入京师，和议虽就，而盗贼犹夤缘劫掠，坊市居民苦之。袁公乃设留京执法营务处，以公领之。公莅事甫匝月，奸人屏迹，九城帖然。是时军事旁午，袁公倚公如左右手，凡充北洋总理营务处、行营营务处、发审执法营务处，兼三剧职，公应机立断裕如也。广宗巨猾景廷宾，假仇教之名，聚众抗官，朝廷以友邦责言，严饬总督惩办。袁公檄公督兵剿捕，廷宾败遁。公自率亲兵追之，冒雨一日夜行三百里，获廷宾，戮之。擢记名候补道，晋二品阶。

光绪三十二年，授黑龙江民政使。东三省总督天津徐公尤倚重公，凡军务、垦务、鹾务，一畀公区画。公勇于任事，不避怨嫌。洎徐公内召，忌者遂以蜚语构公于新总督，奉严旨查办，然卒不得毫发，私事始解。

宣统三年，武昌兵起，袁公以钦差大臣督师，檄公为行营左翼翼长。会寿州杆匪张孟介作乱，据州城，进陷颍州，河南大震。乃授公河南布政使、帮办河南军务。公率所部攻颍州，克之，赏头品顶戴额尔德穆巴图鲁勇号，兼署安徽布政使。

民国元年，改授督办苏、豫、皖、鲁边境剿匪事宜。先是四省边地距省治远，故多盗。至军事兴，奸宄盘亘〔桓〕，势益张浸成流寇。公率三营之众，自亳州剿匪于商丘黄土寨，大破之。又追败于马牧集，余党溃散。公周历丰、砀、永、夏、宿、涡、单、鱼各县，颁清乡之法以划余孽，事遂平，晋授陆军中将、勋三位、二等文虎章。二年，扩公所部为武卫右军，驻颍州。已而赣宁变起，皖应之。公奉命出师，连克凤台、寿州，徇正阳、合肥、六安，遂拜安徽都督兼民政长之命。公治皖，辑流亡以绥众，核出纳以阜财，尤留意于水利农田，以为富强之本。凡修沿江堤圩三百余里，浚渠塘以万计。复与陆军、财政两部定兵额饷年三百八十万元，解京师五十万元。于是民安其业，货财流衍。先是都督驻安庆，公请移于蚌埠。蚌埠者，绾毂津浦铁道，为南北之要冲，自公移节之后，遂成重镇。公又于蚌埠设水利分局，修长淮堤岸七百余里，浚濉水入洪泽湖，饥民百万赋粟以充其役。先是濒濉之田亩值千钱，至是价三十元，流民复业，丁漕骤增倍蓗。皖人戴公之德，建生祠祀之。是年秋，筹安议起，滇、黔、两粤相继梗命。公以受袁公知遇厚，屡诣京师，建议趣更帝制，而自请移防湖南，以维大局。先是江苏都督冯公与政府议不合，政府密谕公潜师袭之，公力陈不可，事始寝。论者谓，大江南北匕鬯不惊，实出于公之赐焉。

六年，合肥段公任国务总理，召各省军民长官至京师会议参战事。公曰德人侵比国中立，又击美国商船，显违公法，以理言宜与之绝，且各友邦相继与德人宣战，胜负之机不难预料，如我显持异议，必启兵端，宜加入参战。便段公意与公合，而议院以党见为异同，卒不得要领而返。公忾然曰，段公朝去则邦交夕裂，吾侪戮力戎行，手造区夏，坐观朋奸之败坏可乎。乃集各省代表者于徐州，以图挽回之计。会段公罢，国事愈棼。公迫于众议，始出于兵谏之策。其后冯公摄大总统，段公复正揆席，以明令与德人宣战，邦交始巩焉。未几，西南各省以护法之名与中央抵牾。时公以安徽督军兼长江巡阅使，统新旧安武二军奉命援湘援粤。公以兵连祸结，供亿不支，力主裁兵以纾财力，先汰皖军十之二，以倡率之；又欲联合将帅以谋南北之统一，事既不谐，殷忧弥甚，乃再三因病乞休。至庚申四月始遂公之素志，请假至天津就医，八月呈请去职。又四年，薨于天津，年五十有七。事闻，赠安武上将军，特派大员致祭，赏治丧银三千元，事迹宣付史馆立传。

公性孝友，与弟香圃公亲爱尤挚。弟卒，公哭之恸，言辄流涕。子弟不令习兵事，常曰兵犹火也，善用之则益人，否则害大。吾统兵垂二十年，求去不得，而顾令子弟预其事耶。公驭众严而待将士有恩，人人乐为之用，奖援人才，无党援门户之见。在皖时，党狱滋兴，政府假为公牒捕议员三人，且密饬存其牒以备案。公谓幕僚曰，杀人媚人，吾所不为，然政府已假吾名捕若等，今姑从政府令，而请将三人者交吾鞫治，则生之之权在吾矣。已而，公谳其狱，三人者皆免死。其好生之德如此。然治盗不稍宽贷，常曰盗之初起，一捕役足擒之，及势已燎原，虽殚天下之兵力而无可如何，如唐黄巢，宋方腊，明李自成、张献忠，其前车也。又精研计学，有如天授，谓理财之法其根本在藏富于民，其发展在流通无滞，尤与泰西学说若合符节焉。

公娶宁夫人，生子二，道杰国务院铨叙局主事、参议院议员；道炯陆军少将、安徽督军署副官长。妾陈氏，生子二，道焘、道熹。孙二，晋埙、晋增。

论曰，参战之议上下交讧，犹豫不决，合肥段公昌言拒德而众口讙哓，附和者寡。倪公独熟权利害，佐执政以决大谋。一言兴邦，倪公有焉。迨至南北纷纭，操戈同室，公偻偻忠恳，尤欲弥缝衅隙以拯危亡，事虽不就，君子韪之。呜呼，如公者可谓谋国之老成、识时之俊杰者矣。

王世杰日记选（1937 年）

晓 苇 整理

说明：抗日战争时期，王世杰先后任国民政府教育部长、宣传部长以及国民党中央政治委员会外交专门委员会主任、军委会参事室主任、国民参政会秘书长、中央设计局秘书长等职，既是国民政府的重要官员，又深得蒋介石的信任，参与制定并执行了国民党的重大决策。在其日记中，记述了八年抗战中国民党及其政府有关政治、军事、外交、国共关系等方面的决策和实施，以及许多鲜为人知的内幕情况，弥足珍贵。今据台北手稿影印本整理刊出，有删节，供研究参考。

民国二十六年（1937 年）记录

一月三日 今年新岁，政府中人乃至一般社会的感触，颇与过去三四年异，舒慰之情颇显著而普遍。盖过去一年间，国家虽遭受几次绝大凶险，迨届岁除均获一种意外结局也。日人之外交与军事压迫，一时虽有酿成战争之危，终究则中日外交谈判并未产生任何协定。绥远方面，日人助匪伪进攻，终究则为我军战败。两粤反抗中央，终究以和平方法促成一个新的统一局面。十二月十二日西安张（学良）、杨（虎城）叛变，终究因全国舆论之攻击与各方之斡旋，蒋院长中正于同月二十五日安返首都。这都是大众引为欣幸的大事，而全国丰收开民国以来新纪录，尤予全国人民以绝大之安慰。即就教育言，因政府厉行义务教育之故，一年之中，小学儿童当已增加三四百万人。惟胡展堂①先生之病逝，为不可补偿之国家永久损失。

勋章制度为予生平所反对之法制。国民革命初期，予长法制局时，曾一再掊击之，以是当时此制未被恢复（北京政府时代此制行之十多年未尝中断）。近一二年来此制复活。去岁十二月卅日国民政府举行第一次正式授勋之典，予亦滥列受勋名单中，一时真觉闷愧交集。

予于中国艺术作品，素无研究。自去岁负责主持伦敦中国艺术展览会后，稍稍有所涉猎，于历代名画法书渐感兴趣。在过去一年中，稍稍收集古书画万件，以鉴别力之弱，所收自不免有赝作，然亦间有精品。

一月八日　张学良因西安叛变事，于十二月卅日在京受军法会审。政府原拟判决后仍令其返陕处理军务，但张于判决后向审判官公然宣言仍将"革南京政府之命"，惟对蒋委员长表示信仰，因之国府一月四日虽决定特赦，仍附"严加管束"之文，张以是暂被羁留南京。盖张素以为政府中某一部分为亲日也。

东北四省人性格，常被认为粗野，其实决不能如此概断。余所知之周天放、高惜冰、臧启芳诸人，均辽吉人，均精细而诚实。周、臧现均罗致教育部所属事业中服务，高则于去岁由予发至铨叙部石荪青②先生处服务。

一月十九日　汪精卫先生自欧返国，于十四日抵沪，余曾赴沪晤见，面述数事：一、行政院院长仍应促蒋介石先生继任，否则政院不能支配军事军人，政、军将永呈分立状态（此时蒋先生正辞院职，有人拟议由汪先生继任）。二、汪先生不必再辞中央政治会主席职。三、对陕变之处置，东北军及杨虎城军务以政

---

① 胡汉民，字展堂，1936 年 5 月在广州突发脑溢血逝世。
② 石瑛，字蘅青，时任国民政府考试院铨叙部长。

治方法求解决。四、国民大会召集后，似仍只宜定为"宪政开始时期"，采行一种容纳党外人士方法并设置一种简单代议机关。五、对日外交应坚定。汪先生于昨日抵京。

一月廿八日　东北大学为张汉卿（学良）所用之幼稚分子劫持，因由教部决定停其经费。

二月五日　晨晤汪精卫先生。汪先生新自奉化回。据云蒋先生对陕甘东北军（张学良所部）之处置极有把握，缘该军昔日回避抗日，表示愿意剿匪，今番号召抗日，而不愿剿匪，均只是回避作战，保全自己地位。既然如此畏战，则中央临之以兵，彼必不敢抗战，终当接受中央命令。蒋先生并向汪先生言，在去岁十二月十二日陕变前，中央对于红军已大致给定收编办法，陕变起，转使原定办法失效。

二月十一日　本日为国府主席林子超先生七十寿诞，以林先生谦俭，坚持不受庆贺，遂无仪节，但中央特拨二十万元为奖学金以纪念之。此种办法较诸近日作多无意识之糜费（为段祺瑞、章炳麟、邵元冲诸人之国葬，耗款巨万），不啻天壤。

是日下午中英文化协会会所落成，余往任主席并演说。

二月十五日　国民党第五届大会第三次执监全体会议开幕。蒋介石先生已先一日自奉化返京，但未出席。此次全会主要问题为对日问题、西安事变之善后（外间"人民阵线"派要求容纳各党各派，以是"容共"又成为问题）以及国民大会问题。

二月二十二日　大会于今晨闭幕。国民大会之召集日期定为本年十一月十二日。决定实施经济建设之五年计画。对日问题，决定于必要时抗战，而目前则当努力从事于冀东、察北"匪伪"之解决与求华北主权行政之完整。共产党问题，则主张以取消"红军"与"苏维埃政府"，停止赤化宣传与阶级斗争，为收容之条件；否则仍当从事剿灭。此全会予一般委员以良好印象者，为军事委员会关于国防工作之报告。由此报告，可以聆悉政府在国防方面之诸种工作与计画。全会予多数人以失望与疑惧之感者，为一部分人之"复古"提案，如何键之中小学校读经案，焦易堂等之设置中医学校皆是。凡此皆不免使负教育行政之责者感觉愤闷，因此种"复古"倾向，将令众多知识分子与青年感觉失望而共趋于偏激一途。

外交部长张岳军辞职，半因外交工作异常艰苦，半因西安异动诸人之攻击。二年以来岳军应付日人，确甚谨慎，对于政院同事诸人之意见，常能虚怀接受，故迄无错误发生，不得不认为本事。蒋先生现已接受其辞职，并定以王亮畴①继。

三月五日　今日午后四时赴蒋先生处开谈话会，座中为行政院同事，新任外交部部长王亮畴亦到。盖一年以来，政院许多大问题大都不决于正式会议，而决于星期五日下午之茶谈。今日则为此次三中会会之第一次茶谈也。所谈除外交问题外，侧重于下年度之预算，大概铁道部铁路建设五年计画（自去年起）将继续设施。吾国自有铁路以来，五十四年间共建铁路约八千公里。自去年起，预定以五年期间再建同等之公里数，不得谓非孟晋。中央教育费下年度预定续增五六百万元，用于扩充民众义务【教育】及特种方面之高等教育。

三月七日　今晚晤陈诚（辞修）君。据云西安去岁十二月十二日之变，彼于八日在潼关即已得密告，九日抵临潼，即已面告蒋先生，故蒋先生自九日至十二日均未外出。又云：蒋先生于十一月对于绥远抗日伪之战事已决定于取得百灵庙后，进取察北，阎百川则以张岳军有电主慎重（以所谓"秦土协定"为虑），颇迟疑。彼（辞修）在晋时曾电请蒋先生暂嘱岳军勿以危词语阎，此项往来电文均置行箧中，均于十二月十二日被张学良搜去。张学良之攻击岳军，此亦一因。

---

①　王宠惠，字亮畴。

三月十日　　今日中央政治委员会开会，居觉生因提议由政府补助朝阳学院年十二万元，被予反对，遂对教育现状肆口攻击。实则居之提议出于私心，（居氏近已接受该院董事长之职）其所指摘均反乎事实。事后余甚懊丧，以近来党中耆宿往往受人怂恿，各思取得一二个学校，而此种学校类皆成绩不良，匪惟不宜奖励，且当严行取缔者也。此种趋势倘不及时纠正，教育整顿工作将受重大影响。

三月十五日　　教育文化经费在中央总岁出中所占比例太小，但近三年来，每岁俱有增加。近日拟定下年度中央教育文化总概算约三千六七百万元，较上年度增五百余万元，经与蒋院长切商已得同意。增加费款将多用于地方义务教育、民众教育之补助，及扩充腹地大学教育。

三月十八日　　钱乙藜次长辞次长职，予今日向蒋院长提杨振声、钱端升、周炳琳①三君为继任人选，尚未商定。四川大学校长任叔永②坚辞校长（因家庭关系），今日与蒋院长商定将以张伯苓继，张亦同意。

三月廿日　　今日在部宴第二届全国美术展览会（审查专家约五十人）即席演说，略谓艺术兴趣之普及与艺术家之合作，为推进艺术及艺术教育之两大要件。

三月廿五日　　中央党部去岁决定召开国民大会，颁布宪法，实行宪政。惟地方自治全无基础，如遽依孙中山先生之民权制度，事实上必重蹈民十五国民革命以前虚伪之弊。近日与汪精卫先生讨论此事，彼初意颇倾向即行宪政，惟讨论结束，彼亦赞同予及彭君浩徐之主张，定国民大会召开后数年内为孙先生建国大纲中之宪政开始时期，即施行宪法，而将中央政治会议定为政府

---

①　周炳琳，字枚荪。
②　任鸿隽，字叔永。

机关，其会员不以党员为限，立法院亦设置一部分民选议员（有草案六款另存）。汪先生并以此意商诸蒋介石先生，蒋亦大体赞同。

三月廿六日　第二次全国美术展览会行将开幕，予撰一文，大意谓美术之推进，亦当从诱进一般人之审美嗜好入手，美术民众化，不特无妨于美术素质之进步，且为美术提高之条件。且国难严重，一般工作人员亟需一种精神的调节，俾获为持久之奋斗，美术的好尚可以扩大胸襟，宁静性情，恰足应酬需要。（文稿另存）

三月卅一日　蒋院长介石，以教育部钱次长乙藜兼有他务，欲令专办一事，解除教部次长职务。余日前与介公商议继任人选，谈及杨君振声、钱君端升、周君炳琳，今日复去电商酌。（介公在杭）

四月二日　蒋院长因背部伤未全愈请假两月，赴奉化休养。孔庸之副院长因贺英王加冕赴英。蒋推王亮畴代长行政院院务。

四月五日　今日赴明孝陵，偕同中央党部及国府人员参加民族扫墓节。此为国民革命后政府改祭明陵之第一次。民元孙中山先生亦曾躬祭明陵。陵园一带樱花碧桃均盛开。

四月十二日　岳母萧太夫人安葬于南京城外永安公墓。公墓之制，在城市近尚能逐渐推行，农村较难。

教育部常务次长钱乙藜以兼有资源委员会职务故，蒋院长介石屡促其专任该会职守。彼最近遂坚辞教次。今日提出行政院议决照准，并以周君炳琳继。

下午由京启程赴奉化，吊蒋锡侯先生之丧，兼拟就近与蒋院长商教育事。

四月十四日　晨由沪抵宁波，乘汽车赴奉化溪口吊丧。下午并游奉化雪窦山，观七丈岩及徐坞岩等处瀑布，风景极幽。

四月二十三日　第二届全国美展闭幕。美术展览会最易引起作家之争执，此次尚无纠纷，殊为难得。对于此次美展一般人似有两种感触：一则中国画之教授法需系统化（略如西画），否则学者不易进步。一则艺术专科学校以及大学艺术科系宜收曾受艺术预备教育之中学生，否则，学生于年龄愈十七八岁之后始开始学习音乐、绘画等美术，手耳诸器官已不十分灵活，教育、学者俱倍感困难。

四月卅日　下年度教育预算之编制，极使予感觉困难，以各高等教育【机关】要求增加预算至烈。予意政府所可增之教育经费，今后当多用于义务教育，无如高等教育机关均不乏人代为说话，而义务教育则以关涉广泛，初无人热烈为之说话，坚决为之主张，其责当在教育部。以是近日予或与高等教育机关全体相抗，为事至苦，即至好亦多怏怏。居觉生院长为朝阳学院请款事，尤恒愤恨。

五月三日　中央研究院评议会今日开年会于南京。评议员四十人，散于各地，几全数出席。蔡孑民先生高年久病，亦竟完全康复，来京主席。此项团体在吾国尚为创见，其未来之发展，甚值注意。

五月五日　本日中央政治委员会开会，予因事未及参加。居觉生院长在中政会提议取销教部限制法科招生办法，并指责一般国立大学（尤其武汉大学）之浪费，甚至诋近今中国教育行政为亡国教育。限制法科招生，原为实行中央注重实科教育，与防止大学生失业之政策。武汉大学每年经常费，就其规模言（该校办有文、法、理、工、农五学院），实为费用比较最低之一校。居先生之攻击，半由于平日对予之小嫌怨，并由于彼最近接受主持之朝阳学院未能获得政府重大补助。甚矣无私之难也。

五月八日　今日电蒋介石先生，恳请准于解教育部职（电文另抄存）。今日适为予任职教部四周年之日。旧生许君士雄初不知予有辞职之电，于是日下午来函相贺，谓自前清光绪二十四年设立管学大臣起，迄民国二十二年予就教职之日止，前后四十年，中枢教育长官凡六十余任，除未就任者若干人不计外，平均每任任期九月而弱，而予之四年则为最高记录。教育工作必任长期始能收相当效益，而吾国任中央或地方教育之责者，往往短期即去，诚为教育效能不易提高之一因。余平昔尝言：任何一种教育事业，如于数年之内更动主办者二三次，即令此等人均为头等人才，其功效或不若将此数年时间悉数给予一个二等人才。予任职教部为时已较以前诸人均长，所自不安者，贡献既未能相□，而丛怨集尤，困难复与日俱增耳。

五月十日　是日余备一长函亲送中央政治委员会主席汪精卫先生，指明居觉生院长之一切攻击均与事实相反。汪允于后日中政会开会时提出报告。（该长函另存）

五月十一日　蒋先生复电（灰电）嘱勿辞，并谓取缔私立不良学校与限制法科招生，为其本人年来一贯主张，其事涉及行政院院长责任。对于朝阳大学等校不主张予以任何补助。（电文另抄存）予之进退遂更困难。

五月十四日　予再电蒋先生，请于其病愈时（蒋先生正在沪医病）仍准予解职。（电文另抄存）

五月廿二日　任叔永因其夫人为川人所辱，坚辞国立四川大学校长职。今日予晤南开大学校长张伯苓，请其任川大校长，彼允就，但坚不肯解脱南开校长名义，即请假亦不愿。依法国立大学校长不得兼职，此事遂予部方以甚大困难。近来教部对于大学校长人选问题，措置极感艰窘，一方面人与校须相宜；他一方面，人校相宜之人选却未必能得政府信任通过。比年来予对各大校校长人选颇愧无所贡献。迩日心绪不佳，间患失眠，今后将力持宁静。

五月二十四　周枚荪到教部视事。枚荪谨细而耐劳，实为部中目前最需要之一人。

五月二十七日　厦门大学创办人陈嘉庚因商业失败，无力继续维持该校，以致该校成绩近年日益低落，予因促陈派代表来京商洽改为国立办法。陈派该校校长林文庆及孙赏定来京。予告以如改国立，可由国家设立陈嘉庚奖学金额及陈嘉庚讲座各若干名，以纪念其创办之劳，并设立大学咨询委员会，以陈、林为终身委员，对于一般校务永远保有建议权，对于校产之处分保有同意权。林不甚愿意改国立，仍云须电陈请示。

五月廿八日　刘湘密电张岳军，请其推荐晏阳初为川大校长继任人，予未答。

五月廿九日　今日专科以上学校就业训导班第二期举行毕业，予往主席并讲演。下午往陆军大学将官班讲演。

六月一日　今日向行政院提议各县教育行政应以设局为原则，设科为例外。盖近来各县裁局改科，县教育行政人员遂与县长同进退，且多为不明地方教育情形之人，效率颇形减低。今日决定设置两专家委员会，计划中等学校英语教学与理科教学之改进。

六月四日　周枚荪于日前赴牯谒蒋，予请其转达数事：一、准任鸿隽辞职，以张颐代理川大校长；二、厦门大学改为国立时，以陈可忠为校长；三、朝阳、大夏两校补助费案既经中政会议定，似可勉予照拨。蒋对一二均同意，对第三项仍认为不可拨，并云当自负责处理。

六月六日　自政府决定加速经济建设工作以来，工科、农科人才之供给渐感不济，工科中下级人员如工头及下级管理员之类尤甚。蒋院长自牯来电，促部设法于三五年内训练一二万此类中下级工作人员。予已于三年前即责令各省市尽三四年内扩充职业教育，使其经费达到与普通中学教育经费相当之程度（各省中等教育费极大部分均用于普通中学，职业教育则仅占极小部分），原亦以此。惟年来各省市均未能切实照部令实施。现复由部年拨职教补助费于各省市职校，或可稍助原定计画之实现。

六月十日 国民大会将于今秋召集，宪法问题之如何解决，渐为一般人所注目。行政机构应否易现时合议制（国民政府委员会）为总统制，以及共产党之收容，尤为紧要问题。为明了各方态度与疏通各方意见起见，蒋先生决定于七八月间分批招约各大学校长与教授约二三百人往庐山谈话。招约名单由教部草定。

七月十五日 近日事杂，复因行政院于暑期移牯岭办公，兼办学校教职员训练，遂致学记又搁置垂一月，殊自恨无恒。

余于六月卅日离京，七月一日抵牯。时正召集全国中等学校校长、训育主任及各县教育局长、科长等计千余人在牯岭山中新筑之"传习学舍"开始受训。余于七月四日为讲国防教育计画。蒋院长旋亦出席讲演数次。此种训练，于军事训练及诸种劳作与升旗降旗诸事甚重视，意在使参加之人受刻苦耐劳与整齐严肃之训练。惟时间甚短，而担任讲演者之言论又往往褊急或幼稚，其影响究竟如何，殊属疑问。

七月七日晚，日军攻击卢沟桥及宛平县驻军（第二十九军之一部），显系挑衅，且北平方面事前已有日军行将发动之种种风说，故至少此事必为日方驻屯军一部分军人之预定计画，且必为日方中央驻屯军高级军部所预想之举动。

七月八日，蒋院长在牯岭接报告后，即决定动员中央直辖部队六师北上赴援。七月九日蒋曾将此种措置在海会寺对受训学员宣告。但自九日至十二日，中央动员之部队仍仅受令开至河南边境。

七月十二日，蒋院长一方面因日军之大部动员，一则因冯玉祥、胡适诸人之进言（是日行政院【会】议在牯岭蒋院长宅举行，余亦力主为"切实"有效之动员），决然命令中央停驻河南边境之动员部队（孙连仲所统率）迅即开赴保定，盖已毅然不复顾虑所谓"何梅协定"之任何束缚矣。

七月十三日，外长王亮畴接蒋电话，知中央军已开入河北，甚慌急。因十一日日使馆参赞日高曾奉日外部训令，一再向我外部声明，中央如动员，"日方必下最大决心"。余当告以此事不必再讨论其利害，因中央军开赴河北已成事实，且即就利害言，若中央遥视华北之沦陷而不救，或坐视华北当局接受丧失主权的条件而不预为之地，则对内对外中央均将不保。惟为避免刺激日本一般国民起见，外部不必向日方提出无效泄气之抗议或要求，而应将日方动员及攻击卢沟桥北平等处之事实尽量发表。

七月十四日，余意政府应付北方对日军事局势，一面应为充分军事准备，一方似宜非正式的请英、德调停，曾密嘱杭立武君以私人资格向英国使馆作此表示；一面并促外部训示郭泰祺等大使。

本日（七月十五日）下午，英大使许阁森自北带〔戴〕河乘军舰赶回南京，立向王亮畴提出调解之意见，并询中国是否愿意事态扩大。王以电话询蒋院长意，蒋告以中国绝对的只谋自卫，不愿扩大，并愿接受英方斡旋。英使提议自十七日起双方停止增军，并陆续撤兵至七月七日以前之地点，恢复七月七日以前之状态。英使将解决意见一面电东京英国大使向日方密洽。

七月十六日　今日行政院谈话会中，余力主政府应从早决定未来方针：如日方攻击廿九军，中央军加入作战后，中央究竟仍认战事为局部冲突（如"九一八"及"一二八"时情形），抑认中日已入普通战争状态，而宣告中日国交断绝。此点关系至大，当经指定外、军两部及行政院专家迅速考虑，并电询蒋院长意。

七月十七日　日使馆武官某，于今日自持一通告往递军政部何部长。意谓中央军队若违反民国廿四年夏间梅津与何部长间之了解（即所谓"何梅协定"，但该通告未用协定字样）而遣送军队及空军入河北时，日方将采取断然处置，其责应由中国负之云云。盖彼已知中央军到达河北境内。

英使以日方无接受第三者调停之意，向我外部表示不能进行调解，仍劝中国直接再向日方提议双方撤退军队至原驻地。

七月十八日　日昨日代办日高于深夜向外部递一备忘录，要求：（一）中国停止挑战之言动；（二）不妨碍日方与冀察地方当局商定解决办法之实行。

今日上午，日飞机以机关枪在顺德附近射击平汉路客车，盖即表示防止中央军之入河北。

宋哲元至今日始由津电知中央代表熊斌（时在保定），请中央备战。

今日上下午，行政院各部长均在外交部部长官舍商答复日高备忘录，及日武官致何之通告。

日使馆人言，日方解决卢沟【桥】事件之条件为：（一）中国道歉；（二）宛平不驻军，只驻保安队；（三）防共及禁止排日；（四）处罚中国方面对卢沟【桥】事件之负责当局。

七月十九日　日使馆武官喜多今日见何部长敬之，一则责中央军北上为违反当年夏间之何梅了解；一则谓中央政府倘坚持须日军先撤退始撤回中央已入河北之军，或继行动员空军，则战事必不可免。何部长答以廿四年夏间之了解，只是五十二师及第二十五师之撤退，与日后其他军队之调动无关。喜多则不承认此种解释。

王亮畴及外部人对于日高前日所提之要求（见十七日所提之备忘录），颇倾向为相当之迁让，因派高宗武赴牯，但行政院同人除何敬之再三以战争为虑，倾向退让（如谓二十九军冯治安军队不妨南调至保定）外，其余则均谓战争恐非如此退让所可避免，且政府立场如不明白坚定，对内亦殊可虑。李宗仁今日已电蒋院长，请速定抵抗大计。

宋哲元今日自津返平。据铁道部报告，宋动身时，平津线上某桥上曾有一炸弹爆发，未伤人，当系日人所为。

七月廿日　日驻屯军于昨日在津发通告，谓华军复有射击日军之事，日军自本日（廿日）午即采"自由行动"。午后二时以后，卢沟桥、丰台方面，日军均向华军攻击。激烈战事或即从此开始。（所谓华军射击日军，纯系捏词。）

庐山谈话会（汪、蒋所召集，以大学校长、教授为主）第一期于今日完毕。

蒋院长自牯飞抵南京。行前对卢沟【桥】事件曾发宣言，已见本日各报。

七月廿一日　宋哲元倾向与日方妥协，张自忠和之。日方所忌者为廿九军之冯治安部队（即驻卢沟【桥】北平一带之第卅七师）。事变初起时，中央曾电嘱宋宜驻保定，勿往天津，以免为日军所围［威］胁，宋不听。其对人辄云作民族英雄是易事，但不能不为国家利害打算（此其对钱新之所言）。自日昨日军大攻击，彼即应允日方要求将冯治安军队撤调他处，并电嘱中央军之到达保定者勿作阵地，以刺激日人。

本日中政会开会时，蒋院长虽已返京未出席，或即因宋哲元撤兵消息到京之故。当本月十三日行政院在牯岭蒋宅集议时，予即以（一）中央应切实充分动员；（二）一面勿以言语或外交文书刺激日本；（三）尽力把握住宋哲元等，使不违反中央意旨而与日方解决。蒋云最难者就是第三点。足见宋之动作原在蒋院长顾虑之中。

七月廿二日　宋哲元实行撤调冯治安军队，由日本派员监视。日兵则迄未撤动。一般人似以为此事或将因是了结，实则日军与中央派赴保定军队之敌对，今后将益严重化。

七月廿三日　本日晚约由牯岭参加谈话会经由首都返校之诸校长、教授商谈。被邀者大半为平津各校人员。予所表示为，平津教育界意志与行动今后益宜一致，并宜与地方军政当局不断接触，庶几地方当局重视教界态度，共同致力于统一与国权之拥护。

七月廿四日　今晨与北平大学徐校长诵明谈该校续聘陈启修、白鹏飞续职事。徐云已续聘，但本年度陈请假一年，白请假半年。

军政部何部长言，我方准备应战尚须两月时间，否则极难持久。故时间要素在我方亦极重要。蒋院长在牯岭时亦如此说。

七月廿五　是日嘱托杭君立武向英使许阁森言，对九国相互咨询之办法，可否采取较严重之形式，使日政府增加顾虑。英使似以为不可能。

七月廿六日　日方一方面似在停止增调军队，有将华北事件收束之意；一方则又在廊坊车站与中国军队冲突，并以飞机轰炸中国驻该地之军队（张自忠之队伍即廿九军之卅八师）。自各种情报观之，东京政府或不思扩大冲突，而日本驻华军队则相反。于此可见，日本政府于其军队确无充分把握之力。事势之险变，系于其中高级军官之活动者甚大。

七月廿七日　日前宋哲元电告中央，谓十九日所接收日方之条件为：（一）道歉；（二）撤退宛平卢沟桥之卅七师而代以保安队；（三）防共与取缔排日。有无细目，电文未言及。

自日昨日方以飞机十余架前后轰炸廊坊中国军队，宋又来电谓，战争恐仍不可免，请中央速派庞炳勋军队往援。（实则庞军已抵沧州多日，宋尚不知，足见其毫无防御之布置。）据财部徐次长[①]言，战事发生后，蒋院长告以须于原有军费外（每月约六千万元）每月增一万万元。据何敬之报告，中央已动员之军队，计达全部军额之半。

---

① 即徐堪。

　　七月廿八日　日军于前日向宋哲元致所谓"最后通牒"，要求北平及其近效之廿九军一律尽本日午前撤退，宋拒绝，于是日军向北平附近之南苑等处以大炮及飞机轰炸。我军曾一度于今晨夺回廊坊、丰台，但旋又被迫退却。南苑之军队受飞机重轰，死伤甚众。宋哲元遂于晚间离平赴保定。北平有由宋交张自忠主持之风说，仅余军队四团，成空城。

　　七月廿九日　北平之退却，外间固深愤宋哲元事前无防御准备，临事后乏牺牲决心，亦有多人责备中央，谓中央军北上已多日，何以未加入作战。今晚余面询蒋院长，彼云直至廿六日宋犹托熊斌（中央派驻保定与宋接洽之代表）坚阻中央军由保定前进，以免刺激日人。

　　本日蒋两次召集行政院及军委会各长官，一则商作战新方略，一则商量发表对内对外宣言。对内宣言，仍代宋负责。宋有消极意，意欲解职归田（孙连仲自保定来之报告）。

　　天津方面，廿九军第卅八师攻日飞机场及其所占车站，甚激烈。

　　七月卅日　日军在天津作战之首日（廿九日），即以飞机燃弹及重炮轰炸南开大学，今日复恐其不能全毁，持汽油往该校放火续烧。于此足见日方毫不惜为现代文明之敌。余于今晨往中央饭店（京）慰问张校长伯苓，并声明事平后政府必负责恢复该校。在津攻击日方之卅八师及李文田保安队，本极奋勇，闻因张自忠（兼卅八师师长）之命令撤退。

　　七月卅一日　日方在北平组治安维持会，其所指推之人为江朝宗等，张自忠亦有为日方所弃之趋势。

　　日方占领天津，并有以边守靖为市长之拟议。殷汝耕之保安队于廿九日反正，殷本人并有被其劫杀之说。日方今日改派他人为冀东傀儡。

　　一般社会因中央对北平、天津政治军事新局势尚乏具体表示，颇多浮议。

去岁中央曾拟有总动员时迁政府机关往株洲之方案。今则战端甚迫，南京有立被敌空军大规模轰炸之可能，但尚未详计此事。

今日拟定战区内及易受敌人攻击地点学校之处置办法，拟提院核定施行。

八月一日　蒋院长今晨在中央军官学校召集各院部会简任以上人员讲话，表示抗战之决心，并谓中央同人对宋哲元之退却应宽恕，以彼在过去两年间处境甚窘，亦殊煞费苦心。

军事委员会为避免首都被敌人空军袭击时机关公务人员不易安心工作起见，特通知各公务人员可于三数日内命其妇孺离京。

八月二日　日驻华北驻屯军司令香月在广播演说中谓，我国政府已遣派二十师兵北上，日方除诉诸武力外无他法。意在鼓动其内国人民之战争狂热。

八月三日　二三日来，首都一般人士极深感大战爆发后之危险，无知识或无责任之人感觉身家危险，有知识者则对国家前途不胜恐惧。故政府备战虽力，而一般人之自信力仍日减。今日午后与胡适之先生谈，彼亦极端恐惧，并主张汪、蒋向日本作最后之和平呼吁，而以承认伪满洲国为议和之条件。吴达铨①今晨向予言，战必败，不战必大乱，处此局势，惟有听蒋先生决定而盲从之。

八月三日②　今日午后约胡适之、吴达铨、周枚荪、彭浩徐、罗志希、蒋梦麟诸人在家密谈。胡、周、蒋均倾向于忍痛求和，意以为与其战败而求和，不如于大战发生前为之。达铨仍谓战固必败，和必乱。余谓和之大难，在毫无保证，以日人得步进步为显然事实。今兹求和不只自毁立场，徒给敌人以一二月或数

---

① 吴鼎昌，字达铨，时任国民政府实业部长。
② 原文如此。

月时间，在华北布置更强固，以便其进一步之压迫。

八月四日　近日暗中活动和议者似不少。英国上海商会及新闻界领袖托人询余，如英政府出面正式调停，以承认伪满与平津不驻兵为解决条件，中央政府愿商量否？余未正式予以答语，但曾密告外部，且谓如英、法等国不能出任保证及制裁之责任，则中央政府断不能接受此款解决办法。

八月五日　今日午后晤汪精卫先生。据云胡适之所提和议意见彼已转告蒋先生，蒋先生以为军心摇动极可虑，不可由彼呼吁和议，亦不可变质应战之原议，但蒋先生嘱王亮畴以外长资格仍与日方外交官周旋。余谓和议之最大困难，不只在日方条件之苛，而在无第三国愿以实力出面保证。如不能得第三者切实保证，和议条件不之接受，将无任何代价。

德华及大女雪华偕十三姊妹于今日赴庐山，暂避大战爆发时危险。

八月六日　政府内定大战爆发后，如首都遭受敌人空军之激烈袭击，则迁往衡阳衡山。胡适之于日昨亲往蒋先生处，以书面提出彼之和议主张。蒋甚客气，但未表示意见。

八月七日　今日上下午均开国防会议，军事各部会长官及由外省应召来京之将领阎锡山、白崇禧、余汉谋、何键、刘湘等均参加，中央常务委员及行政院各部部长于晚间该会开“大计讨论”会议时亦出席。会议决定积极备战并抗战，惟一面仍令外交部长相机交涉。在会议中，何应钦报告军事准备情形，大概第一期动员者一百万人（分配于冀鲁豫方面者约六十万人，于热察绥者约十万人，于闽粤者约十五万人，于江浙者约十万人）。每月除原有军费外（约六千万元），约增加战务费二千万元，而械弹增购费尚不在内。现时械弹勉可供六个月之需。军事准备之弱点，仍为防御工事之未完成与空军机械之不足。蒋先生在会议时颇讥某学者（指胡适之）之主和。惟政府既决定仍不放弃外交周旋，则胡氏主张实际上并未被蔑视。参谋总长程潜在会议席上指摘胡适为汉奸，语殊可笑。

八月八日　日方撤退汉口租界日侨，并请中国代为保管。此亦日政府准备继续扩大战事之表示。

八月九日　上海发生虹桥事件。据报日军人欲闯入虹桥飞机场，为守者所阻，遂枪击守者。结果彼此发生冲突，中国兵被击毙一人，日军人被击毙者二人。日方是否将在长江方面扩大事变，可由此事觇之。

八月十日　日军已进驻北平城内。全国专科以上学校在平津者近三十校，教职员达三千人，学生约一万人。此次平津事变发生后，各校员生滞留平津两市者占半数以上。此多数员生将受日人与汉奸之压迫，其安全至为可忧。

八月十一日　中央政治委员会决定于战时置大元帅，代表国府主席行使统帅海陆空军之权；并另置"国防最高会议"，以中央常委、五院正副院长、行政院各部部长、中央党部各部部长、中央政治委员会暨行政院秘书长、训练总监部总监、军事参议院院长、全国经济委员会常委为委员，以军委会委员长为主席，中政会主席为副主席。在此最高会议下设国防参议会，以容纳党外分子。（从前曾反对政府之人民阵线分子与共产党人预定将以参议会容纳之。）至于政府原有五院机构，拟于战时亦暂不更变。

八月十二日　沪日军因虹桥事件要求中国撤退虹桥及上海附近中国保安队，我政府严词拒绝。上海日军有军舰二十余艘，并有陆战队万余人。沪形势极险，是否爆发，须视日方有无在长江扩大事态之预计。

中央常会开秘密会议，决定自本日起认为全国已入战时状态；并依林主席之提议，推定蒋院长为大元帅，凡此均不公布。

八月十三日　上海方面，中日军队昨日上午、下午均发生接触。日海军并开始炮击虹口码头，情势益严重。中国增援之军队亦已到达不少。

本日原约英使许阁森餐谈，以上海发生事变，许不克来。英人极盼战事能避免。上海英商会会长马锡尔曾迭次来函（托杭立武君转达），述日方条件为承认伪满及设立半自治性之冀察组织，仍隶中央，以及取缔排日等等。日方条件为上海日商会会长所述，彼谓日方最怕中俄军事联结，故不得不于冀察方面布置其势力。予托杭函复，大意谓我中央政府坚持以恢复七月七日以前状态为解决条件，且谓一切和平解决恐须第三者出面保证，否则中国恐不愿做任何牺牲。马氏谓第三者保障目前为绝不能实现之事。

八月十四日　自昨日起，中国空军开始作战，在上海方面以炸弹轰炸上海停驻黄浦之日本军舰（旗舰"出云号"）及上海日本陆战队司令部等处，炸弹有误落公共租界及法租界而致华人伤亡者，殊属遗憾。

本日上午十时，最高国防会议开首次全体会议于霞谷寺抗敌及革命阵亡将士墓堂（无量〔梁〕殿）前。军政部何部长及海军部陈部长（绍宽）报告战事情形，并报告江阴以下江口业已以沉船多艘于江中之方法封锁。嗣决定：（1）政府暂不迁移；（2）暂不取宣战式断绝国交方式；（3）仍向英、法、俄接洽，诉诸国联。

是日下午敌人飞机十余架袭击杭州市，以航空学校为目标，被我击落数架。

八月十五日　本日，日人以飞机多架两次袭击首都，首都空军奋勇抵抗，据军部报告，共击落敌人飞机至六架之多。敌机并袭击杭州、南昌、安庆及沿京沪线一带，我均无重大损失。敌机系自台湾开来。（某敌机被击落地，其已死驾驶员身中藏有记录本未焚，据其记载系晨九时廿分自台北起飞。）敌机被击落者如此其众，一半或因该机远道而来，机员不免疲困，且以轰炸机与我战斗机相斗，亦处于不利地位。敌机师死者身中查其有藏有护身佛符者，其详见今日各报。今日为首都第一次遭受空袭之日，全市市民秩序极佳。敌机将到之警报发出后，全市市民均避入室内或避难室中，警报解除后即又立复常态。

八月十六日　本日敌机五次袭击首都，被击落者在南京及扬州、丹阳、镇江、嘉兴、上海等处，据报较日昨更多。首都全市秩序甚佳，惟敌机来时，则须入避难室，办公不免受影响。

南口方面中央军（汤恩伯师）抗战甚勇，敌人屡犯不获逞，伤亡甚众。

八月十七日　本日晚国防最高会议正副主席召集国防参议会。参议会委员几全为党外人员，共产党及国家主义派之领袖均被邀。委员为毛泽东（现不在京，今日由周恩来代）、曾琦、李璜、张君劢、蒋方震、张伯苓、胡适、傅斯年等共十六人。参议会只是建议机关，暂时且不向外公开。

八月十八日　英国方面提议于公共租界外设中立区，中日军队均退出区外，区内秩序由英美负责维护。驻华英使谓此项计画实际须是促日本海陆空军退回本国，中国不可反对。中国政府谓如日本有赞同之表示，中国可考虑。

八月十九日　行政院各部会改于晚间办公，因敌人夜间空袭较困难。但实际各部会日间仍有干部人员办公。

日机于今日黄昏来京轰炸，在中央大学投四巨弹：一弹落于化学实验室，一弹落于女生寝舍及礼堂，二弹落于图书馆侧，校工有死伤，员生无。该校正在图书馆中开联合招考委员会，且有武大、浙大教授多人参预。事后罗校长志希来余宅，余见其衣上有血迹多处，彼尚不知，当系当时受伤者之血所溅。今日上海沪江大学继南开大学之后，亦为日军炸毁。当□大炸弹爆发时，余寓宅亦震动。

八月廿日　敌机袭击首都，并袭击庐山。德华自庐来电话，告知庐山附近被袭情形。

上海方面，我军有于日昨已占日汇山码头，截断敌军联络消息。

今晨往中大视察敌机炸毁情形。闻敌机飞中大附近，系以北极阁（山内有军事构造）、中大及教育部为目标。

八月廿一日　敌机仍袭首都数次。据军事机关统计，一周以来，敌空军损失较我空军大数倍（技术人员损失之比例为敌十我一，飞机损失之比例为敌六我一）。

教育部暂迁城内朝天宫故宫博物院办事处工作，以该处建有钢骨水泥之仓库，敌机轰炸时较安全。

蒋院长意欲胡适之赴美宣传，促予与之商宣传纲要。

八月廿二日　陈独秀因国府明令减刑，今日可出狱。

自昨晚起，敌机开始夜袭首都，前此仅于日间或黄昏黎明之际来袭。首都市店停业者众，一因空军战争之日烈，一因京沪交通困难，致货物来源大受影响。

八月廿三日　英政府所提在沪设中立区以调解中日战事之议，为日本所拒绝，英国舆论攻击日本甚力。

敌机夜间两袭首都，有五巨弹落于玄武湖公园及城墙，距余寓颇近。

八月廿四日　美国国务卿赫尔向中日两国呼吁和平。此等呼吁显然不能动摇日本军阀之意向。

南口战事因我援军到达太缓，阵地有所丧失，我士兵均宁死不退，故伤亡甚众。惟闻敌军死伤尤多。敌机复夜袭首都一次。

八月廿五日　上海方面，敌新增援兵为数至少当在一万五千人以上，在吴淞口及川沙附近登陆者甚众。我军于其登陆后猛攻之，闻于吴淞口等处歼灭敌军极多，惟仍未能解决之。

敌机夜袭首都，但似未克入城。

八月廿六日　英大使许阁森乘汽车自京赴沪，途次为敌机机枪扫射，受重伤送入沪医院。

蒋院长有已于日昨曾一度赴沪前线督师之说，余未探询，故不知真实否。

敌以飞机数十架于夜间三度扰首都，教育部后门外及中大附属实验学校均着弹。

八月廿七日 上海方面因敌军自距上海颇远之罗店、吴淞、浏河、川沙等地登陆者颇众，我军为策安全起见，将虹口、杨树浦等处之阵线微向后撤。

敌军于前日宣称已占张家口及怀来。

我军在居庸关之阵地似已放弃。敌军在该地曾开始使用毒气。

敌机两度夜袭首都，似未克入城。

日军宣传封锁中国船只往来于汕头、上海一带，对外籍船舶不干涉，但得查验其国籍，如有军火，得行使"先买权"。

八月廿八日 上海方面我军阵线稍向后撤，敌军继续登陆。

自北平来京诸人言，北平汉奸潘毓桂等，对于文化机关人员似尚未为严厉之压迫。

自十五日起迄今日，首都未受敌机袭击者惟今日一日，其他各日往往日二三次。

八月廿九日 今日与中英庚款董事会商定，由该会移拨五十万元，助长沙、西安两处成立临时大学。

今日午后与胡君适之商赴美计画，未获结论。

八月卅日 中苏于本月廿一日签订互不侵犯条约，于本日在南京、摩斯哥同时宣布。此约亦经苏俄表示极思订立，在罗文干长外部时即已提出，在汪精卫先生兼长外部时遂完全搁止，盖不欲以联俄亲共之嫌招日本之忌也。此次约文声明：中苏互不侵犯，并不与任何侵略中国或苏俄之国家成立相互协助之协定，用意在与日人共同防共之策略以打击。此次订约之前，政府严守秘

密，即国防最高会议暨行政院亦未曾讨论。外间认苏俄对于中国
当有接济中国军火之密诺。

今晨函蒋院长，推荐派钱端升、张彭春两君赴美宣传。

八月卅一日　今晨王亮畴（外交部部长）在行政院院议席
上，报告中苏不侵犯条约成立之经过。王谓：三数月前俄使鲍格
莫洛夫自俄返南京，曾向我国政府秘密提议三事：一、由中国召
集太平洋诸国会议，倡导订立互不侵犯暨互助协约（任何国被
侵略时，其他缔约国以武力协助被侵略国）；二、为中苏间订立
互不侵犯条约；三、为中苏订立互助条约。当时中国主张先订中
苏互助条约，苏俄则以为须先试第一案（即召集太平洋会议），
第一案失败后中苏订立互助条约方可减少德意等国之疑忌反抗。
嗣因中日间卢沟桥事件及上海虹口冲突发生，苏俄始不坚持先行
第一案，而主张立即订立中苏互不侵犯条约，并允接济我方以军
火（不必付现款）。至中苏间互助条约之订立，则尚须继续磋
商。（事实上或已有成议，惟王亮畴未言及。）当此次订立互不
侵犯条约时，中国方面曾虑及苏俄赤化宣传与外蒙主权独立之默
认，结果约文中因有本约不影响于两国间原有条约之语。缘民国
十三年中苏已有协定，在该协定中，苏联已承认不在华作赤化宣
传，并承认外蒙主权属于中国也。此案关系极大，故详记之。

九月一日　蒋院长今日在国防最高会议报告中苏不侵犯条约
成立之经过，并谓苏俄终将加入对日战争。中央党部原定于战事
发生后设海陆空军大元帅及大本营，并于大本营设置六部（分
司作战、政略、财政金融、经济、宣传、国民指导等事）。今日
蒋院长在国防最高会议报告，谓经仔细研究，□觉如此组织，过
重形式，现时仍以在表面上避免战争之名为宜。因之决定将中央
原议暂搁置，只就军事委员会□□改组，而将以上所拟设置各部
纳入该会。

九月二日　日人宣告和平封锁，初仅云自汕头至上海之华船

将不准航行，不涉及外籍船舶；继后谓得登外籍船查明其国籍究竟是否是外籍，对于外船之运军火者得行干涉。依国际惯例，和平封锁原不能干涉第三国船舶，此亦超出范围。一般推测，金谓日人终或出于宣战而将外船及广东海口一律封锁。

九月三日 今晨国防最高会议常务委员开会，余及陈立夫均被邀出席。陈对教育为长篇攻击之词。意谓中国教育为美国式教育，根本错误。陈氏年来思想倾向于复古，故有此论，实则其所议论只是一些浮浅之语。余以为中国教育之病，在尚未能彻底现代化，其所以然，则此等人梗之也。

九月四日 今晨国防参议会开会，讨论招收大学生参战事。蒋百里（方震）恳切陈辞，谓不可利用我们大学青年之热血，促令赴前线参战，而仍当尽力设法完成其学业，勿使失学。言时泪下，全座感动。予自战事发生以来即持此主张。有人曾主张大中小各级学校之常课可暂停一年，另授以战时训练。此种议论，表面上颇能激动许多不明教育实情之人。以予力持反对，暂未实现。余主张扩充内地比较【安全】地域各校之学额，以收容战区学生，并于长沙、西安等处各设临时大学一所。

近日与蒋先生商定，托胡适、钱端升、张忠绂三君赴美宣传，定日内启行。

敌机来袭，未克入城，折回。

九月五日 上海方面战事极激烈，敌方兵额，据我军政部报告，约七万人。近三日来，我军异常奋勇，敌受挫折。日外相表示，希望英、美、法以上海停战协定参加国资格，劝中国撤兵于该协定所定范围以外，如是则沪战可止。

九月六日 自昨晚起，沪日军似开始总攻击。我军在罗店方面颇有进展，但宝山县城一度几为敌占领，以守城一营之士兵誓死不退，卒因援军到达而转危为安。据自沪劳军返京者言，日前蕴藻滨（上海附近）之役，双方死亡俱严重，滨水皆赤。所谓流血成河，显属实在景况，闻之悽然。

今日接朱德、彭德怀通电（廿五日发），就国民革命军第八路正副指挥之职，略称"国共两党精诚团结"，愿服从蒋委员长，追随"友军"之后，抗日到底。此为共产党军改编后之第一正式通告，惟揣其语意，似尚不承认共党之解散。

六弟心廉为吾兄弟中最忠厚明达者，近年患肺病甚剧，今日接鄂电谓已于一日在家逝世。予有兄弟姊共十人，死于肺病者四，存者今仅四人。不胜凋零之痛。

九月七日 大本营暂不设置，军事委员会设八部，分任管理、作战、政略、后方勤务、国民经济、宣传、国民指导、国防工业。各部之部长如下：黄绍竑（作战）、朱绍良（管理）、俞飞鹏（后方勤务）、熊式辉（政略）、吴鼎昌（经济）、陈公博（宣传）、陈立夫（国民指导）、翁文灏（国防工业）、张群（秘书长）。中国政府决定将日军侵华再提国联，并要求适用第十、第十一、第十六、第十七文条。据王亮畴言，此事困难，一在意大利之态度，意为国联行政院院员，意如与日勾结反对，则中国提案在行政院不能得全体一致赞成，不能成立。二为美国之愿否合作，美若不合作，则其他各国对于经济制裁之实施亦必迟疑。

九月八日 近日日海军复宣告封锁自秦皇岛至北海湾（广东）之全海岸（租借地及青岛除外），华船则禁止航行，外船则以查明是否华籍为词，亦行拦查。日昨并轰炸九龙附近之赤湾以示威胁。盖经此封锁后，中国如输入军需品，殆惟有假道九龙与海防两口也。（据财次邹琳报告，孔庸之部长于战事发生后已在欧订购五千余万元之军火。）

宝山县城我军仅一营，有因该营兵士誓死不退，遂致全体殉难之说。

长沙及西安两临时大学筹委会均已成立。

九月九日 日前邹次长（财政部）琳在行政院会议席上报

告，八月份因战事而增加之支出为一万万元，关、盐、统税均锐减。兹追记之。

我守宝山县城之六百将士全体殉难，仅一人返司令部报告详情。

九月十日　日军在沪近日一再猛攻，并有谓今日为总攻者，但毫无进展。沪上外国军事专家群称我军抵抗力之优强，为日军及一般人始料所不及，而全线各部分军队之密切联络，动作敏活，尤予日军以不易突破之困难。在沪指挥战事者，初为张治中，近则陈诚，张发奎亦为主要将官。另设京沪沪杭线正副司令，以冯玉祥、顾祝同任之。

上海方面，各大中小学之在租界外多被战事毁损者，自无法就地开学，其迁入租界者，因租界当局不许界内学校即时开学，目前亦将无法开课。首都中学大都他迁，均不能开课，中大及中央政治学校，亦均已将设备外迁，正在庐山、重庆等地布置校舍；小学因大多数儿童均随家长避往外地，市府原定完全停办，教部现令市府社会局酌开小学班。

九月十一日　美国政府促旅华一切侨民归国，其意盖欲避免与日本发生任何冲突。在华美侨颇多怨恨之言。此次中日战事发生后，别国舆论可谓一致同情于我，徒以美国政府丝毫不愿采取干涉态度，遂使态度较为积极之英、俄、法诸国亦不采取任何共同干涉手段。实则今日中国抵抗之能力远非"九一八"或"一二八"时期可比，倘英、美、法、俄态度共采比较坚强之态度，日本决不敢向英美等国作战，而中日冲突或可速结。

津浦线敌方之攻击近日极猛烈，马厂及青县失守。该处守御军大半为廿九路军卅七、卅八两师之部队。上海方面，月浦、扬行镇之敌猛攻，炮火最烈，我军退出扬行镇。

九月十二日　美国表示愿继续参加国联对中日冲突所设之审查会；一面美国务卿将其七月十六日所发表之拥护世界和平主张

递送国联。

今晨往汤山休沐。两月来未曾利用假期出城休息，今日系与德使陶德曼同往，尚属一种酬应。

九月十三日　上海方面我军因避敌军舰重炮之轰击，将扬行、月浦放弃，另成新阵线。

今日为沪战第二月之开始，我军在过去一月中，士气之盛，将士之英勇灵活，可谓空前。我军虽因敌人海军炮火之优越，不克阻新增敌军之登陆，且不能不稍稍放弃逼近江海之地带，一般将士对于我军持久之能力均表示有信心。

中国正式向国联提出申诉，请求适用盟约第十（领土保全）、第十一（考虑一切危害和平之局势）、第十七条（制裁非会员国）。

九月十四日　日军在沪者，据何应钦部长报告，陆军为五师团一旅团，海军陆战队约一万人，共十一二万人。故日军不独炮火之力优于我军，即人数亦已相当。

大同有失守讯。该方面为晋军所守。晋军战斗力，据何部长报告，最为薄弱。王亮畴在行政院报告对日海军封锁问题，外部正与英、法、美接洽制限日本干涉之法；对于国联方面，已于中国日内瓦代表团商定，务期国联能采取有限制之制裁，其条件为：（1）禁止军火运往日本及贷款于日本；（2）对中国为经济协助；（3）不宣告中立；（4）不承认日本封锁为合法。事后余曾电外部徐次长①，告以中国此次向国联申诉，欲求普遍经济制裁恐不甚易，欲求普遍军事制裁尤不可能，惟当设法（1）使列国不能宣告中立，而我之军火勉能接济；（2）对于将来自愿对华为军事协助之国（苏联似有此可能），予以参加中日战事之便利。因此予甚望外部能商诸英法等国，于国联决议中列入凡会员

---

①　即徐谟。

国各得自动予中国以协助之条款。

　　九月十五日　大同于十三日失陷、固安（河北）于十五日失陷之讯，经政府露布。地中海问题会议，德、义拒绝参加后，一方面大有促进德、义、日联合之势，一方面苏联方面言论似盼英国趁此机关完成英、苏、法诸国之密切联结与合作，以资对抗。

　　美国总统宣布美政府船只不得运军火至中国或日本，论者疑为美实施中立法之先声。此种举措发生于国联大会开会之日，于我甚不利，颇影响他国对日态度。

　　中央大学拟迁重庆，上海大夏、光华、复旦、大同四校拟联合向赣或黔迁移。予意大同似可迁往广西，以充实广西大学。

　　九月十六日　上海方面，我军于向后稍撤完成新阵线后复甚活跃，昨晚有重占罗店讯。

　　九月十七日　国联行政院于日昨午后决定，将中国申诉仍付廿三国咨询委员会。中国之请求原只在否认日本之封锁，提付咨询委员会亦原在中国提议之中。盖大会虽均同情于中国，而因阿比西利亚案件之失败，几无不以经济制裁为惧。在此情形之下，中国乃不得不受英法之劝告，缩减其请求至低限度，即国联盟约第十七条遂无立即实施之望。惟顾维钧于国联行政院通过付咨询委员会决议时，仍保留随时请求实施第十七条之权。

　　九月十八日　年来政府忍辱负重，为避免刺激日人计，"九一八"国耻纪念从未热烈举行。今日则除敌人占领地域外，无不有悲壮之表示。

　　涿州被敌军占领。

　　美国政府禁止政府军船输运军火往日本或中国，中国自美购定且已在途中之飞机十九架，遂亦被禁止前行。王儒堂向美国务卿表示重大愤慨，并亲向美总统罗斯福交涉。

　　美国上海商会会长马锡尔来信，谓沪日商领袖正向政府建议，停战若干日，以其促成和议。近一星期来，日军在北方及上海均已比较得手，故倾向和平之日本商人有此建议。

我空军于晚间大举袭击上海敌军阵地及其军舰。

九月十九日　今日为旧历中秋。日飞机于上午及下午两次大袭首都，说者之揣其意为报复日昨我空军袭击敌沪军之役。首都未受敌空军轰炸已三星期。今日敌飞机来京之数，据中央所报告，上午四十余架，下午亦二十余架，可谓空前之巨。闻敌机损毁七架（敌方自认损毁三架）。我之损失闻亦颇重，恐至少亦有四五架，但敌人投弹轰炸处无军事损失，惟普通民众颇有伤亡。

今午与陈立夫、戴季陶两君商未来教育改革。立夫对于现行制度颇多幼稚之见，戴劝其勿多谈制度之改革而注重制度之实行，其于立夫见解之幼稚似甚了然。

九月廿日　沪日海军对驻华外国使领人员正式表示，谓吾首都为军事根据地，自二十一日午刻起，将以空军大轰南京，望外人在京者退往安全地带，否则日方不负损失责任云云。美使馆人员决定于明晨迁往其停在南京附近之军舰办公，苏俄、英国则表示现不迁移，其余诸国则尚考虑中。首都人心颇受此次威胁影响。

今日上午敌机五十架袭京，投弹甚多。闻敌机有四架被击落。

上海方面盛传外蒙将即归顺中央，并出师攻满。此为极有趣味之消息。

九月廿一日　今晨行政院会议，何应钦部长报告军事情形，有两点甚值注意：一、在十六、十七两日，我浙沪方面新阵线受敌方再度总攻击（敌方在浙沪全部军队达十四五万人），几复为敌方冲破，前敌指挥官请示撤退，因蒋委员长严令死守，并秘密亲赴前线督师，原阵线遂获维持，敌我死伤奇重。二、晋军毫无斗志，从未连续支持战斗至三小时以上；大同之失直是闻风溃散。以此中央有"军法执行总监"之设，对于"未奉命而擅自退却者执行制裁"。敌人年来到处收买奸佞与愚民为间谍，战事起后，各处均发现汉奸机关，即首都亦然。就中最引起一般注意之案件，为行政院秘书黄濬，受日使领馆之收买，供给各种情报，为时殆垂二三年；其子晟在外部，亦受其指示。黄濬之入行政院，系唐有壬、曾仲鸣两人绍介，在汪先生长院时代。此次战事爆发，黄父子被逮，旋处死刑。

九月廿二日　今日上下午敌机大举袭京。据云来京之机上下午共约五六十架，掷弹多枚，中央党部及余寓宅附近落弹四五枚，但均无重大损毁。

英法对日海军封锁禁止华船行使〔驶〕并检查外船，均已正式否认其合法。英国正告日本，若检查英船，只限于其船舶之登记证（国籍验查），不得涉及船货。法则以为一切法船之入口，只可由法远东海军司令通知日本海军，此外不得受任何干涉。美国似尚无表示，殊使中国失望。且美使詹森于接日方轰炸南京之警告后，即决定迁其使馆于美舰，而其他各国则均拒绝接受日方警告，尤使中国舆论对美日趋恶劣。即美国舆论亦多攻击美使之慎懦行为。

中国缠足风气，始于何时与盛于何时，迄今似尚无定论。予偶阅故宫宋徽宗所作文绘图，图中侍酒之女子均天足，似缠足之风在南宋以前未尝盛行。特绘画中之人物，往往摹古，不必可视为作者当时社会状态耳。

九月廿三日　英、美、法诸国均严重抗议日本大举轰炸南京之通告。日机今日未来首都，但江阴受轰炸甚烈。

共产党发表宣言取消赤化运动、苏维埃组织与红军服从蒋委员长，共同实现三民主义。此事久待完全解决，而竟悬置多月，促成解决者为日人之侵略。共产党军队已改编为第八路军，由朱德、彭德怀指挥，业已开赴察哈尔、绥远作战。

本日敌机多架轰炸广州市人烟稠密之区，伤亡达千余人，情形惨重。

九月廿四日　欧美舆论对日机任意轰炸南京、广州等处，危害非战斗员生命，一致表示愤慨。日方对许阁森事件甫告解决，复有此种暴举。英方尤愤其食言无耻，因对该事件解决条件之一，即为日方今后将避免伤害非战斗员也。

汉口、汉阳亦被敌机轰炸，伤亡惨重，达七百余人，几均为贫民。外电盛赞当地警察与武汉大学学生之救护得力。

日内瓦国联大会中，澳大利【亚】代表有应召集远东会议讨论中日问题之表示。近日伦敦方面亦有英政府同情于此议之风说，美国方面则迟疑。

平绥方面，在浑源、灵邱间，敌受大创，损失五千人。此役半由于第八路军之妙击。

九月廿五日　日机今日上下午及晚间四次袭击首部，其总数量据报告当在九十架以上。今日全城全在警报中，工作多无法进行。首都电压及中央广播电台均被炸毁，一时广播与电气供给均停，即藉电传达之空袭警报亦停，仅由各警察署用鸣钟之法传达警报。幸电气供给及广播均备有副厂，晚间仍□恢复，惟电力较弱耳。自来水厂也中弹多枚，幸未损毁。余宅与唐生智寓宅为对居，唐宅中一巨弹，余宅门窗及天花板亦略有破损。是弹之落，距余离寓他适才一刻钟耳。敌机被吾高射炮在城内击落者亦达四架之多。

保定与沧州均陷落。

九月廿六日　一般意见以为战事前途之胜败，当视（一）军器能否继续补充，（二）兵士能否继续补充。第二问题实较第一问题为尤困难，盖在行募兵制之国家，极不易于短时期内增加大量有训练之生力军也。广西曾训练数十万后备兵，但自去岁复员后亦多已解散，短时期亦不能成立众多师团，现已出动者亦不过十二团，约二万余人。李宗仁现内定彼为第五战区司令，主持徐州、济南、青岛一带战事。

今日敌机未袭京，或系天气阴雨之故。

上海私立复旦、大夏、光华、大同原定联合办一二大学于内地，今日张寿镛（光华校长）来电谓教师分配为难，又复要求退出，大同亦然。闻长沙临时大学清华、南开、北大等校亦多龃龉。时局如斯严重，而教育界仍难合作，闻之喟然。

九月廿七日 外电盛传日军于占领保定、沧州后，暂停南进，并派土肥原飞往济南，与韩复榘（鲁省府主席）商彼此不相犯办法，且劝韩参加"华北自治运动"，希冀借以成立华北伪政治组织。

日机两次袭首都，但仅在浦口及城外掷弹，未入城。

九月廿八日 敌军在华北及浙沪者闻共约三十余万人。苏俄驻华大使鲍格莫洛夫奉本国政府电召，乘飞机返国，当系商讨对日军事问题。鲍使临行前对王亮畴表示，苏俄如参战，一须国联认定日本为侵略国，二须英国能更进一步干涉中日战争，否则苏俄因顾虑德国、波兰之袭俄，殊不敢参加中日战事。王亮畴云，英国态度以美能否合作为转移，故目前关键全在美国。

土肥原飞济之说全属日人讹造。日人曾以飞机掷信袋于开封及济南，劝商震、韩复榘勿抵抗日军。

九月廿九日 英国方面，因日机任意轰炸中国城市，反日舆论益激昂，倡议抵制日货者渐众。美国方面亦渐露同样趋势。

九月卅十日 自昨日起浙沪敌军开始第四次总攻，但我军英勇抵抗如前。

十月一日 山西及津浦线、平汉线军事均不利，敌军有进逼山东德州与山西雁门关之讯。

本日晚国防最高会议开常会，出席及列席者有汪兆铭（主席）、孙科、叶楚伧、戴传贤、于右任、居正、张群、何应钦、王宠惠、陈公博、熊式辉、陈布雷、吴鼎昌及予，共十四人。予因教育预算案事出席说明。居正挟朝阳学院等事之宿嫌，口称教育当局"欺朦长官无耻小人"。予当即起而质问事实，彼竟不答，越席而挥拳相殴。有私怨而无公心，身为司法最高长官之人，公然蔑视纪律，触犯刑法，而无赖若此，可骇可痛。惟居氏之悍然出此，似因日前陈立夫曾在会议席上有攻击教育言论，彼以为陈既有反对言论，彼正好乘机泄怨。

本日函汪先生，坚请其助予解脱教部职务，汪复函劝解。

英美方面抵制日货之运动益烈，英政府渐感控制之不易。

十月三日 雁门关有失守之讯，此为华北战事极大关键，以山西地位系于雁门关，而陕豫安全系于山西之能守与否也。

晚间张岳军来访，劝予勿辞职，且谓蒋先生亦决不能接受予之辞职，因接受则反使是非不明。

沪日军第四次总攻，只于罗店、刘行阵线略有数千公尺进展，而伤亡奇重。

十月四日 德州有失守之讯。

今日予以正式书面向国防最高会议蒋、汪两主席指责居氏十月一日言动之毁犯刑法，并声明予之忍受，系因时局严重，不愿示人以争讼，但请求会议准予辞职。汪先生谓当与蒋先生商酌，彼意主张对居惩戒。

十月五日 淞沪日军之攻击仍极猛烈，我军之抵抗亦严峻。闻日军司令松井大将因受政府之督责，不得不冒重大牺牲而进攻。

敌机今日日间袭首都一次，夜半天色虽昏黑，亦有敌机来袭，但似未获入城。

蒋、汪来信，指责居氏言论之不当，惟谓彼已自请处分，劝予打消辞意。予拟不作复函，缘政府近日方颁有辞职之禁令，如予坚请辞职，将蹈临难苟免之嫌，惟已与张岳军力言，稍缓必求去。年来政府中人，思想落伍者，对教育既多偏见，而不可理喻；谋植私人势力者，因受教部梗阻，复多怨尤。此诸事之所以棘手也。

十月六日　国联廿三国咨询委员会决议虽未明指日本为"侵略国"，然承认日本之军事行动违反九国公约及巴黎非战公约，且非"自卫"行动。决议案主张由国联迅即召集九国公约签字国会议，并主张各会员国予中国以"精神"援助，并避免采取任何步骤，以减少中国抵抗力量。其尤可注意者，该决议案建议于各会员国，可□□考虑其本国援助中国之程度。此项追加之建议，当出自中国代表团之主张，盖吾外部似曾于九月十四日将予之此种意见（见予九月十四日记）电促吾代表团设法提出也。有此建议，异日我如促苏俄对华为更进一步之援助，苏俄或较易接受。

敌机多架今日上下午及晚间三次袭京，被我高射炮击落一架或两架，城内无损失。

十月七日　罗斯福总统于日昨国联大会通过关于中日纠纷之决议案以前，在芝加哥发表演说，大意：（一）中立或孤立政策不能保障美国之和平；（二）对于侵略国应如对于患疫之病人一样设法隔离之；（三）美国应与爱好和平诸国采取积极办法，以维持和平与条约之尊严。美国国务卿旋亦正式发表声明，日本在华军事行动显系违反巴黎非战公约与九国公约。意即承认日本之行动为侵略，且系响应国联之决议。美国在野要人史汀生以及参议院外委会主席毕德门，同日均有攻击日本与应设法制止其侵略之言论。

一月以来，一般人均对美国失望；经此转变，遽日昨一日之消息，顿使一般人之观感大变。惟美国今后究竟积极至何程度，仍无人能言之。

十月八日　今晨电胡适之、钱端升，询其在美接洽宣传情形。

英国工党及教会人士虽极力提倡对日排货及其他经济制裁，但英政府方面与英实业界显然不赞成。上海《字林西报》虽对华表同情，亦连日著论反对对日排货。九国公约签字国会议召集后，如日本一味拒绝调解或妥协，不知英美政府究采何种手段以应付之。罗斯福有隔离患疫者之言，《字林西报》似以为隔离之法，召回使节较经济绝交为当。

昨今两日盛传日军在淞沪已使用毒气。

十月九日 近日华北军事失利，半由于敌军武器利于平原作战。然察哈尔、山西方面主要战地不尽为平原，而抵抗之力亦至弱。盖廿九路军、晋军以及万福麟所部之东北军，士兵训练不佳，各级军官尤有惰气，有以致之。以是近日中央为严申军律起见，特设置军法执监（以唐生智兼任），对于军官之自由放弃守地与抗战不力者，一律绳以军法。晋军军长李服膺被判处死刑，廿九军军长刘汝明受革职留任之处分，张自忠受革职查办之处分。即统率平津路之刘峙，亦因调度失当，受革职查办之处分。此种处置，在战事发生以前殆均无可执行，今则抗敌之气贯彻全国上下，故即对各高级将领严行军法，亦不致发生反抗。战事前途，颇有赖于此种赏罚分明之措置。

十月十日 双十节日蒋委员长发表宣言（该宣言于前一夕广播），劝告全国重视统一与团结的力量，并谓在敌军未撤退前，永远不可中止抗战。

日方盛传慕梭里尼与希特拉均允援助日本。

日外部发言人宣言，仍声明对华无领土野心，只是消灭排日主义。似日方对九国公约单方宣告取消之说，尚未敢决行。

十月十一日 正定失守后石家庄昨日亦危急。

近一星期来，敌机轰炸广州及粤汉路、广九路至烈，死伤甚众，盖欲断我军火来源也。自敌宣告封锁后，我之输入以广九路为唯一途径，此外尚有由安南入桂一路，但龙州至桂林之公路桥梁载重力薄弱，迄今尚为能利用，现似在加强其载重能力。淞沪战争，敌图占据嘉定、大场，近日猛攻蕴藻滨一带，已有数千人渡滨数日，双方激战未决。

十月十二日　近日天气阴雨，敌军在淞沪之第四次总攻颇受牵制，以飞机及机械化部队不易活动。日人声称，天气转晴即大举猛攻我淞沪阵线。今晨天气放晴，淞沪方面蕴藻滨一带敌军之炮火极密，据何应钦报告，一日间发炮至万余发（每炮之值在二三百元之间），益以敌机数十架助战。我军损失至为惨烈。（近数日来每日死伤当在三千人，而死者约等于伤数，亦为战争之奇态。）敌军日来亦损失不少。

我军已放弃石家庄。盖敌人数路夹攻，原冀在此处与余决战，以歼灭我平汉线之主力，我军经研讨后，决于此处避免决战，使敌军不得休息。

今晚何应钦报告战争发生后我军在淞沪死伤数，截至双十节止，已达六万三千余人。就淞沪与华北各路计算，中央直辖部队之死伤数共约十万人，而廿九军、晋绥军等部队之死伤，因未据详报尚不在内。空军之损失约四十架（闻战时我空军能作战共只百八十架）。海军则一部分在江阴及广州被敌机炸沉，余则依蒋委员长命令，自沉于江阴江中，以资封锁，故海军几已全灭。惟我军死伤虽大，而枪械之损失甚小，往往一师大半被损灭，而损失之枪支不过数百，足见士兵抗战之英勇与撤退时之有计划与【有】秩序。

敌机因阴雨已数日未袭京，今日因天晴又三度来袭，被我空军击落四架或云五架。

十月十三日　淞沪战状至烈，但我军仍坚毅抵抗，敌未能突破我阵线。

日首相宣言，对华无领土野心，亦无令溥仪入关之意。盖美国总统发表宣言后，日政府显感不安也。

敌机今日来京袭击数次，但我无若何损失。

首都自受敌机威胁，政府机关仍能维持刚毅之气。全市因宪兵及曾受训练壮丁之得力，秩序极好。惟商店则几全停，仅粮食与少数必需日用品尚有供给耳。论者颇归咎于市政府人员不甚得力。闻无锡、常州、镇江等处商业仍维常态，与首都大异。

十月十四日　英内阁会议必赞成对日实行经济制裁。

闻日人刻正在华北酝酿伪政治组织，高凌霨等拟拥曹锟者为傀儡。

日前广州中山大学校长邹鲁来询中山大学宜迁何址，予告以只宜在广州附近，用疏散方法，分数处授课，仍于晚间或其他时间利用原校设备实习，不宜远迁。

今日浙江大学校长竺可桢来询该校宜如何迁址，予以同样之意告之。

今日敌机上下午均曾来京袭击。

十月十五日　今晨收到伦敦中国使馆转来英国十八大学教授一万十七人联名致予之电，电中对日军轰炸中国城市与摧毁中国学校表示愤骇，对中国深致同情，并声明愿尽其能力，督促英政府采取有效步骤，制止日本侵略。电中列名者为牛津大学 Gilbert Murray、伦敦大学 Tawney 及 Laski 等教授，此外尚多知名之士。因签名单系邮寄，故尚不能详知。予复电谢之，并告以在予发电时，中国大学与专科学校被日军故意炸毁者已达二十校，其不在战区者亦甚多。

淞沪战争，我军自十三日重创敌军后，日昨并反攻，颇有进展。士气之旺，外人之观察战地者均激赞。往往对于无逃死之守御，亦决不放弃，真可谓惊天地而泣鬼神。闻之泪下。

敌机下午袭京一次。我空军近日亦飞塘沽、天津敌军军部及其机场、晋北敌军阵地及上海杨树浦、虹口等处袭击敌军。

十月十六日 近三日来，我军在晋北颇胜利，敌军之自崞县、宁武威胁原平乃至太原者，大受挫折。惟平汉路、正太路则敌军一面南进，一面侵逼娘子关，形势危急。

敌机今日下午两次袭首都。

十月十七日 黄黎〔梨〕洲①《明夷待访录》，余今日细读一遍。中国君主专制，至明已达最高度，而根本反对君主专制，且反对"私天下"主义者，在黎〔梨〕洲以前中国尚无其人。此为吾国政治思想较欧洲为保守之特征。孟子虽曾为汤武革命辩护，于君主制之本身初未尝有所疑诘。欧洲在希腊哲学昌明时代，政治思想显然较吾进步，但中世纪以后欧洲政治思想亦闭塞。至十七八世纪，《民约论》出，君主专制之传统思想乃受重大打击。当时倡民约论者，在英为洛克，在法为卢梭。梨洲学说多与二氏相合，而其时代（1609〔1610〕—1695）则不但先于卢氏，抑且先于洛氏。所可惜者，洛、卢二氏之民约论出，欧美崇奉阐述者辈出，梨洲之学说出，在中国则徒成绝响。

十月十八日 我军在平汉线节节退败，已退至冀豫边境。其主要原因闻系万福麟、商震所部均缺训练，不退〔战〕而溃。近一星期来晋北我军之胜利，完全由于中央军卫立煌等所部之壮烈牺牲，军长郝梦麟亦殉战，从可想见。

敌军日间袭京两次；深夜亦袭京数次。

十月十九日 余今日以下列意见促请行政院同人考虑。

一、比京九国公约会议无论日本政府参加与否，其初步动作，必为试行调解；其调解之初步方案，当为无条件或附条件之停战。

二、列国所提初步调解案如为无条件之停战，在日方或易接受，以彼在华北业占领冀、察、绥、晋各省之全部或大部。在我

---

① 即黄宗羲，明清之际思想家、史学家。

将立处窘境，拒之人将责我无和平诚意，接受之易使华北诸省□军事占领状态，几为□防状态，我不便再发难。故我应由驻英、美、法大使预与英、法、美接洽，促其将停战与撤兵同时提出。

三、至撤兵地点，事实上虽决不能做到按照国联干与其他战争之先例，责令各自撤至本国境内，但不妨暂以七月七日以前甚或沪战发生前之两国军队原驻地为初步撤退地点。

今日敌机袭京两次。

据何应钦部长报告，一星期来，我军在沪伤亡又增一万余人；晋北方面中央军猛烈反攻，虽获胜利，伤亡惨重。大概自战事发生至现在，我军（包括中央直辖军及其他）伤亡总数已十五万人。

十月廿日　意大利祖日之态度日益鲜明。

日方报纸宣称，苏联新定政策为：（一）外蒙自动归还中国，俾获参加抗日之战；（二）苏蒙互为协定，俾在形式上苏联不必对日作战。内幕是否如此，我外部似亦无所闻。

日机袭京两次。午间入京市者十余架，投弹甚多，悉在大场飞机场附近也。

十月廿一日　战事发生后，平津、上海、南京、南昌、保定、广州、苏州等处大学教育机关之被敌机炸毁或炸损者，迄今已达二十三校。日方今日复正式宣传，中国学校近多被军事机关使用，且实行军事训练，日方将即考虑施行轰炸问题。盖预为今后轰炸立一口实，且为其过去轰炸辩护也。

敌机今日正午又大举袭京，窜入京市者甚众，并炸毁浦口永利硫酸亚厂。

十月廿二日　近日敌人空军轰炸京沪、沪杭、津浦、粤汉等路车站及桥梁甚烈，我各路机器修理厂多被炸毁。此种轰炸对于我国军事前途实属一种重大威胁。

淞沪战事，敌军近日猛向大场方向攻击，仍企图压迫我军退至第二防线。

我军自昨晚起施行总反攻，空军亦协同步军在阵地作战。

敌机于午后袭京。

今日致电胡适之、钱端升，略谓九国公约会议如提出调解案，以停战与撤兵同时并提为宜，盼彼等就近向美国方面示意。

十月廿三日　西安临时大学筹备委员会常务委员徐诵明、李蒸、李书田迭电辞职，因部方指定童冠贤为执行委员之故。此校此后颇难办好，以徐、李诸人均无实心任事之人也。

敌机袭京。

十月廿四日　敌军于日前已占据包头。嗣后我与外蒙之交通，乃至西北，俱不免敌军威胁。如山西能守住，形势尚较缓和，否则益紧。宋子文日昨在沪发表公开谈话谓，苏俄之参加战事如过迟，则于彼亦不利。淞沪战争极紧急，敌方宣传我方正作总退却，我方军事发言人则郑重否认。

敌机袭京。近一星期来，敌机几每日来京袭击一次或数次，飞度常在四五千公尽以上，为我多数高射炮射程所不及，我空军为避免重大损失，似不多截击，故近日敌机之袭京者无一损失。

十月廿五日　淞沪战事极度紧张，敌人攻大场至急，意在迫我于大场陷失后退出闸北。惟我军发言人谓，大场纵失，我亦已有准备，闸北仍可固守。

敌机今日未袭京。

十月廿六日　淞沪我军于本日下午放弃大场，敌军进占大场及真茹国际电台。

孔庸之自欧返抵首都。据彼观察，慕苏里尼之专制权威高于希特拉，以德国尚有不入党部之军部与较有左右政府能力之经济界也。并谓德国现时无战意，且一般人民深以战争为惧，意国则反是。

敌机袭京二次。

十月廿七日　我沪军退出大场、江湾暨闸北，撤退至苏州河以南，仍扼守南翔、广福镇及上海南市。撤退时仍有秩序，士气亦未稍馁。在闸北方面一部分官兵之未及及时撤退者，率自愿作壮烈牺牲，无窜入租界者。固守闸北某大楼之官兵，租界当局曾请其自动弃械入界，彼等亦拒绝。日方正式拒绝参加九国公约会议。比政府正式加请苏俄、德国参加。

十月廿八日　闻日人拟推曹锟复贿选总统职，曹则以吴佩孚允任国务总理为条件，吴未允。王揖唐、李思浩等旧安福系在津颇活动，高凌霨奔走甚力。大概稍有国家思想者，俱不受日方牢笼，故日方亦颇窘。娘子关有被日军占据说。

十月廿九日　娘子关失守之讯已证实。

上海闸北我第八十八师谢晋元团孤军八百人，缺粮乏援，仍坚守其所驻扎之大厦（四行储蓄会仓库），宁死不退不降，中外人士闻之感动。

今晚在汪精卫先生宅商谈九国公约会议事，余谓吾如接受停战，须预请大会同时提出双方撤兵地点与时期之条件。至于根本的解决，吾国能否退让，应视英美等国愿否切实保障解决条件不再破坏。倘无如此保障，则忍辱接受一种解决后，一方面不数月日本必再进迫，一方面国内统一亦必破裂。

十月卅日　德国声明不参加九国公约会议，苏联声明参加。日方在沪发言人声明：如中国愿和，日方愿直接与中国作和平谈判。日方似欲趁在沪最近军事胜利，结束沪战。

十月卅一日　上海闸北四行仓库之谢团，孤守一厦已四日，今日因蒋委员长之命令，始【遵】旨撤退。退时须经过日军之射击火线，并须经过租界英军之防地。其至英军防地时，依照命令，将枪械缴给英军后转入租界。租界当局对于此种转入租界之华军应否如一般中立国家，将其留禁至战事终止时为止，在法律上似不无疑问，以租界究为中国领土也。此次政府命令谢团撤退，半由于英军暗中主张，半由于政府之恤士。英军之所以如此主张，半由于同情谢团之忠烈，并因该厦接近英军防线，我军久抗，日必猛轰，租界即受重大威胁，甚或被牵入战争旋涡。谢团撤退时，其受伤士兵数十人俱由其他士兵背负突围而出，英军军官睹此，不胜佩叹感动。

日本议会一部分议员及若干教员开会，主张对英绝交，意谓英实助华抗日。

清华大学有被日军占用、燕京大学有被迫停课（该校系美人所办，故北平虽被日军占领仍开课）之讯。日军有轰击交通大学之意，实则该大学内毫无任何军事机关或军事工作。

十一月一日　美国总统罗斯福告中国驻美大使，言□中国代表于比京会议开幕时，出席说明事实及希望后，即自动声明退席，不参加其余诸国之商议，并表示愿与日本合作。中国方面经考虑后，声明第一点可照办，惟中国仍将声明保留随时请求出席权，且须各国于中国未出席时不作反乎中国意思之决议。至声明可与日本合作一节，须附日本不以武力威胁之条件。（以上系据王亮畴之报告）

十一月二日　上海敌军宣言十日内可逼我军完全离开上海，我军当局则视之为狂言。敌军日昨曾有一部分渡至苏州河南岸，以今日天雨，受我军压迫，伤亡甚众。

上海及内地陕西、河南等处共产党人仍有单独活动，宣传共产主义者，地方教育机关颇感应付之难。

十一月三日　教部拟就英文宣言，缕举日军故意轰毁学校及其他文化机关事实，征得蔡元培先生等同意，以彼等名义发表。

上海方面敌军企图渡苏州河南岸，已有一部分渡过，战况又极烈。

比京九国公约会议今日开幕。

十一月四日　敌军在华北近日以全力攻晋，晋北忻口、晋东阳泉等镇均失守，太原吃紧。敌军之意盖欲于比京会议期中获大捷，以增其威势也。

意国加入日德防共协定之事，闻已有成议，意代表在比京会议显然袒日。

我军在沪作战者已达五十四万人，在华北各战线者亦约等于此数，共计达一百十万人（据交通部长俞樵峰①面告）。

前月北方津浦、平汉等线之失利，一由于东北军（万福麟等队伍）及其他队伍（如冯钦哉等队伍）之不肯力战，一由于冯焕章无力指挥廿九军（宋哲元部队）。其实宋之部队，武器甚优，人数亦众（约十万人），倘使指挥得力，敌军决不易猛进。现闻宋哲元部已由宋自行指挥，或可发生若干抗战之力。

十一月五日　自八月中战事发生后，中央政治委员会未尝开会，而以国防最高会议为实际最高军政机关。但国防最高会议初确每周集会一次，近亦已一月有余未尝集会，每周惟举行其常务会议一次或数次。常会之集会以汪先生精卫为主席，其决议大都系于事后送蒋先生核行，盖蒋先生系经中央执行委员会授权于战时主持一切党政之人也。

今日在铁道部开国防最高会议第四次会议。在会议时何应钦报告军事，谓截至十月卅一日止，南北各路战区我军伤亡士兵之数已有报告者约卅万人，估计（连未报告各军计入）当在三十四五万左右。予闻之惊骇不已。孔庸之报告财政谓：九月份总支出达一万七千万元，收支不敷为一万五千万元；十月份总支出达一万九千万元，收支不敷达一万七千万元。蒋先生在会议时儆告同党，勿过为共产党宣传其作战能力，并谓七月间在庐山时，该党原承认取消其党团，今则不肯取消，且傲状渐著，使人不禁有"履霜坚冰"之惧。日军在杭州湾、乍浦以北金山卫、全公亭地

---

① 俞飞鹏，字樵峰。

方登陆，数达二三千人，形势颇严重。

十一月六日 日、德、意防共协定在罗马签字。盛传意政府将援助日本在华作战，惟意官方则称，对于中日战事仍持中立态度。

太原形势甚危急，日军之自晋北、晋东进攻者，均距太原渐近。

日军有已渡漳河、占领彰德之讯。

东京盛传将对华正式宣战。

十一月七日 敌军自乍浦附近登陆之队伍已进抵黄浦江，渡河而东，我上海浦东方面大受威胁，闻已派重军堵截，惟截击情形如何，不明。

太原被敌军包围。

比京九国公约会议决定致照会于日本，再促其出席，并定九日续开会。

十一月八日 上海方面我军退出浦东。数日来张发奎守浦东，敌屡次企图由浦东登岸，均不得逞。此次因敌军自杭州湾上岸，进逼松江，我军遂不得不撤退浦东。闻之惨痛。

十一月九日 我沪军自退出大场闸北后迄今又亘两周。近日敌军自苏州河南岸及松江附近（由金山卫等处）夹逼，我军遂退出沪西，仍留一小部分军力守南市。

十一月十日 太原闻已陷落，士兵殉城者众。

政府决定以原来补助冀、察、绥、平津之教育经费，在河南等处救济各该地流亡之教员学生，并办临时中等学校。

日军猛攻上海南市，该市外援尽绝，但守军仍抗拒，区内民众赴租界逃难之状至可惨。敌机十余架袭京，无多损害。

十一月十一日 上海我军自南市撤退，自是我军已完全退出上海市市区。自八月十二日晚沪战开始，我军在淞沪抗战迄今三月，士兵伤亡当在十万人以上。

敌军自乍浦附近登陆者，虽经我军截击，其势仍盛，已于今日占领松江及枫泾。敌军显然企图续攻南京。

比京九国公约会议仍未接到日方是否参加之答复，但大概日仍拒绝参加。闻英国方面，因意国与日缔结防共协定，显然有共同威胁英帝国之情事，英国对日态度渐趋积极，并闻英、美、法正在比京互商：（一）予中国以物资协助与（二）维持海上交通之办法。

敌机十余架袭京，有两架被我高射炮击落。

十一月十二日　今日为孙中山先生诞辰，中央党部及国府高【级】人员，于晨七时在党部举行庆典，但为时不过十数分钟。盖近日敌机常扰，不便集合也。

内子自牯岭来函，谓近日在牯督制及亲制寒衣共达数千袭，寄赠前方士兵，日夕均劳，不以为苦。

日方正式拒绝比京九国公约会议之第二次邀请。

十一月十三日　我军退出上海后，日军益调援兵，在乍浦附近继续登陆，并向苏嘉铁路线猛迫。昨晚闻又有一部在常熟附近之白茆口登陆。我军大受威胁。军事方面人员颇有议及政府之迁移者。

故宫博物院存京之古物，经予敦促，已将其精品八十余箱移往长沙。古物陈列所存京之古物，则以内政部人员之不甚负责，迄未迁移。予今日往晤蒋雨岩①，促其设法。大名府失陷。

十一月十四日　据路透社电，敌方军部极端派议和条件内定为：（一）承认伪满；（二）承认华北及蒙古自治；（三）在我中央及地方机关设置日顾问；（四）监视海关；（五）日军将永久占领中国若干岛屿，借获利用空军监制中国；（六）不准中国设置陆军。

---

①　蒋作宾，字雨岩，时任国民政府内政部部长。

上海方面我军撤退后，敌军已进占嘉定、太仓、安定、嘉善等处，强称即将攻破我第一道国防线（一般称为中国之兴登堡线，似即自狼山、福山沿常熟、苏州至嘉兴之线）。

政府正密议政府之迁移。

太原城内近二三日来似仍有巷战。

十一月十五日　国会〔防〕最高会议常务会议议定：国民政府及中央党部迁重庆；军事委员会之迁移地点，由委员长酌定；其他各机关或迁重庆，或随军委会设办事处，或设于长沙以南之地点。

我军之在第三战场（原上海战区即辖于第三战场，亦称东战场）者，已退至国防线，即狼山、福山、常熟、苏州、吴江、嘉兴至浙江海岸之线。

十一月十六日　政府各机关人员，除其最高长官外，余均定本日至十八日离京赴武汉集中。

美国允借美金一万五千元于我，年息三厘，条件甚优，惟尚未完全议定。

比京九国公约会议通过宣言书，惟意国代表投反对票。挪威、瑞典、丹抹，一面声明赞成宣言之内容，一面则不参加投票。其余各国均投票赞成。宣言之内容，声明日本之行动有背于九国公约与非战公约，中日冲突不能作直接谈判而得到圆满解决，日本既坚决不受第三者之调停，则各签约国不得不考虑应采之共同态度。

今日晚八时在铁道部举行国防最高会议，蒋先生主张迁移政府于重庆，意谓两年前彼平定四川以后，始觉对日可为武力抵抗，以四川足为持久战之根据地也。

林主席于本日启程赴渝。

十一月十七日　故宫博物院及古物陈列所留京之古物，经予一再督促，决定将其极大部分由京运汉。

十一月十八日 唐生智经指定为南京卫戍长官，但尚未见明令。唐年来多病，如此严重之守城工作，其体力似不胜任。予今日两次用电话与商南京市民救济事宜，彼均在就寝，从可想见。微闻彼声称对于都城之守御愿与城共存亡。

政府决定于林主席抵川或抵宜昌时，发表迁徙政府于重庆之文告，其日期当在二三日间。政府机关最高人员须于文告公表后始得离京，其他人员则已陆续先行。

在京外国人士意欲组织团体，请求中日两方承认就京市划一区域，以为不能迁徙之市民临时避难之地点。彼等托杭立武君向余言，盼余转达政府。余已将此意转告何敬之、唐孟潇[①]，彼等表示赞同，并谓下关或为适宜地域。各外籍人士于今日成立一种团体，准备进行接洽。

十一月十九日 教育部全体部员除予及总务司司长与庶务科科长外，均附江顺轮赴汉口。嘉兴陷落，国防线第一线已动摇。

今晨晤唐孟潇于汪精卫先生宅。据唐云，日前军事机关研讨应否坚守南京时，有人主张不宜在京作无军略价值之牺牲。白健生[②]主张今后应改采游击战，唐本人则认为□军在首都南京不可不作重大牺牲。蒋委员长亦以为然，并谓彼欲自负死守之责。嗣后有人以为最高统帅不可负守城之责，遂决定以首都卫戍之任委诸唐氏。

孔庸之对汪言，彼意首都之守御只宜在距京稍远之地点（如龙潭等处）为之，在首都之后及近郊不必与敌作战。

孙哲生今日离京，将启程往俄，系用特使名义。

十一月廿日 国民政府今日公布迁移政府于重庆，以示持久抗战之意。惟各部会仍多设办事处于武汉及长沙、衡山等处。

---

① 唐生智，字孟潇。
② 白崇禧，字健生，时任国民政府军事委员会常委。

苏州有已被敌军占领讯。

予于今日偕行政院何应钦、吴鼎昌等乘轮离京。

十一月廿一日　今日在船次与吴达铨谈战事应付方略。据吴云，前日国防最高会议开常务会议时，居觉生力主向日方求和，并谓如无人敢签字，彼愿为之。忆战事发动之前夕，胡适之曾力主设法避免战争，居氏当时曾力主逮捕胡氏，今则又自唱主和之议，盖此公为一完全投机而无主义之政客，且时时揣摩政府领袖之心理以讨好。讵蒋介石先生实际上并未曾因战事挫折倾向于直接讲和，故其议论亦无人理会。

十一月廿二日　予原定自京迳赴武汉，惟因故人多劝予携眷离轵，今晨遂于九江下船，便道赴牯岭。午抵山，山半大雪。

闻我军已撤退出国防第一线（即常熟、苏州、嘉兴线）。

十一月廿四日　今晨往牯岭芦林晤李仲揆，并商广西大学及中央研究院今后工作。

十一月廿五日　今日午后由牯岭携眷抵九江。天气晴朗，山之高层积雪未融，山半已无雪。

十一月廿六日　今晨由九江乘南浔火车出发，午后三时抵南昌。

南昌街道甚宽洁，规模之宏伟似在武昌、长沙之上。

闻敌机于前两日（十一日、十四日）飞抵长沙，为第一次之轰炸。

晤熊式辉主席。据云无锡国防线我军将于今明日撤退，蒋委员长拟于二三日内离京。

晤新闻记者，告以战时一般学校教育，仍不可忽视基本训练。至应战时特别需要，望为举办特别训练班。

十一月廿七日　今晨八时由南昌乘汽车启程，于午后三时抵长沙，暂租寓于皇仓坪（仓里三号之租屋）。教育部职员已先两日抵长沙，暂假湘教所办公。

闻敌军已占据湖州，并已占长兴。

十一月廿八日　长沙市政十年来几毫无进步，即此一端亦可见何键治湘之无所政绩。

闻敌军松井大将□发表宣言，将进占南京、汉口以至重庆，迫中国屈服。

十一月廿九日　何键主湘政历八九年，而湘政毫无成绩。长沙市政之毫无进步，即其显而易见者。

午后赴长沙临时大学，晤杨今甫、梅月涵、①　蒋梦麟。

十一月卅日　晚由长沙启程赴武汉。

十二月一日　午后抵武昌，晚间寄宿珞珈山武汉大学。

十二月二日　晨由武昌渡江往汉口，晤孔庸之于中央银行。据云，德使陶德曼受日政府之托，向中国政府提出和议条件。条件之内容为：一、内蒙自治与外蒙同；（二）华北自治（所谓华北是否仅指冀察平津抑指五省，殊不明了）；三、自伪满洲国至永定河划为中立地带；四、扩大淞沪停战协定所划地带，以国际警察维持其治安；五、中日经济合作，并减轻对日货之关税；六、取缔排日及抗日教育；七、共同防共。孔氏近甚倾向和议，与其在他日汪精卫先生主院时之态度大异。予告以此事须特别慎重，而共同防共之款尤为危险。陶德曼已于前一日由汉赴京，徐次长谟同行。

十二月三日　陶德曼大使在京晤蒋委员长。蒋于延见前曾召集在京将领会商。商时白崇禧对共同防共一款认为不可接受。蒋告德使，大意以为如须磋商和议，须先停战，否则一切条件均不必谈。

十二月四日　近日北方战事甚沉寂，盖敌军已将重军南调进攻首都，在华北俱取守势。我江阴要塞，因敌陆军占据无锡等

---

①　杨振声，字今甫，时任长沙临时大学教授兼秘书长；梅贻琦，字月涵。

处，亦被攻陷。但广德、长兴虽曾被敌占领，复被我夺还。

十二月五日　日外相广田有将于南京占领后不再承认国民政府之表示。

十二月六日　近日共产党及向来反对政府之人民阵线分子，颇在各处学校活动，不免摇动青年思想与全国团结抗战之心理。予于今晨出席武汉大学纪念周，作一小时之讲演。讲毕巡视全校新建筑物及新近设备。工学院、图书馆及体育馆均为新近建筑，均大体完善，惟用玻璃似太多，微嫌炫耀夺目耳。

十二月七日　本日上午，行政院在汉口中央银行楼上举行会议。

敌军已逼近南京郊外之汤山等地。

十二月八日　日外部发言人声明，欢迎第三国调停。日军近日先后在上海公共租界及法租界武装游行，显系对租界当局示威，并径自在租界逮捕中国人民。

十二月九日　敌军进逼南京城门，光华门等处已有激战。

蒋委员长已离京，并有已抵九江牯岭之信息。

十二月十日　今晨七时半由武昌南湖乘飞机往湘，九时抵长沙。午后赴教育部办事处（湘教所），与部中同事商酌今后教育计画。

十二月十一日　晨渡湘江，赴岳麓山视看湖南大学及清华大学之校舍（在建筑中）。下午三时半乘车赴益阳，五时到达。德华及小孩们即寓于离城三里之桃花岺〔仑〕信义中学。

十二月十二日　义大利宣告退出国联。世界民治主义国家与华〔法〕西斯主义国家之敌对，将因义大利独裁者之纵横捭阖而早日形成。

午后赴信义中学讲演，勉全校员生对于国难之解除勿丧失自信心，勉诸教职员以保持服务、专业与进修三种精神，勉诸生以习劳苦、爱摸索、守纪律三事。

据益阳县长李君永懋言，彼目前最感苦痛者为伪兵之滋事与征兵之困难（有某家因其子被征，而父母妻子均投水者）。

十二月十三日　晨六时由益阳桃花岙［仑］乘车返省城，所以晓行者，即避途次伤兵之纷扰也。八时余到达。

南京已于昨日被敌攻占，我守军奉命退出。

日本飞机于数日前曾在芜湖附近炸沉英国商轮德和大通，日昨又在距和县附近之江面炸沉美炮舰"巴纳号"及美安轮三艘。此种举动，自足激动英美人之情感。惟英美两国避免冲突之念甚决，此事恐亦不能引起即时的有效反动。

十二月十四日　近日日方亟亟于傀儡政府之组织。本日在北平居仁堂成立伪政府，名为"中华民国临时政府"，用五色旗，分行政、议政（立法）、司法三委员会，分别以王克敏、汤尔和、朱深等为之长（一说以董康为司法委员会会长），以曹汝霖、齐燮元、王揖唐、江朝宗（兼伪北平市市长）、高凌霨（兼伪天津市市长）等为委员。汤尔和并兼伪文教部部长。此种伪组织，恰于首都陷落之日宣告成立，显系预定计画。

蒋委员长自牯岭抵武汉。

十二月十五日　晨自长沙乘飞机返武汉。抵汉时，知日前德使陶德曼之调停已全成泡影，似日方对于前所提和议条件尚欲增价也。此间倾向于和议者，近亦慎重不敢轻于主张，以主和即不免有逼蒋先生下野之嫌疑。汪精卫先生似亦有此感。

罗志希来函谓，战事可失败，立场不可放弃。与予素日之见解同。

十二月十六日　王克敏之参加北平伪组织，出于自动。据周作民言，彼于伪组织出现前，曾往香港、福冈。

近日盛传敌军将由南京北攻津浦线，由北海袭击广九铁路，断我国际交通。

十二月十七日　蒋院长发表宣言，决继续抗战。

今午蒋约谈话，谓应战之困难当以过去数月为最苦，今后当较减。关于今后教育方针，予力述：（一）维系教育界之人心；（二）扶持西南新教育基础；（三）举办学生服务训练之重要。

晚晤陈诚于武汉大学招待所，彼指述北方以及川桂等军之缺点，川军纪律与战斗力最弱，长兴、湖州之不守，由于桂军之不战而退。惟彼对于桂军将领之富于国家思想，亦甚称赞。

十二月十八日　敌军发言人称，南京已破，不能即使日军中止继续进攻。实际上，敌军在津浦线方面及沪杭线已继续进攻，在华南海面似亦正为大规模进攻广九路及广州之准备。

十二月十九日　今晨蒋院长在武昌省政府召集党政军人员作纪念周，其大意谓：我当继续抗战，军队之补充与军械之供给，可有相当办法。盖欲息和议以定军心也。

青岛日工厂经沈市长[①]纵火焚毁，说者谓日方损失当在二三万元之上。当沈市长接受各该工厂之保管时，曾声明日如进攻济南青岛，则我不负安全责任。近日日军自浦口延［沿］津浦线北上，显欲与其黄河北岸之师会师济南。

闻苏州人口原为二十余万人，日军占领时只余四百七十余人；松江城人口二万人，日军占领时只余五十余人，足见敌军作战之残酷。

十二月廿日　政府已调刘文岛（驻意大使）及蒋廷黻（驻俄大使）返国，并内定特派孙科赴俄接洽中俄间军事合作问题。

白崇禧自由桂北来已四月，从不发言，今日在国防最高会议席上慷慨陈词，力主抗战到底，不可再以和议二字萦绕脑中。居觉生及于右任则请蒋先生出任大元帅之名，蒋未同意。

青岛日纱厂被焚毁。

十二月廿一日　据何部长敬之报告，此次守御南京之军队共

---

①　即沈鸿烈。

十二师，人数在十二万以上，中央军亦有数师。当撤退时，敌已由南城入城，唐生智率二万余人由下关渡江；粤军叶邓两师则率部冲敌军之围而出，直至日昨，始悉其已抵皖南南陵，并悉其曾于芜湖、宣城等处击散敌军，一时芜湖等处竟无敌踪，可谓勇极。共计此次守御首都军队，安全退出者约占全数之半，伤亡及陷于城内避入难民区或与敌巷战者估计约三四万人，至被俘之数，据敌军宣传约万余人。粤军在沪抗战曾著壮烈之誉，兹复突围歼敌，尤为难得。

　　政府对于在北平及其他敌军占领地参加伪组织之叛逆，声明应照汉奸治罪条例治罪，明示不以政治犯待此辈也。

　　十二月廿二日　自英美军舰被日轰炸后，美国舆论近渐激昂。胡适之来电，谓罗斯福似有扩大事态之决心。英国有不得保障即派遣大批海军来远东之决意。

　　郭复初[①]致汪、蒋电，谓英首相对财政援助事，嘱其与李滋罗斯（Leithross）熟商。

　　十二月廿三日　敌军逼攻杭州甚急。

　　十二月廿四日　据英国、法国在首都目击敌军入城情形者在上海所发表之消息，敌军入城后，奸淫劫掠，甚于吾国昔日之土匪；解除武装之我方被俘兵士，亦被敌军大量屠杀，数以万计。敌军军纪之恶化有一日千里之势。

　　十二月廿五日　我军退出杭州。近日前方士气显有退步，盖精锐队伍被敌击毁者，方待整理补充，其余队伍，在无中央精锐军队领导之时，往往缺乏持久力。故今后军事首要问题，为中央被击破之队伍能否迅速整理补充。

　　十二月廿七日　我军退出济南。

　　日政府接受美国总统关于巴纳舰被炸案之要求（道歉、赔

---

　　①　郭泰祺，字复初，时为国民政府驻英大使。

偿及避免同样事件之续发），美国表示满意，该案遂告一段落。

日外相又托德使陶德曼重行秘密提出搆［媾］和条件，其内容大别为四款：（一）缔结共同防共协定；（二）划若干区域为不驻兵区域；（三）中日满经济合作；（四）赔款。以上四款中之第四款，为前次日方所提条件中所无之款。日方并谓不能先行停止军事行动，如中国正式派员向日本表示愿和之后，停战之议或可考虑。蒋先生此次未亲自延见德使，仅指定孔庸之代见。孔氏近日主和至力。日方此项新条件，今日已提交国防会议常务会议讨论。惟蒋先生近既一直表示持久抗战，日方条件又复日苛一日，此次德使之调停，势将再度失败。

十二月廿九日　敌军司令松井又在上海发表宣言，谓日军将暂休息，以待中国之反省；日军之目的在消灭中国排日主义，如中国终不改变态度，则将继续用兵，攻至汉口或重庆云云。盖日军正托德使秘密提和议，冀以此种语言威胁我政府，同时自英美军舰被炸事件发生后，日本政府感于国际联合压迫之可畏，甚愿和议能即实现也。

十二月卅一日　行政院改组，预定铁道、交通两部合并，海军部并于军政部，军事委员会之第三部（重工业部）、第四部（经济）并于实业部，而易名为经济部，军委会之第六部国民指导并于教育部。

今晨蒋先生约余往谈，初谓拟令陈立夫（第六部部长）为予助，予告以当由陈负全责，予愿退避。蒋继谓拟请余改任行政院政务处处长，并拟改处长为特任职。予谓此层余亦须再考虑始能答复。予归寓后，即书函蒋先生，告以政务处职务，杰之能力兴趣均不相宜，请其另择他人任之。当予与蒋先生晤谈时，对于大局，予坚请其勿轻言和。盖目前主和者，无非以为和则国民政府之生命可以延长。实则目前言和，必须变更政府一切立场，自行撕碎九国公约与中苏不侵犯协约。和议成后，政府内受国人之攻击，外受日方之继续压迫，不出一二月，政府必不能维持。蒋亦以所言为是，其抗战决心，似未为最近德方之调停所摇动。惟此次行政院改组，以孔庸之为院长，并以张岳军为之副，外间颇疑政府倾向于妥协。

周嘉彬自传

古为明 整理

说明： 周嘉彬（1905—1976），黄埔军校第二期下级干部训练班毕业，曾任国民党陆军 120 军中将军长等职。建国后曾任水利部参事、第四届全国政协委员。这份自传系 1950 年底作者在华北人民革命大学学习时所写，近由周嘉彬先生的夫人张素我教授提供给本刊。传虽较为简略，但有些内容，如关于 1949 年 9 月国民党 120 军酒泉起义的记述，则有助于澄清某些史实。

简　历

姓名：周嘉彬

籍贯：云南昆明

年龄：现年四十五岁，生于一九〇五年十月十日。

出身：一九二〇年昆明西区小学毕业，一九二四年四月昆明成德中学毕业，一九二四年十二月加入国民党。

1. 一九二五年一月至一九二五年六月止，黄埔军校第二期（下级干部训练班）毕业。

2. 一九三四年六月至一九三四年九月止，德国通信兵第五营入伍。

3. 一九三四年十一月至一九三五年十一月止，德国德列士登军官学校毕业。

4. 一九三六年一月至一九三六年七月止，德国哈莱通信兵专科学校毕业。

5. 一九三六年八月至一九三六年十一月止，德国柏林装甲兵专校毕业。

6. 一九三六年十二月至一九三八年十一月止，德国柏林陆军大学毕业。

经历：

1. 自一九二五年七月至一九二八年三月约三年期间，任黄埔军事政治学校第四期入伍生团第九连少尉排长，第五期入伍生第一团第九连中尉排长、副连长及上尉连长，第六期经理大队第二队少校队副，第七期杭州学生总队第四队少校区队长。

2. 自一九二八年四月至一九三三年一月约五年期间，任国民革命军国府教导营第三连少校连长；国民政府警卫团第三营少校副营长及中校营长；国民政府警卫旅第二团中校副团长兼第一营营长；国民革命军陆军第八十八师五七二团中校副团长兼第一营营长，及该团上校代理团长，参加"一二八"淞沪抗日庙行镇之役负伤；陆军八十八师军官教育队上校队长。

3. 自一九三三年二月至一九三四年二月约一年期间，在南京中央军校留德军官预备班当上校学员。

4. 自一九三八年十二月至一九三九年六月约半年期间，任国民政府军事委员会桂林行营军训处少将副处长兼高级参谋。

5. 自一九三九年六月至一九四〇年三月，任中央军校第六分校少将副主任兼总队长。

6. 一九四〇年四月，中央训练团党政训练班第八期（一周）第三中队兼中队长。

7. 自一九四〇年五月至一九四二年五月两年期间，在西安王曲任中央军校第七分校少将副主任。

8. 自一九四二年五月至一九四四年五月两年期间，在陕西邠县任陆军暂编第五十二师少将师长。

9. 自一九四四年六月至一九四六年五月约两年期间，在西安任陆军第九十二军少将副军长兼西安警备司令。

10. 自一九四六年六月至一九四九年八月约三年期间，在甘肃历任陆军新编第四师少将师长、陆军整编新四旅少将旅长、陆军第一七三师少将师长兼兰州警备司令、陆军第一二〇军中将军长。

自传：

我自幼生长在一个中等商人的家庭里，由于父亲生活的腐败（吸食鸦片、娶姨太太），家道一天一天地衰落。更不幸的是父亲在他四十二岁的那一年，因为他那不健康的生活再加染了瘴气病而去世。他死的时候我才七岁。母亲虽是一个未受过教育的乡下女子，但很知道读书的重要，常要我用功求学。我十三岁那年由高小毕业，那时大我七岁的姊姊已由昆明师范学校毕业，自此以后我的求学很得姐姐的帮助。可是那时家境每况愈下，母亲也深感没有力量给我升学，幸有一位昆明成德中学的校长施兰轩先生（原是我高小学校的校长），很知道我的家境，又知我在高小读书的成绩很好，特准我住校半工半读。我能有现在这点根基，不能不感谢施先生的帮助。在校时我很能得师长和同学们的喜爱。然而在我中学尚未毕业时，我的慈母竟因操劳过度得气喘病和脚气病不治离我长逝。我勉勉强强念完四年制的中学，再也无力深造了。相继的家庭中不幸的事情不断地发生：姊姊于结婚后不久得脑充血而死，异母兄弟们于一年中染时疫而亡，至此只剩我一个人，孤若伶仃，环境极为恶劣，但我决心奋斗以谋生路。在一九二四年我十九岁的那年考入了云南讲武学校十八期，后来听说黄埔军校招考，立即凑借了一点旅费前往应考。

我终于于一九二五年十二月抵达广州，考入了黄埔军校第二期（下级干部训练班）肄业①，这是我进入革命熔炉受孙中山先生的三民主义的淘［陶］冶的开始。一九二六年六月毕业，被留任第四期入伍生团第九连少尉排长，第一期同学俞庸当连长。这是我服膺三民主义，参加革命工作的开始。因我的体格强健，学术优良，思想纯正，工作认真且能苦干，每次考绩皆得好评，所以被留校工作约三年之久。一九二九年冬我被调任国民革命军军士教导营第三连少校连长，黄埔一期学生李树森为营长。该营在南京丁家桥成立，其目的在造就革命军部队军士干部，这也是蒋介石培植李树森扩充军队的基干。教导营成立后开始训练约半年又与蒋的卫士大队合并，扩充为警卫团，由留俄学生杜从戎任团长。杜任职不到五个月因故被免职，即由俞济时接替，营长以下的干部都被调升，我也被调升为副营长，不久即升任营长。一九三〇年至一九三三年三年期间，警卫团逐渐由团扩充为警卫旅、警卫师，后又改编为陆军第八十八师，皆由俞统率，我始终在他属下供职，至参加"一二八"淞沪抗日庙行镇之役，我负伤时是代理八十八师五七二团团长，伤痊愈后被调任八十八师军官教育队队长（在武汉成立），专事召训本师抗日负伤伤愈军官。每期召集一百名至二百名，施以近代兵器之联合兵种应用战术教育，请有德国顾问指导。

我自当排长起至任军官教育队队长止，没有一天离开过工作岗位，愈做愈感觉自己对军事教育有浓厚的兴趣，而也愈感自己学力的不足，极想有个机会学习一下充实充实自己，以便能更进一步地服务国家。那时原只想请求入陆军大学深造，后闻中央陆军军官学校设有留德军官预备班，我以工作成绩不差兼有抗日战功，由俞济时保送入班受训，准备到德国去学点较高深的军事学术。留德军官预备班的学习期是一年，班主任是徐培根，同班学

---

① 周在前述出身中为毕业。

员仅十一人，所学的科目以德文为主，军事、政治、外交为辅。学习期满于一九三四年二月赴德。短短一年的学习，在语文的根底来讲是万分不够的，但我们也就匆匆就道了。

到了柏林，我们深感要知道他们的军事教育的全貌，必定要从最基本的军事教育学起，于是和德国军事当局订了一个五年的学习计划：即入伍教育半年，军官学校教育一年，各兵科专校教育各半年，及陆军大学教育两年。在五年的学习生活中有极严肃、极紧张的场面——听课时记笔记及战术作业，每两周一次的野外演习，及每年一次的大演习。这种大演习往往需要一两个月的时间，一切的活动按照不同的想定在大小不同的演习场上举行。最大的演习场周围约有四五十公里，规模很大，设备完善，如攻防战中应有的设备、近战作业设备（用电气操纵很精巧）及后勤设备等，应有尽有，处处顾到，使演习的情况逼真，就像在真的战场上一样，明明是假的，作成真的确不容易。因为研究的周到，计划的细密，使每一次的演习都能得到很大的收获。轻松活泼的场面有——驾车术、滑雪、打猎、游泳、骑术、跳舞等。德国人认为这种康乐活动，对一个军人有绝大的益处，所以这些活动差不多是每一个军官的必修科目。那时我很羡慕德国军人的体格，没有一个不是体质强壮，姿态端正，精神饱满，这当然归功于他们严格的军事训练及轻松的康乐活动。

我留德期间正是希特勒执政时期，那时各级军事学校也加紧"侵略政治"的学习，他们认为德意志民族是全世界最优秀的民族，上帝赐予他们权力统治其他劣等民族的，如像英国只有四千五百万人口，殖民地竟布满在世界的每个角落，日耳曼民族有七千五百多万人口而不能统治全世界，完全是违背了上帝的意志，且是德意志人民的耻辱。以上是希特勒常说的话，也作为各军事学校思想教育的教条。这是何等错误荒谬的思想！希特勒就这样将德意志引到极权的路上，同时也就是纳粹德国灭亡的开始。日耳曼是一个很优秀的民族，民族性很坚强，又能吃苦耐劳，但却被一个独裁的希特勒带到万丈深渊里，多么可惜！现在新的民主德国早已成立，这真是给德国人民一个很大的转机，但愿从此日耳曼民族性能因正确的领导而发扬光大。

一九三八年冬我学业完成归国，那时正是抗日战争的初期，广州已被日军占领，我由海防上岸经昆明到了桂林，被派为军委会桂林行营军训处少将副处长（处长是阮肇昌）兼高参，管理部队训练及点验工作。不久我被调任中央军校第六分校副主任兼第十五期第六总队总队长。这个总队共有学生一千六百四十人，分为四个大队，其中一个大队全是华侨子弟，一个大队全是回教生，另有一个特科大队分炮、工、通三队。像这样的一个混合总队，情形很复杂，教育不容易办好，在一年的工作期中，只有尽量将我在德国所学的一些教育训练办法和心得应用在这个总队里，整天和学生们生活在一起，结果很受学生的欢迎，亦因此与主任黄维意见不合，而被蒋手令调重庆中央训练团党政训练班第七期受训，兼任第二大队第五中队长，采一面工作一面学习制。在那里所学的东西空洞极了，不外是由 CC 操纵的反革命统治集团的"精神教育"，我极感厌恶。总算好，出了团我并未上 CC 的圈套。

一九四〇年的五月，我被调任中央军校第七分校副主任，主任是胡宗南。他虽然不常到校办公，但所有一切人事权均由他的老干部办公厅主任罗历戎一手包办，我专管教育和训练。那个时期的第七分校真是最红最盛，发展到最高峰。全校共有廿一个团和总队单位，人数约两万多，分布在西安的近郊及外县，我常忙于督导和视察的工作。我虽然一本真诚的站在我的工作岗位，还是得不到胡的信任，他疑惑我与桂系有联络而不放心我。其实我是一个纯正的军人，而不会作政治活动。在校两年后我被调任伪①师长，而伪副军长、伪西安警备司令。总共在胡的属下共六年，不管办教育或带兵，精神上都极感不快，因胡以种种方法牵制我，使我不能痛痛快快的做事。为什么呢？因为我不是他的老干部，又不是他的私党，他对我表面上始终是客客气气的。像邱清泉——是我在留德军官预备班时及德国陆大的同学，在胡的属下做事，胡对他就大大的不同了。

　　一九四六年的夏天，我被调任伪陆军新编第四师师长，师部驻酒泉。后来这一个师被更改了几次番号，先改为伪整编第四旅，后又改为伪陆军第一七三师。到一九四八年冬西北伪军政长官公署成立三个军，我被那时的张长官②保任伪第一二零军军长。这个军辖两个老部队，即一七三师及二四五师，经过几个月的整训，于一九四九年六月开陇南布防。那时因人民解放军发动攻势，向宝鸡及邻县进军，节节胜利，陇南防区地位日渐危急，胡宗南曾一再向我联络，并派留德同学彭克定来天水要求我于必要时听胡指挥，向胡部靠拢，我未照办。自此以后胡更对我不满，以致后来黄祖埙曾公开说："奉蒋总裁的命令监视我作战。"自天水后退到兰州期间，该伪军即与本军形影不离，或前或后。本军为避战日夜兼程行军，抵达兰州时，马步芳早与马继援、刘任计划好，即：一、在我未到达兰州的前一天，已将我的家眷逼送成都。二、马步芳亲自指示我保卫兰州作战计划，并令马继援与我详商部署，表示亲切之意。其实原计划是将我控置于黄、马两军之间，预防我起义。一九四九年八月廿五日兰州解放，马军狼狈逃往青海，企图保住老巢。本军紧随伪长官公署向河西后退，处处避战，旨在与新疆方面取得联系，或俟后退至酒泉再做打算。这是我同我的副军长彭铭鼎（现任人民解放军装甲兵司

----

①　"伪"字从原件看，不是当时所写，系后来另外加上的，以下同。
②　即张治中。

令部副参谋长）说过的话。那时我未能把握时机，率军起义，虽说有种种原因——一、岳父张文白[1]先生的函电我始终没有接到；二、因和岳父的关系时受胡宗南直系部队黄祖埙的监视；三、家眷早被马步芳逼送成都；四、部队本身有矛盾，我无法掌握——我究应该表示十二万分的歉疚。

当本军沿着公路由张掖撤向高台时——九月廿日，蒋介石派专机由伪空军作战处长王孟璧持蒋函至张掖，与伪长官公署副长官兼参谋长刘任商妥，接我到重庆去。我于九月廿一日下午三时由酒泉起飞，离开部队时的心情是极难描述的，不过我曾一再和我的参谋长宋耀华说：今后唯一的生路，只有向人民解放军靠拢，换句话说，"向解放军投降是光荣的"，并说一切须与副军长彭铭鼎商量（彭与陶私交甚深）。陶岷毓[2]先生（驻新总司令）由迪化派出的和谈代表曾震五先生于九月廿一日下午五时赶到酒泉飞机场找我，我已起飞两小时。但曾先生能平安通过本军防线到张掖见王震司令员，使和谈顺利成功，这是我稍感慰藉的。

我到重庆第二天的清晨，郭寄峤（伪甘肃主席）带我去见蒋于山洞林园，始知蒋意：欲得知新疆实情；借此机会将我调开，好由黄祖埙统一指挥。我见蒋后在成都闲居约一个半月，时时被国民党的特务监视。那时四川方面的特务头子是徐中齐，他是我留德时的同学，我们一向处得很好，所以很得他私下的关照，而不愿加害于我。在成都解放前我本想不再走了，但为顾虑我的家眷的安全，终于携全家逃飞香港。

在我工作的廿六年中，我从来没有像在香港时的闲暇，我有充裕的时间去静读一些关于人民民主专政、社会发展史、共产主

---

① 张治中，字文白。

② 即陶峙岳。

义的书籍，使我深深地领悟到现在新中国所走的道路是一条光明的、正确的康庄大道。

留港十月，我终于于一九五〇年九月廿六日回到新中国人民的首都。我所看见的是一个强有力的人民的政府，一个独立自主的国家，我该多么兴奋！我希望这伟大的祖国将永远在毛泽东主席领导之下，向先进的苏联友邦学习，成为世界上的一等强国！

丁文江年谱（续三）

欧阳哲生

1933 年（民国二十二年癸酉）　四十七岁

1 月 8 日，先生在《独立评论》第 34 号发表《漫游散记（十三）》一文。

1 月 15 日，先生在《独立评论》第 35 号发表《假如我是蒋介石》、《漫游散记（十四）》、《兰州的教育惨案与开发西北（通信）》三文。其中《假如我是蒋介石》一文认为：

> 假如我是蒋介石，我的办法是：第一我要立刻完成国民党内部的团结。……第二我要立刻谋军事首领的合作。……第三我要立刻与共产党商量休战，休战的唯一条件，是在抗日期内彼此互不相攻击。……以上的三件事实上能做到如何的程度，虽然没有把握，但是以蒋介石的地位与责任，是应该要做的，做到十分，我们抗日的成功就可以有十分的把握；做到一分，也可以增一分的效能。

1 月 22 日，先生在《独立评论》第 36 号发表《漫游散记（十五）》一文。

2 月 12 日，先生在《独立评论》第 37 号发表《抗日的效能与青年的责任》一文。此文系先生在北平燕京大学、协和医学院演讲的整理稿。文前有说明：

这是我在燕京和协和讲演的题目，当时并没有稿子。以后在报纸上发表的是听讲人的纪录，当然与我所讲的不能完全相符。我现在追忆两次讲演合并写出来，登在本刊。

这篇文章对中、日两国的军事实力进行了对比，并对青年提出了希望：

中国号称养兵二百万——日本的常备兵不过二十万！中国的人口比日本要多四五倍，以人数论，当然我们是占优势的。但是我们的一师人往往步枪都不齐全，步枪的口径也不一律。……所以以武器而论，我们的二百万兵，抵不上日本的十万。

目前的问题，不是缺少人，是缺少钱、缺少枪、缺少子弹、缺少服装，尤其是缺少能指挥和组织的人材。……

今天青年的责任是什么？青年应该做什么？他们应该要十二分的努力，彻底的了解近代国家的需要，养成近代国民的人格和态度，学会最低限度的专门技能，然后可以使他们的一点爱国心，成为结晶品，发生出有效能的行为。

2月26日，先生在《独立评论》第39号发表《我所知道的朱庆澜将军》一文。

3月3日，与胡适、翁文灏会商，密电蒋介石："热河危急，决非汉卿（张学良）所能支持。不能再失一省，对内对外，中央必难逃责。非公即日飞来指挥挽救，政府将无以自解于天下。"①

---

① 胡适：《丁文江的传记》，《胡适文集》第7册，第509页。

3月10日夜，张学良约先生、北大校长蒋梦麟、清华校长梅贻琦和胡适，前往其住宅一谈，说明他已向蒋介石请辞获准。

3月12日，先生在《独立评论》第41号发表《给张学良将军一封公开的信》一文。

3月13日，下午五点先生与胡适、翁文灏应约同到保定会见蒋介石，谈了两点钟。①

3月19日，先生在《独立评论》第42号发表《漫游散记（十六）》一文。

4月16日，先生在《独立评论》第46号发表《漫游散记（十七）》一文。

4月19日，先生与胡适、蒋梦麟应约同至北平军分会，与何应钦商谈华北形势。

4月30日，先生在《独立评论》第48号发表《漫游散记（十八）》一文。

5月21日，先生在《独立评论》第51号发表《评论共产主义并忠告中国共产党党员》一文。

6月4日，先生在《独立评论》第52、53号发表《漫游散记（十九）》一文。

6月18日，中研院总干事杨杏佛遇刺身死，蔡元培有意请先生继任其职。消息传出，傅斯年即写信给先生，劝其接受蔡元培的聘任。②

6月23日，先生代表中国地质学会从上海乘古列基总统号轮船去美国，参加第十六届国际地质学大会。同行者有葛利普（Grabau）、德日进（Teilhand）、赫那（Horner）和葛先生的秘

① 参见胡适当日日记，《胡适全集》第32册，第195页。

② 潘光哲：《丁文江与史语所》，台北中研院史语所七十周年纪念文集《新学术之路》上册，台北中研院史语所1998年10月版，第381—383页。

书伍夫人。除去赫那以外，都是先生的"老朋友"。①

7月4日，先生一行乘船到达檀香山。

7月10日，先生一行到达美国旧金山。

7月13日，先生与德日进到达芝加哥，在此地仅住了一晚，参观了芝加哥展览馆。然后先生去华盛顿，在华府住了两夜。

7月22—29日，第十六届国际地质学大会在华盛顿举行，先生代表中国政府及中国地质学会出席。先生、葛利普、德日进、李四光、朱熙人向会议提交论文八篇，其中先生与葛利普合著的论文两篇：The Permian of China and its Bearing of Permian Classification（《中国之二叠纪及其在二叠纪地层分类上之意义》）及 The Carboniferous of China and its Bearing on the Classification on the Mississipian and Pensylvanian（《中国之石炭纪及其在密西西比与本薛文尼二系地层分类上之意义》）。前者主要探讨中国各地二叠纪地层彼此间的关系及其分类，认为中国南部的二叠纪可以分为三个系，即上部二叠纪——夜郎系，中部二叠纪——阳新系和乐平系，下部二叠纪——马平系。后者则总结中国各地石炭纪地层的关系及其分类，作者把它分为威宁组＝本溪组、丰宁系，丰宁系又分为惮佬河统、旧司统和上司统。

7月下旬，先生在参加华盛顿第十六届国际地质会议的同时，代表中国出席了国际古生物学联合会筹备会，并被推举为筹备会委员。

8月2日，先生离开纽约前往欧洲。

8月9日，先生到达法国哈吴尔，当天下午乘飞机到达日内瓦。"住了两天，飞回巴黎，再经过伦敦，坐船到瑞典，于8月25日从瑞典首都斯德哥尔摩到柏林，计算半个月经过五国。除最后的德国外，平均每一国住了三天。在路上走的时间

---

① 丁文江：《苏俄旅行记》（一），《独立评论》第101号，1934年5月20日。

不过六十点钟。如此才知道欧洲各国土地之小，国界之不天然。"①

在瑞士停留时，先生曾与黄汲清会面。黄对先生的日内瓦之行有详细回忆：

> 八月底或九月初突接了丁文江先生自日内瓦来电，称"在富罗立桑旅馆会面"（Meet me at Hotel Florissant）。第二天我专程去日内瓦，见到了先生。……大概是1907年左右，（丁先生）来过瑞士，曾在洛桑学习法文，而今三十年快过去了，想再攀登一个高山，以助我们会面的余兴。日内瓦南有一座【山】叫大萨勒夫（Grand Salive）（是不是这处记不清楚了，可能有误）。第二天天气晴朗，我们两人搭乘架空索道登山，北眺日内瓦，游艇如织，南望昂白高峰，冰舌下垂，良辰美景，能和我的恩师丁文江先生共同享受，真是人生一大快事！……
>
> 第三天丁先生拜会了日内瓦大学地质系教授巴勒加（Parejas）。后者曾任南京中央大学教授两年，和丁先生有交往，此次得知他刚提升为地质系正教授，故向他表示祝贺，同时和原地质系主任教授科勒（L. Collet）会面。丁先生讲法语十分流利，在这些场合对付自如。在临行前一天，丁先生和我单独谈话说：他来欧洲可能去英国走一趟，并拟访问苏联后回国，今后不再跋山涉水敲石头，找化石了。"你还年轻，前程无量，我们对你的希望无穷。我的这架布朗屯罗盘用了几十年，已经旧了，送给你作纪念吧！"这是恩师的临别赠言，我心里很难过，想回答，竟说不出话来。果然，我们日内瓦一别竟成永别。②

---

① 丁文江：《苏俄旅行记》（四），《独立评论》第107号，1934年7月1日。
② 黄汲清：《我的回忆——黄汲清回忆录摘编》，第113页。

在法国巴黎时,先生"特地去访罗克斐洛基金会科学部驻欧代表蓝波特先生,请教他在苏联旅行的办法,因为他新从苏俄参观科学机关回来的。"①

先生在英国"前后不过四天",还偷空到他十八岁进中学的乡镇司堡尔丁(Spalding)去了一趟。②

在瑞典时,先生与安特生、高本汉和瑞典王太子会晤。③

8月16日,由先生与翁文灏、曾世英合编的《中国分省新图》由申报印行。史量才在序中称:

> 申报六十周年纪念,既编行中华民国新地图,以其幅较巨,值较昂也,商之编者丁、翁、曾三先生,缩制此图,以供学校青年与夫一般国民之采用。
>
> 丁、翁、曾三先生之编制的中华民国新地图,前后历二年有半,又半年而此图脱稿。④

8月25日,先生在柏林,到苏联大使馆去办理护照,并到苏俄旅行社接洽。

8月29日,下午5点58分,先生坐车离开柏林,第二天下午3点到达波兰边境的司托尔甫采(Stolpce)。

8月30日,下午4点多钟,先生坐车到达苏俄的奈高来罗依(uergo-reloe),在此地验护照,查行李,然后换乘苏联的火车入境。

---

① 丁文江:《苏俄旅行记》(四),《独立评论》第107号,1934年7月1日。
② 同上。
③ 马思中、陈星灿编著:《中国之前的中国:安特生、丁文江和中国史前史的发现》(中、英文对照本),第69页。
④ 史量才:《中国分省新图》序,丁文江、翁文灏、曾世英编:《中国分省新图》,1933年申报印行。

8月31日，上午9点45分先生乘火车到达莫斯科，在首都旅馆（Hotel Metropole）办好住宿登记后，先生带使馆仆人宜万（Ivan）去苏联"地质探矿联合局"（United Geological and Prospeting Service，俄文缩写为 Soiusogeolorazwed）。在与该局代理局长奴维哥夫（Novekoff）先生交谈时，先生谈及他来苏联访问的目的共有七项：

一、到乌拉尔山参观铁矿与钢厂；

二、到中央亚细亚作地质旅行；

三、过里海（Caspian）到巴库（Baku）参观煤油矿；

四、从南至北穿过高加索山脉；

五、到东奈治（Donetz）煤田研究地质并参观煤厂；

六、参观德涅勃（Dniper）河边的大水电厂；

七、由气夫（Kiev）到波兰。①

同日，颜惠庆在日记中写道："丁文江抵达莫斯科。他向我谈了北平停战协定签订的经过以及应对失败负责的几个人的情况。"②

9月1日，先生到苏联地质探矿联合局参观陈列馆，遇见苏联专门研究煤田地质的普利高罗乌司荃（Prigorovsky）教授。

9月2日，上午10点先生到达列宁格勒，在此城住了两天。行程包括参观地质研究所、苏联科学院地质部。

9月4日，先生回到莫斯科，在莫斯科附近考察。

---

① 丁文江：《苏俄旅行记》（六），《独立评论》第114号，1934年8月19日。但这位局长觉得先生的计划太大，四十天内做不到，后来就把先生原定的第一、二项取消了。参见胡适：《丁文江的传记》，《胡适文集》第7册，第512、513页。

② 《颜惠庆日记》中册，第765页。

9月5日，颜惠庆在日记中写道："丁从列宁格勒返回此地。"①

9月6日，晚上9点先生乘"牛奶妇"火车从华士克列生土克回到莫斯科。

9月7日，中午先生到中国大使馆吃饭，晚上看柴科夫斯基编导的歌剧——《欧进·奥奈金》。

9月8日，颜惠庆在日记中写道："丁来访说他将去图凡山。下星期一他将动身去巴库。出席吴招待丁的宴会。丁对苏联的印象非常好。他赞成在目前情况下的现有制度。"

9月9日，先生到达托尔斯泰家乡。

9月9日夜至10日，先生参观莫斯科盆地的煤田和铁厂。

9月10日，先生从图喇回到莫斯科。

9月11—13日，先生从莫斯科乘火车去巴库。

9月14日，上午7时先生到达巴库。随后先生参观巴库油田和市区。

9月17日，上午7点45分先生乘火车离开巴库，前往中高加索其联邦共和国的都城地夫利斯，晚上12点到达，住的旅馆是 Hotel Orienta。

9月18日，上午先生游览大维得山，下午参观博物馆。

9月19日，上午先生去访问 Djanelidze 教授家、乔治安大学，下午参观植物园。

9月20日，先生离开地夫利斯乘汽车前往阿那努尔。先生在《苏俄旅行记》中记其在苏联的旅行到此日为止，②疑其《苏俄旅行记》并未写完。关于先生在苏联的旅行时间，胡适有所记录：

---

① 《颜惠庆日记》中册，第766页。

② 丁文江：《苏俄旅行记（十九）》，《独立评论》第175号，1935年11月3日。

　　先说时间。在君详细记载他费了大力，才把护照上原许留俄一个月延长到两个月。他是八月三十日入俄国境的，可以住到十月三十日，但他只打算旅行四十天。而已发表的游记只到九月二十日，只记了二十天的旅行。①

　　10月7日，北京大学校务会议选举会员开票结果，先生等十五人当选。当选名单为：丁文江、江泽涵、汪敬熙、胡濬济、孙云铸（理学院），刘复、周作人、马叙伦、郑奠、吴俊升、汤用彤、罗庸（文学院），秦瓒、陶希圣、许德珩（法学院）。②

　　10月19日，蔡元培致傅斯年一信，信中说：

　　　　接十一日惠函，知已出医院，并每日可小出一二次为慰。体力虽一时未能复原，然兄年富力强，不久即可恢复，希勿焦虑。北平调养较适宜，然闻在君于下月七日可回沪，巽甫等颇欲请兄留待一谈（弟尤望兄留此同劝在君），此行展缓二十日，想亦不妨，请改期为幸。③

　　11月初，先生结束在苏俄的旅行回到北平。从苏联回国后，先生在生活、思想诸方面均有极大的变化，与他有密切接触的傅斯年、丁张紫珊、胡适对此印象深刻。

----

① 胡适：《丁文江的传记》，《胡适文集》第7册，第512页。
② 王学珍等主编：《北京大学纪事》上册，第201页。
③ 《复傅斯年函》，高平叔编：《蔡元培全集》第6卷，中华书局1988年8月版，第328—329页。

他从俄国回来，尤其称赞俄国的婚姻制度，他说，儿童既得公育，社会上又从此没有 Scandals 了，这是自从人类有配偶制度以来的最大革命。①

在君自苏俄回来后，对于为人的事非常倦厌，颇有把教书也扔去，弄个三百元一月的津贴，闭户著上四五年书的意思，他这一阵精神反常，待我过些时再写一文说明。他这反常并未支持多久，便被蔡先生和大家把他拉到中央研究院去了。②

自二十三年旅俄回国后，他下决心戒掉了吸吕宋烟。③

他回北平好象是在十一月初。他在苏俄的旅行是很辛苦、很不舒服的，回国后感觉身体不大好，感觉两手两足的极端有点变态，所以曾在协和医院受过一次详细的检查。检查的结果是他有血管开始硬化的象征。他有一个短时期的消极，就是孟真说的精神反常，确是事实。④

先生去世后，翁文灏曾作长篇悼诗《追忆丁在君》，其中诗云："研读西儒资本论，更证苏联气象新。炉火纯青振冶炼，宝藏兴启竭艰辛。从此坚信振弱国，须赖精励尽天真。（君游苏联归后，深信必有坚贞不拔之诚，方收起死回生之效。）"⑤另翁文灏所作《泂溯吟》一诗，有"奋起苏联兴大计，回旋国士抱衷

①　傅斯年：《我所认识的丁文江先生》，《独立评论》第 188 号，1936 年 2 月 16 日。

②　傅斯年：《丁文江一个人物的几片光彩》，《独立评论》第 189 号，1936 年 2 月 23 日。

③　丁张紫珊：《悼在君二哥》，《国闻周报》第 13 卷第 4 期，1936 年 1 月 20 日。

④　胡适：《丁文江的传记》，《胡适文集》第 7 册，第 497 页。

⑤　翁文灏：《追忆丁在君》，《地质论评》第 11 卷第 1—2 期，1946 年。

心。（丁在君读马克思《资本论》后，于 1933 年往苏联考察，深信须有主义具有决心，方真能建设，而造成新国，显非蒋政权所能胜任。勉受蔡子民坚约，暂任中央研究院总干事，稍有布置后志当辞退，从事政治工作，不幸于 1935 年秒受煤气毒，以致殁于湖南。）"等语。① 可见，先生自苏联归来，其思想变化给翁氏留下深刻的印象。

11 月 13 日，先生在中国地质学会第十届年会上介绍了他参加第十六届国际地质大会以及会后在欧洲旅行的经过，详述在苏联地质旅行的有关情况。

11 月 21 日，颜惠庆在日记中写道："和比尔纳、丁文江同车，我们一起吃了晚饭。"②

11 月 22 日，颜惠庆在日记中写道："与丁文江及比尔纳进行交谈。"③

11 月 29 日，蔡元培致许寿裳信中提到："丁在君兄尚未允就职，聘书可以从缓预备。"④ 可见，先生此时尚未接受蔡元培的聘请。

12 月 31 日，先生在《独立评论》第 83 号发表《漫游散记（二十）》一文。

同日，先生在《自然周刊》第 57 期发表《苏联南部油田地质》一文。此文系本月 11 日先生在地质调查所讲学的记录，记录人为李春昱。

---

① 《泗溯吟》是翁文灏撰写的自传性诗稿，于 1953 年 1 月 8 日完稿。全稿共七律 58 首，手稿由翁文灏的儿子翁心鹤珍藏。翁心鹤曾将诗稿复印件赠给南京师范大学地理系教授李旭旦。1985 年南京师范大学古文献整理研究所主编的《文教资料简报》第 2 期登了该诗。
② 《颜惠庆日记》中册，第 851 页。
③ 同上。
④ 《蔡元培全集》第 13 卷，浙江教育出版社 1998 年 9 月版，第 283 页。

12月，先生与翁文灏、曾世英合编的《中华民国新地图》由申报馆出版，以纪念申报创刊六十周年。史量才在序中对该图的编制缘起作了回顾。王庸先生称此图"丁氏创其计划，翁氏定其体例，而曾氏则任其工作"。[①] 它是我国第一本根据实测资料，按等高线，运用分层设色法绘制的现代化地图集，被称之为"中国图学界一部空前未有的巨著"，"国内地图革新之第一声"，"震动了我国整个沉寂的地学界"，"成为绝大贡献，可与世界最进步之地图并列而无愧色"。[②] 在国外，被称为丁氏地图（V. K. Ting Atlas）。

曾世英对此书的编纂过程及先生的贡献有详细说明：

地质调查需赖地图定位，因之前地质调查所图书馆当时存图之富在全国居首位。丁先生之所以有编纂地图作为《申报》纪念的建议，这不是凭空设想而是有物质基础的。此外，我国地形复杂多样，既有平面、高山，又有丘陵、盆地，在地图上如何科学地予以显示，关系到爱国主义教育中对我锦秀河山如何认识。而历来囿于龙脉旧说，认为山岭脉络相互通联，源出葱岭，因此，图上出现蜿蜒曲折的毛毛虫式符号而违反了地理的科学性。这是丁先生创意于前，翁先生赞同于后，冀图改现的科学诊据。……

丁先生首先要求方位准确，地形要表示。这两个要求，我随丁先生在西南调查时就有所体会。……一面搜集古今中外经纬度测量成果，进行分析对比，择优用以订正各地的方

───────────────

① 王庸：《中国地理学史》，商务印书馆1998年4月版，第220页。

② 参见李昌文、姜素清：《业精于勤、锲而不舍——访地图制图学家曾世英教授》，刘纪远主编：《现代中国地理科学家的足迹》，学苑出版社2002年6月版。

位；一面考核上述各图海拔的依据。经过订正，据以描绘等高线，并采用分层设色法，取代晕渲法，排除龙脉说。这是《申报地图》地学上有所贡献的主要方面，这必须归功于丁先生的原则性指导。

《中华民国新地图》的普通地图部分采用人文（行政区划）和地文（自然地理）分幅的办法，是依据丁先生的地理要求决定的。地名是地图的主要要素之一，如何说略适当，需因图而异。丁先生认为小比例尺地形地图上，如果地名密密麻麻，势必影响地形的清晰性。分幅绘印，使这一矛盾得到解决。又该图的普通地图部分按经纬线不按省区分幅，也是请示丁先生决定的。……

《申报地图》包括《中华民国新地图》和《中国分省新图》，出版后受到国内外地学界的重视，影响深远，被誉为划时代之作。饮水思源，必须归功于丁先生的创议、领导和多方面的关心。①

地理学史家王庸在《中国地图史纲》一书中对《中华民国新地图》作了高度评价：

　　它是利用过去的测绘成绩，参考中外地图七千多幅，采用了一千多个经纬点，并采取适于中国亚尔伯斯双标准纬线（北纬24度与48度）投影，完成投影的坐标计算。关于地形方面，它采用分层设色法来表现，作者又在图上量算各级的高度面积。

---

① 曾世英：《追忆川广铁道考察和〈申报地图〉编绘》，王鸿桢主编：《中国地质事业早期史：纪念丁文江100周年章鸿钊110周年诞辰》，北京大学出版社1990年7月版，第188—190页。

此外，又在卷首加上十幅专门性质的地图。在这一地图的基础上，另行缩制《中国分省新图》作为一般参考之用。此图曾改编印行过五次（第六次改编本未发行），不但风行一时，而且是解放以前坊间一般地图的主要依据，可以说自康乾测图到二十世纪三十年代，才产生这一种划时代的"作品"。①

《中国分省新图》初版后，至1948年曾出过五版。

1934年（民国二十三年甲戌）　四十八岁

1月4日，先生等八人被《大公报》聘任为该报"星期论文"专栏撰稿人。

1月7日，先生在《独立评论》第84号发表《漫游散记（二十）》一文。

1月9日，先生出席祝贺葛利普64岁生日宴会，其他出席者有胡适、任鸿隽夫妇、步达生等。

1月14日，先生在《独立评论》第85号发表《漫游散记（二十一）》一文。

同日，先生在《大公报》"星期论文"栏发表《公共信仰与统一》一文。此文1月22日由《国闻周报》第11卷第5期转载。

1月19日，胡适在日记中写道：

> 在君来吃午饭，谈了一点多钟。他是一个最好的教授，对学生最热心，对课程最费工夫，每谈起他的学生如何用

---

① 王庸：《中国地图史纲》，商务印书馆1960年1月版，第109页。

功，他真觉得眉飞色舞。他对班上的学生某人天资如何，某人工力如何，都记得清楚。今天他大考后抱了二十五本试卷来，就在我的书桌上挑出三个他最赏识的学生的卷子来，细细的看了，说："果然我的赏识不错，这三个人的分数各得87分。我的题目太难了！我对他们常感觉惭愧。"①

1月，《中国分省新图》第二版由申报印行，先生为之作序。序中说：

> 《中国分省新图》是二十二年八月十六日出版的。不到半年就有再版的必要，是出于我们意料之外的。足见得这种地图不少可以供给社会上一种需要。同时各报上的批评和私人通信，指出了原图上许多错误。这些错误凡时间来得及的都已在再版的图上更正，已付印以后所发见的只好列在勘误表上。我们对于批评和通信的诸君十分的感谢。

2月2日，中基会第八次常会，此次会议因伍朝枢病故出缺，选举先生为继任董事。

2月16日，翁文灏在杭州因车祸受伤住院，先生正病卧在北平协和医院，"接着电报时立刻着急得掉下泪来"。②

3月，先生与翁文灏、李四光、竺可桢、王庸、向达、张其昀、胡焕庸、谢家荣、叶良辅、洪绂、黄国璋、刘恩兰、曾世英、顾颉刚、谭其骧等40余人发起在南京成立中国地理学会。

---

① 《胡适全集》第32册，第281页。
② 参见丁张紫珊：《悼在君二哥》，《国闻周报》第13卷第4期，1936年1月20日。

3月9日,蔡元培在日记中写道:"阴,有风。与在君谈。属致函孟真。"①

3月13日,蔡元培在日记中写道:"致季茀函,属备聘书致在君,由子竞携去。致孟真函,请其南下。"② 敦请先生为中研院总干事。

3月15日,先生致傅斯年一信,劝其打消辞去中研院史语所所长之意。③

春,先生与翁文灏共同筹集了一笔经费,由李四光邀请中外著名地质学家巴尔博(G. B. Barbower)、德日进、诺林(Erik. Norin)、杨钟健和先生等到庐山进行有关第四纪冰川遗迹的现场考察。④

3月26日,先生在杭州前往医院看望翁文灏,当晚住在医院陪护。⑤

此次先生对翁文灏及其家人照顾甚周,给翁家留下了深刻印象,翁心钧后来忆其这段往事:

> 我家自祖父经商失败后,全靠父亲一人薪俸度日,子女繁多,家境清寒,当时除大姐早已出嫁,大哥即将大学毕业外,兄弟姐妹中尚有三人在读中学,三人在读小学,若是有个万一,家庭真是不堪设想。但是,那时我还少不懂事,对家中的这种严重情况竟毫无所知,后来才听母亲说起,当时

① 《蔡元培全集》第 16 卷,浙江教育出版社 1998 年 11 月版,第 320 页。

② 《蔡元培全集》第 16 卷,第 321 页。

③ 此函存台北中研院史语所傅斯年档案,参见潘光哲:《丁文江与史语所》,中研院史语所七十周年纪念文集《新学术之路》上册,第 385 页。

④ 参见李学通:《翁文灏年谱》,第 95 页。

⑤ 参见 1934 年 4 月 22 日丁文江在《独立评论》第 97 号发表的《我所知道的翁咏霓——一个朋友病榻前的感想》一文。

父亲的几位朋友已经作好收养我们中几个年幼者的打算，丁伯父准备收养的就是年纪最幼小的我。后来父亲的病情有了好转，丁伯父和杨公昭伯父还曾带我往游绍兴，谒禹陵，细雨下乘脚划船，沿运河西至东湖，那徜徉山水、凭怀古迹的往事还历历在目。可惜岁月流逝，又屡经流离，当时一些珍贵的照片都已散失无存了。①

3月30日，先生在南京出席第二次庚款联席会议。

4月4日，蔡元培在日记中记道："午后，在院与在君详谈。"②

4月上旬，蔡元培在给许寿裳一信中说："再，在君虽允来院，然不愿居总干事之名，而愿为副院长，请备一上国民政府呈文，修改组织法之第四条为：国立中央研究院设副院长一人，简任，襄助院长执行全院行政事宜。设干事二人至五人云云。将来弟当致函林主席及孙、汪两院长，请其主持通过，并同时发表副院长人选。"③

4月13日，李济致先生一信，告戴季陶拍给蔡元培的电报内容，表示"戴氏所代表者为旧社会中之乡愿势力，假道德以行其私，且又欲以此欺天下，对近代之文明全为门外汉"。④

4月22日，先生在《独立评论》第97号发表《我所知道的翁咏霓——一个朋友病榻前的感想》一文。在文前先生写道：

　　我在南方四十天，没有看《独立评论》，回来才见着

----

① 翁心钧：《怀念丁文江伯父》，《泰兴文史资料——纪念丁文江先生诞辰一百周年》，第65页。

② 《蔡元培全集》第16卷，第328页。

③ 《蔡元培全集》第13卷，第325页。

④ 《李济致丁文江》，《胡适来往书信选》下册，第535—536页。

95 期《编辑后记》，有人因为适之讲翁咏霓先生的病，讥讽我们"台里喝彩"、"互相标榜"，说是"未免有点肉麻"。这是难怪的，写信的这一位一定是不很知道翁先生的。……我现在把我在杭州翁先生病榻前的感想写了出来，这一位看见了或者可以了解为什么翁先生的许多朋友十分的敬爱他。

4 月 29 日，胡适在日记中写道："在君邀吃午饭，见着李拨可先生、陈伯庄、魏子肫等。"①

春，蔡元培致许寿裳一信，称："总干事改称副院长事，前呈业已抽回，各方谅解，亦复甚佳。"② 由此可见，先生原提任中研院副院长之议没有成功，至此告一终结。

大约在此时，先生主持地质调查所新生代研究室工作。关于此事，杨钟健在回忆中提及：

> 二十三年新生代研究室主任步达生去世后，德日进、巴尔博与我在沿江各省调查，时因翁先生卧病杭州，一切事由丁先生主持。丁先生在百忙中对我们的调查计划及一切便利之处，无不尽力筹划，并对我一再声称，他对地质界后进，无论何人都是一律平等看待，量材使用，毫无私心存在。③

5 月 1 日，先生致傅斯年一信，请傅向罗家伦解释其拟请庄长恭任化学研究所所长一职。④

---

① 《胡适全集》第 32 册，第 361 页。
② 《蔡元培全集》第 13 卷，第 344 页。
③ 杨钟健：《悼丁在君先生》，《独立评论》第 188 号，1936 年 2 月 16 日。
④ 此函存台北中研院史语所傅斯年档案，参见潘光哲：《丁文江与史语所》，中研院史语所七十周年纪念文集《新学术之路》上册，第 386 页。

5月3日，胡适在日记中写道："晚上独立社在我家聚餐。到者：在君、廷黻、景超、叔永夫妇、梅荪、涛鸣、何醉帟（廉）。客人为汤尔和，他新从日本回来，谈他所见广田、重光、币原诸人的话，他颇乐观。"①

5月6日，先生在《大公报》"星期论文"栏发表《我的信仰》一文，5月13日由《独立评论》第100号转载。文中称"我一方面相信人类的天赋是不平等的，一方面我相信社会的待遇（物质的享受）不可以太相悬殊，不然社会的秩序是不能安宁的。近年来苏俄的口号：'各人尽其所长来服务于社会，各人视其所需来取偿于社会'，是一个理想的目标。"在文中他还表示："我尽管同情于共产主义的一部分（或是大部分），而不赞成共产党式的革命。"

5月10日，中基会第十四次执委会会议，先生与任鸿隽报告出席本年3月30日在南京举行之第二次庚款联席会议之经过。

5月11日，中国地质学会和中国博物学会联合在北平开会，悼念步达生（DayiSon Black）逝世。先生出席了追悼会，并在会上讲话。

5月18日，应中央研究院院长蔡元培之邀，先生继杨杏佛遗缺任中央研究院总干事，本日正式上任。蔡元培在日记中写道："晴。在君到。四时，本院开会欢迎。"②

先生在中研院上任后，同时在资源委员会、经济委员会兼职。关于先生对兼职所得的薪水，傅斯年有所交代：

　　　　四年前，资源委员会送他每月一百元，他拿来分给几个

① 《胡适全集》第32册，第363—364页。
② 《蔡元培全集》第16卷，第334页。

青年编地理教科书。他到中央研究院后，经济委员会送他每月公费二百元，他便分请了三位助理各做一件事。①

先生上任后，约汪敬熙来中央研究院工作。②

5 月 20 日，先生在《独立评论》第 101 号开始连载《苏俄旅行记（一）》一文。

5 月 26 日，胡适在日记中写道："与丁在君、徐新六、竹垚生、杨珠山同游长城。"③

5 月 27 日，胡适在日记中写道："下午到垚生处与在君、新六诸人打牌。"④

5 月 29 日，先生在北平出席中基会第十次常会。

6 月 3 日，先生在《独立评论》第 103 号发表《苏俄旅行记（二）》一文。

6 月 6 日，蔡元培在日记中写道："得岂明、幼鱼电，属电告徐轼游，以季茀任女学院院长。"先生就任中研院总干事后，坚持必须有一过去随他工作的熟手做助理，蔡元培不得不同意许寿裳（季茀）辞去中研院文书处主任而就北平大学女子文理学院院长。⑤

---

① 傅斯年：《我所认识的丁文江先生》，《独立评论》第 188 号，1936 年 2 月 16 日。另外，郑肇经在回忆中亦提到，先生在这期间是全国经济委员会评议员，并在 1934 年担任"全国水利委员会"委员，该机构是水利工程计划和经费分配的审议团体。参见郑肇经：《贵在奉献》，王鸿桢主编：《中国地质事业早期史——纪念丁文江 100 周年章鸿钊 110 周年诞辰》，第 14 页。

② 参见汪敬熙：《丁在君先生》，《独立评论》第 188 号，1936 年 2 月 16 日。

③ 《胡适全集》第 32 册，第 371 页。

④ 同上书，第 372 页。

⑤ 参见《蔡元培全集》第 16 卷，第 336、374 页。

6月10日，胡适在日记中写道："竹垚生邀在君、汪伯桑打牌。"①

本日，先生在《独立评论》第104号发表《苏俄旅行记（三）》一文。

6月15日，蔡元培在日记中写道："在君到。"②

6月29日，先生致傅斯年一信，开出其就任中研院总干事的二项条件：一是希望傅斯年、李济、赵元任、李四光、丁燮林等人继续留在中研院，"皆不可言去"；二是"不愿居总干事之名，而愿为副院长"。③

6月，先生辞去北京大学教授职务。

关于先生在北大的教学情况，担任先生助教的高振西回忆：

> 民国二十年以前，丁先生有时候住在北平，北大的当局与学生曾经多次请他到北大任课，都被他因为"没有充分的时间"拒绝了。大概是民国十六七年间的时候吧，他在北平闲住，北大又作教书的请求，并拟定了一个课目"中国西南地质"，请他担任。……那个时候，他正在失业，生活有相当的艰窘，他竟然坚决的辞谢了聘任。

> 他在北大教的是地质学，是他自己认为能教的，所以才"惠然肯来"。他不教则已，既教了，他是用尽了他所有的力量去教的。教材部分，决不肯按照某种或某某教科书上所有的即算了事，他要搜集普通的、专门的，不论中外古今，凡有关系之材料，均参考周到，然后再斟酌取舍。……此外

---

① 《胡适全集》第32册，第381页。
② 《蔡元培全集》第16卷，第337页。
③ 参见潘光哲：《丁文江与史语所》，台北中研院史语所七十周年纪念文集《新学术之路》上册，第384页。

他对于标本挂图等类，都全力罗致，除自己采集、绘制外，还要请托中外朋友帮忙，务求完备。当时地质调查所的同事们曾有这样的笑话："丁先生在北大教书，我们许多人连礼拜天都不得休息了，我们的标本也教丁先生弄破产了。"足证他教书的"郑重不苟"！①

据当时听过先生讲课的北大学生蒋良俊回忆：

我是在1930年秋考入北大地质系的，次年秋丁先生到北大任地质系教授，同学们久仰先生的大名，都很高兴。但当时丁先生担任的是一年级的普通地质学，这门课程对我们进入二年级的学生来说，是刚刚学过的。记得当时担任地史学课程的美国人葛利普教授却建议我们最好再重听一遍丁先生的课。葛利普先生说，在美国的大学，各系最基本的课程，都是由所谓 Head Professor 来担任的。他认为丁先生学问渊博，由丁先生来讲授普通地质学是最恰当的人选，机会难得，所以建议我们同学再听一遍。果然，丁先生讲课，确是内容丰富，尤其是我国的实际材料多，对在他自己所做的许多实地工作中见到的地质现象，讲述时都有分析，有自己的看法，讲得非常生动，吸引人，不但能为同学们学习地质打下良好的基础，而且能启发同学如何进行思考及分析问题。听丁先生的讲课，我们都感到受益不浅。②

又据时在北大读书且听过先生课的阮维周回忆：

---

① 高振西：《做教师的丁文江先生》，《独立评论》第188期，1936年2月16日。

② 蒋良俊：《怀念丁老》，《湖南省地质学会会讯》总第16号，1986年7月。

　　在君先生在北大时担任一年级的普通地质学，本是一门打基础的课程，但他却给每一个学生留下了不可磨灭的印象，也使每一个学生坚定了向学和研究的志向。使我最难忘的，是丁先生在课堂上讲学的神态：他左手持雪茄，右手持粉笔，深邃的目光、坦荡的风度和极为生动的讲词，他常用幽默的口吻来激发学生研究的兴趣，造成一种活泼愉快的学术空气。有一次他强调火山喷发的温度，三天后还可以煮熟鸡蛋，火山爆发的威力也能使火山灰飞绕地球三周，妙语如珠，真是既透彻又深入，博得学生不少欢呼。每在这种得意的场合，丁先生也不禁猛吸两口雪茄，放下粉笔，左右开弓的捋胡子。在这种自由讲学的空气中，欢笑与发问俱起，烟灰与粉屑齐飞，本来是颇为枯燥的学科，变成了人人爱好的功课。不仅激发了在学青年的兴趣，同时使旁听的助教也有了终生研究地质的决心。他首倡野外训练，常率领学生实地工作，指导范围，不仅亲授野外工作方法，并给予学生野外工作服装与饮食等各方面之指示。先生对地质的讨论与解答，善把握重点，扼要精辟，发人深思；对团体组织的处理，则极为科学，而有亲切感，众心悦服，真是一个绝好的青年导师与模范。至今日，后学者仍以先生之工作方法为准绳。……

　　在君先生于1931至1934年返回北京大学任教，对地质系系务多所改进，并集资筹建地质馆于北平沙滩松公府，使教学设备更趋完善，教授阵营益形充实，室内野外分途研习，师生共任登山临渊跋涉采取之劳，遂造成北大地质系的黄金时代。[①]

---

①　阮维周：《丁在君先生在地质学上之贡献》，《独立评论》第188号，1936年2月16日。

　　丁先生对我们有很大的影响，那就是如何在野外调查地质。出野外时，丁先生对生活起居，如怎样穿衣服、早饭吃多少，都指点管理，非常亲切。他还教我们看地形时先远看再近看等，这些小动作今天看起来很平常，但对年轻初学者却很重要。

　　地质系的野外调查本来是一学期一次，丁文江到系后，改为一学期四次，时间短则一天，长则三天，经费由学校提供，这套制度，我后来介绍到台大地质系。当时主要的野外地点以北平西山为主，也远去南口、青龙桥等地。出野外时什么都看，什么都教，举凡地质结构、矿产、地层等，并且也采集标本。野外调查是包括在普通地质学课程内的，直到后来才单独设立学分。①

关于蔡元培为何聘任先生为中研院总干事一职，可从蔡元培、李济的评论中找出缘由：

　　在君先生是一位有办事才【能】的科学家，普通科学家未必长于办事，普通能办事的又未必精于科学，精于科学而又长于办事，如在君先生，实为我国现代稀有的人物。②

　　杨杏佛暴死时，教育文化界一班的反应都认为继杨杏佛中央研究院的职守的人以在君为最适宜。嫉妒他的人，讥笑他是"超科学家"，但是这些流言对于他却没有丝毫的损

①　杨翠华访问，杨明哲、万丽娟纪录：《阮维周先生访问纪录》，台北中研院近史所 1992 年 4 月版，第 2—3 页。
②　蔡元培：《丁文江先生对中央研究院之贡献》，《独立评论》第 188 号，1936年 2 月 16 日。

害。支持他的，并不完全靠钦佩他的几位朋友，最实质的理由是他留在社会的及教育文化界的若干成绩：地质调查所的工作，以及北京人的发现（他是新生代实验室的名誉监督），与张君劢玄学与科学的论战——都可使人相信，他不但是一位有成绩的科学家，而且是一位有理想的科学家；以他作中央研究院的领导设计人，岂不是一种最适宜的安排吗？①

蔡元培先生全面评价了先生对中央研究院的贡献：

在君先生到研究院是二十三年六月十八日，到今年一月五日他去世的那日，不过一年有半，然而他对于研究院的贡献已经不少，今把最大的记述在后面：

第一是评议会。此会为本院组织法中所规定，对于全国的学术研究有指导、联络、奖励的责任。以关系复杂，七、八年来，尚未组织。在君先生到院后，认为不可再缓，乃与各关系方面商讨，补充条文，规划手续，呈请国民政府核准后，于二十四年九月成立。会员四十一位，除中央研究院院长与十位所长为当然委员外，其他三十位是由各国立大学选举，再由国民政府聘任的。凡国内重要的研究机关，如北平研究院、地质调查所、农事实验所、科学社的生物研究所、静生生物调查所、黄海工业化学研究社、中央、北京清华、武汉、中山、浙江、南开、协和、燕京各大学，都有代表当选，可以认为一个代表全国学术研究的机关。开会的时候，照中央研究院已经设立的科目分组，再由各组委员会调查全

① 李济：《对于丁文江所提供的科学研究几段回忆》，台北《中央研究院院刊》第 3 辑，1956 年。

国研究机关的成绩与全国学者所发表的著作，以为将来联络的基础。

第二是基金保管委员会。本院组织法第九条有最小限度基金定为五百万元之规定。历年因所积基金为数尚微，未曾正式组织保管委员会。但近几年来，本院各所的收入可以归入基金的渐增，而本院各所的设备有赖于基金利息之补助亦多，故在君先生认为有组织基金保管委员会的必要。于是草拟本院基金暂行条例，呈请国民政府核准。该条例第二条规定聚集基金之方式：一、政府照国立中央研究院组织法第九条应拨之款；二、已有基金之生利；三、私人或团体之捐助。而附项中又规定除上列各项外，在基金总数未达五百万元以前，本院得以所举办事业以及其他一切收入拨入基金。又于第六条规定本院得将每年基金利息一部分用于本院下列各事业：一、有特殊重要性质之讲座及研究生名额；二、有促成学术进步功用之奖学金；三、院内有利事业之投资；四、其他特别建筑设备或事业。有此正式规定，于是本院基金部分的增益与作用，均有规则可循了。

第三是各所与总办事处预算的更定。从前因各所建筑设备在在需款，而政府除经常费外未能拨款，不得不从经常费中各有所撙节，以备建筑及设备的用途。这些本是不得已的办法，所以各所经费的分配，略取平均分配的方式。但此种方式虽有各所自由计划的便利，而每所各自撙节的款，为数有限，对于较繁重的设备不免有旷日持久的窒碍，于全院的效率上难免吃亏。在君先生有鉴于此，到院后即与各所长商讨，打破平均分配的习惯，而各所均视其最紧缩的需要以定预算。由总办事处综合所撙节的款，以应付本院所需提前赶办的，或与其他机关合作的事业。

于是各事业的轻重缓急，有伸缩余地，不致有胶柱鼓瑟的
流弊。

以上三项，均为本院定百年大计。其他局部的，如促进
各所工作的紧张，尤以化学、心理及动植物研究所为最显
著，减少行政费以增加事业费，扩大合作的范围，除各所与
其他研究机关早经合作的仍继续进行外，更与中央博物院筹
备会合办博物院，与棉业统制委员会合办棉纺织染实验馆，
都是我们所当随规进行的。至于在君先生实事求是的精神，
案无留牍的勤敏，影响于我们全院同人的地方很大，我们也
是不肯忘掉的。①

翁文灏对先生担任总干事任内的工作也做了高度评价：

近年来在君先生做中央研究院总干事，他的工作第一在
促进各研究所切实研究，把不能工作的人撤换了，把能工作
的人请进来，而且与他们商定应解决的问题，应进行的步
骤。第二在详实规定各研究所的开支，各所的预算很真实的
按照他们一年度应做工作必需数目来规定，省下来的钱用以
举办以前未做的工作，其结果是工作加多而开支减少。他并
成立评议会，实际完成了全国科学院应有的组织。做这种事
不但要热心毅力，而且要有充分的专门科学的知识与
经验。②

7月1日，先生在《独立评论》第 107 号发表《苏俄旅行记

---

① 蔡元培：《丁文江先生对中央研究院之贡献》，《独立评论》第 188 号，1936
年 2 月 16 日。
② 翁文灏：《追悼丁在君先生》，《方志》第 9 卷第 1 期，1936 年 2 月。

（四）》一文。

7月1日，先生在《大公报》"星期论文"栏发表《实行统制经济制度的条件》一文，7月8日《独立评论》第108号转载。

7月15日，先生在《独立评论》第109号发表《苏俄旅行记（五）》一文。

7月17日，先生致胡适一信，谈及对刘半农在北平协和医院病逝的感想：

> 　　上火车时，听说半农生病，以为无妨，不料他竟死了，听见了很怅然。许多人以为我旅行太小心，太求舒服。其实乃我很知道内地旅行的危险，不敢冒无谓的险。假如刘半农小心点，——多用杀虫药粉，而且带帆布床，当然不会把性命送掉的。①

7月22日，先生致胡适一信，要胡适劝任鸿隽不要固执己见。②

7月24日，先生致胡适一信，详谈任鸿隽与陶孟和之间的矛盾，请胡适调解。③

7月29日，先生致胡适一信，表示看完胡适的《中国的文艺复兴》（*Chinese Renaissance*），"书做得很好"。④

7月，先生将在北平中国科学社的社会调查所与中央研究院社会研究所合并，改称社会科学研究所，聘请陶孟和为所

---

① 胡适：《丁文江的传记》，《胡适文集》第7册，第535—536页。
② 《丁文江致胡适》，《胡适来往书信选》中册，第252页。
③ 同上书，第252—255页。
④ 《胡适遗稿及秘藏书信》第23册，第208页。

长，分法制、经济与社会三组，将原有之民族组划归史语所，并请中华文化教育基金会补助经费，延揽人才，提高水准。"将濒合并之时，因基金会总干事任叔永对先已谈妥的条件忽然持异议，他大为生气，后经适之先生从中调停，才获转圜。"①

夏，国际人类学与民族学社在伦敦开会，议定每国应推举最著名的人类学家3—4人担任该社理事会理事（由该社执行委员会选出），中国当选者为丁文江、李济、许文生。②

夏，先生北上至北平。据杨钟健回忆，先生与其"倾谈片刻，时我眼疾新痊，殷殷存问，方期后会方长"。③ 这一年，杨钟健等赴广西调查，亦得先生帮助。据杨后来回忆：

> 去年我们往广西调查，丁先生也为我们介绍桂省当局。归后，因购买上海之骨化石尚未开箱整理，而丁先生已物故了，睹物思人，能不怅然。④

8月18日，先生致傅斯年一信，表示收回其禁止史语所研究人员外出调查时携眷的成命。⑤

8月19日，先生在《独立评论》第114号发表《苏俄旅行记（六）》一文。

---

① 参见朱家骅：《丁文江与中央研究院》，台北《中央研究院院刊》第3辑，1956年12月。

② 吴定良：《丁在君先生对于人类学之贡献》，《独立评论》第188号，1936年2月16日。

③ 杨钟健：《悼丁在君先生》，《独立评论》第188号，1936年2月16日。

④ 此函存台北中研院史语所傅斯年档案，参见潘光哲：《丁文江与史语所》，中研院史语所七十周年纪念文集《新学术之路》上册，第388页。

⑤ 同上书，第389页。

8月29日，先生致傅斯年一信，说明其对李方桂计划往云南调查的态度。①

9月1日，先生致胡适一信，谈寄《苏俄旅行记》文稿等事。②

9月2日，先生在《独立评论》第116号发表《苏俄旅行记（七）》一文。

9月3日，先生在《国闻周报》第11卷第35期发表《关于国防的根本问题》一文。

9月6日，先生就北大欲聘请李方桂一事连续两次致电蔡元培。蔡元培在日记中写道："得在君（南京）电，谓适之邀李方桂往北大，渠以去就争之，属我电适之。我即致一电于适之，属勿强拉方桂。夜半，又得在君电，谓方桂允留，可不再电适之矣。"第二天，蔡元培回复先生一函③。

9月9日，胡适在日记中写道："写信与赵元任、丁在君、李方桂，皆谈方桂不来北大，及我改请罗莘田的事。"④

9月13日，先生致蔡元培一电，据蔡元培在日记中写道："得丁在君（言北大拟借罗莘田二年，与本院不脱离关系，孟真已表同意，现在元任询本人。又凌纯声'民族'、陶云遗'人种'，各带助手一人，于月内出发到云南调查）、马叔平（询常务理事会期）函。"⑤

9月16日，先生在《独立评论》第118号发表《苏俄旅行记（八）》一文。

---

① 此函存台北中研院史语所傅斯年档案，参见潘光哲：《丁文江与史语所》，中研院史语所七十周年纪念文集《新学术之路》上册，第389页。
② 《胡适遗稿及秘藏书信》第23册，第218—219页。
③ 《蔡元培全集》第16卷，第344页。
④ 《胡适全集》第32册，第394页。
⑤ 《蔡元培全集》第16卷，第346页。

9月23日，先生在《独立评论》第119号发表《苏俄旅行记（九）》一文。

10月14日，先生在《独立评论》第122号发表《苏俄旅行记（十）》一文。

10月21、22、24日，先生在《大公报》"星期论文"栏发表《银出口征税以后》，10月29日《国闻周报》第11卷第43期转载。

秋，由先生主持、赵丰田编辑的《梁任公先生年谱长编初稿》第一稿完成。关于此书的编辑过程，据赵丰田先生后来回忆：

> "初稿"的编辑工作，是在梁启超去世的1929年开始的。当时，梁的亲属和朋友们为了纪念这位有影响的历史人物，给后人研究评论梁启超提供基本资料，商议办两件事。一是编辑《饮冰室合集》，由梁的朋友林志钧（宰平）负责。因为梁著述甚多，生前已刊行的《饮冰室文集》多达二三十种，但均收录不全，故决定编一部比较完备的集子，这便是1932年由上海中华书局发行的《饮冰室合集》四十册。二是编一部年谱，为梁启超传作准备，交梁的另一位朋友丁文江（在君）负责。
>
> 编辑年谱的计划确定之后，即由梁的子女梁思成、梁思顺（令娴）署名登报，并由丁文江和梁思成亲自发函向各处征集梁启超与师友的来往信札，以及诗、词、文、电等的抄件或复制件（原件仍由原收藏者保存）。仅半年左右时间，梁家就收到了大量的资料，其中仅梁的信札就有二千多封，其他各种资料仍陆续寄来。丁文江翻阅了这些资料，刚粗加整理，又因南京铁道部的邀请，于1929年冬率领一个勘察队前往云南、贵州进行地质调查，次年夏天才回到北

平。1931 年秋，丁就任北京大学地质系研究教授。当时，丁既要写西南地质调查报告，又承担了北大的地质研究工作，实无余力再编辑梁谱。因而丁就托朋友从北京高等学校中替他物色助手，帮他编辑梁谱。这时，我正在燕京大学研究院学习，曾撰作《康长素先生年谱稿》的大学毕业论文，对康有为和梁启超作过一些研究。燕大研究院院长陆志韦教授和我的老师顾颉刚教授乃将我介绍于丁，丁即到燕大研究院邀聘我助他编写梁谱。

1932 年暑假开始，我就在丁文江的指导下，到北京图书馆正式接手此项工作。当时已经搜集到的梁启超来往信札有近万件之多，这是编年谱的主要材料。此外，还有梁几百万字的著作，以及他人撰写的有关梁的传记。要把这么浩繁和杂乱的资料疏理清楚，并编辑成书，任务是比较艰巨的。好在丁文江对此已有了比较成熟的意见，向我强调了下面几个主要之点：一、梁启超生前很欣赏西人"画我象我"的名言，年谱要全面地、真实地反映谱主的面貌；二、本谱要有自己的特点，即以梁的来往信札为主，其他一般资料少用；三、采用梁在《中国历史研究补编》中讲的编辑方法，平述和纲目并用的编年体；四、用语体文先编部年谱长编。这最后一点与梁家的意见不同。梁的家属主张编年谱，并用文言文。丁文江觉得重要材料很多，先编年谱长编，既可以保存较多的材料，又可较快成书。他又是胡适的好友，很赞成胡适提倡的白话文运动，所以仍是坚持用白话文。我根据丁文江的意见，草拟了详细的编例，经丁修改后定为二十五条。现附于书首，借见当年编辑用意。

编例确定之后，我就进入了紧张的编辑工作。首先是阅读和选定所需资料，交缮写员抄录并注明出处。然后，我再将选录的资料按年分类连缀起来，定出纲目，加上说明性的或论介性的文字，显现谱主在有关年月中的主要活动。在此过程中，丁文江不定期地前来了解编辑情况，及时提出一些指导性的意见。1934 年秋编出第一稿，抄成二十四册，约一百余万字。丁认为篇幅太大，要我大加削简后，再送给他审阅。

　　1934 年 6 月，丁文江辞去北大教授职务，到南京就任中央研究院总干事。我也于 1935 年初随往南京中央研究院，对第一稿进行删削。这年 12 月，丁因公出差湖南衡阳，不幸煤气中毒，1936 年 1 月 5 日于长沙湘雅医院去世。之后，由丁的朋友翁文灏接替主管梁谱编辑工作。这时，我想早日结束此事，转往别的研究，工作加速进行，以致"初稿"的最后部分显得比较粗糙。到 1936 年 5 月，我完成了长编第二稿，约六十七万字。由翁文灏根据丁文江的原意，题名为《梁任公先生年谱长编初稿》，油印五十部，每部装成十二册，发给梁的家属和知友作为征求意见之用。①

　　11 月 11 日，先生在《独立评论》第 126 号发表《苏俄旅行记（十一）》一文。

　　11 月 13 日，上海《申报》主办人史量才（1880——1934）在浙江海宁县境被国民党特务杀害。先生于本年 1 月 14 日在《大公报》发表的《公共信仰与统一》一文中表示："许多人以为成绩不满意是党的制度不好，换了一种更时髦一点的制度，披上一种最高的制服，拥戴一个最有权力军人，暗杀几个无权无勇的新闻记者，就可以变死党为活党（或者是变活党为死党），这都是错误的。"② 对国民党特务的暗杀行径表示不满。

---

① 赵丰田：《〈梁启超年谱〉前言》，丁文江、赵丰田：《梁启超年谱》，第 4—6 页。

② 丁文江：《公共信仰与统一》，《大公报》，1934 年 1 月 14 日。

11 月 16 日，先生致傅斯年一信，同意由院里拨给史语所民族学组经费。[①]

11 月 26 日，先生与翁文灏、钱昌照及全国经济委员会秘书长秦汾会见蒋介石。

12 月 11 日，先生致傅斯年一信，征求傅斯年对《国立中央研究院基金暂行条例》的意见。[②]

12 月 13 日，先生在《独立评论》第 133 号发表《民主政治与独裁政治》一文。

12 月 14 日，先生致胡适一信，告为《大公报》"星期论文"写作《民主政治与独裁政治》一文。是文主要批评胡适的《中国无独裁的必要与可能》一文的论点，主张"试行新式的独裁"。[③]

9 月—12 月，先生在德国杂志 Anthropos（《人类》）第 29 卷（9—12 月）发表 Notinen von einer gemachlichen Pahrt in Sadchina（《记在中国南部一次平静的旅行》）一文。

12 月上旬，李四光应邀赴英国讲学，先生代为指导地质研究所工作。[④]

12 月，先生在 Rotary（《扶轮周刊》）第 1 卷第 4 期发表 The Academic Sinica（《中央研究院》）一文。

本年，受曾养甫委托，先生主持马鞍山钢铁厂的筹建工作。[⑤]

---

① 此函存台北中研院史语所傅斯年档案，参见潘光哲：《丁文江与史语所》，中研院史语所七十周年纪念文集《新学术之路》上册，第 398 页。

② 同上书，第 385 页。

③ 《丁文江致胡适》，《胡适来往书信选》中册，第 264 页。

④ 张祖还：《忆丁文江先生》，《泰兴文史资料——纪念丁文江先生诞辰一百周年》，1987 年 4 月，第 30 页。

⑤ 此事具体时间不详，暂系于此。参见王仰之：《丁文江年谱》，第 64 页。

本年，蒋介石在庐山召开国防设计委员会会议，先生与陈伯庄在南京下关搭长江船赴九江。①

本年度，先生在《中国地质学会志》第 13 卷发表《徐君光熙行述》一文（中、英文）。

1935 年（民国二十四年乙亥） 四十九岁

1 月 6 日，先生在《独立评论》第 134 号发表《苏俄旅行记（十二）》一文。

1 月 13 日，先生在《独立评论》第 135 号发表《苏俄旅行记（十三）》一文。

1 月 16 日，蔡元培在日记中写道："在君到院，详谈。在君属致宋美龄函，为博物院地址事。"②

同日，先生在《东方杂志》第 32 卷第 2 期发表《中央研究院之使命》一文。

1 月 27 日，先生在《独立评论》第 137 号发表《再论民治与独裁》一文。

2 月 16 日，晚上在欧美同学会举行中国地质学会第十一届年会聚餐及葛氏奖章授奖典礼。先生荣获第四届（1931 年度）葛（利普）氏奖章。先生亲自出席颁奖仪式，接受奖章。先生之所以获奖，是由于他是中国地质调查所的创始人、首任所长，对中国地质事业做出了卓越的贡献，所著《调查正太铁路附近地质矿务报告书》是第一篇用中文写成的地质报告。

2 月 19 日，《斯文赫定七十岁纪念集》在瑞典斯德哥尔摩出版，收入先生提供的论文 Notes on the Records of Droughts and Floods in Shensi and Supposed Desiccation of Northwest China （《陕西

---

① 陈伯庄：《纪念丁在君先生》，收入氏著《卅年存稿》，1959 年 8 月版。
② 《蔡元培全集》第 16 卷，第 385 页。

省水旱灾之纪录与中国西北部干旱化之假说》），先生否认陕西
省的气候由潮湿向干燥变化的理论。

2月22日，先生在北平约集旧友，签署遗嘱。先生在逝世
的前一年，曾对好友陈伯庄说："伯庄，我们学科学的，该重视
统计平均（Statistical average）。我丁家男子，很难过五十岁的，
而我快到五十了。"① 故先生在近五十之年，决定立一遗嘱。遗
嘱的内容如下：

　　　　立遗嘱人丁文江，字在君，江苏泰兴县人。今因来平之
　　便，特邀旅平后列署名之三友，签证余所立最后之遗嘱
　　如左。

　　　　遇本遗嘱发生效力时，即由余亲属邀请余友竹垚生先生
　　为遗嘱执行人，余弟文渊亦为余指定之遗嘱执行人，依后列
　　条款，会同处分余之遗产及管理余身后之事：

　　　　一、余在坎拿大商永明保险公司（The Sun Life Assur-
　　ance Company of Canada）所保余之寿险所保额为英币贰千
　　镑，业由余让与余妇史久元承受，并经通知该保险公司以余
　　妇为让受人，即为余妇应得之特留分。此项外币之特赠，为
　　确保其依兑换率折合华币之数足敷生活费用起见，兹特切托
　　本嘱执行人，遇兑换所得不足华币现银叁万圆时，即先尽余
　　其余遗产变价补足之。

　　　　就换足前项额数之货币中，至少有半额，终余妇之身，
　　应听本嘱执行人指商存储，平时只用孳息，不得动本。遇有
　　变故或其他不得已事由，仍得商取本遗嘱执行人之同意，酌
　　提一部分之本。此项余妇生前用余之款，除其丧费外，概
　　听余妇以遗嘱专决之。

---

① 　陈伯庄：《纪念丁在君先生》，《卅年存稿》，1959年8月版。

　　二、除前项确保之特留分及后项遗赠之书籍、用具、文稿外，余所遗之其余现金证券及其他动产，兹授权于本嘱执行人，将可变现金之动产，悉于一定期间内变易现金，就其所得之现金，以四分之一归余三弟文潮之子女均分，以四分之一归余兄文涛之子明达承受，其余四分之二归余弟文渊、文澜、文浩、文治四人均分。

　　三、余所遗之中西文书籍，属于经济者赠与七弟文治，属于文学者赠与七弟妇史济瀛，中文小说留给余妇，其余概赠现设北平之中国地质学会。

　　余所遗家庭用具，除尽余妇视日用必要听其酌留外，其余悉赠上开中国地质学会。

　　余所遗文稿信札，统由余四弟文渊、七弟文治整理处置之。

　　四、以上各条之遗赠，遇失效或抛弃而仍归属于遗产时，即由余友竹遗嘱执行人商取本嘱见证人之意思，就归属于遗产部分之财产，以一半分配于现设北平之中国地质学会，其余一半，准本嘱第一条第二条所定，比例摊分于该两条之受赠人。

　　五、于余身故时，即以所故地之地方区域以内为余葬地，所占坟地不得过半亩；所殓之棺，其值不得逾银一百元。今并指令余之亲属，不得为余开吊，发讣闻，诵经，或徇其他糜费无益之习尚。遇所故地有火葬设备时，余切托遗嘱执行人务必嘱余亲属将余遗体火化。

　　现行法已废宗祧继承，余切嘱余之亲属，不得于余身后为余立嗣。

　　以上遗嘱，为余赴北平时约集旧友眼同见证，同时签署，并嘱余友林斐成，本余意旨，为之撰文，合并记明。

　　中华民国二十四年二月二十二日立于北平

立遗嘱人　　见证人　　撰遗嘱人①

3 月 7 日，先生从南京给竹垚生一信，请竹为其遗嘱执行人。原信如下：

> 弟新立一遗嘱，请兄为执行人之一。遗嘱同样一共有三份：一份存此（南京中央研究院），一份拟存上海浙江兴业银行保管箱，一份寄上乞兄代存。遗嘱执行人责甚重，以此累兄，心甚不安。忝在知交，想不见怪也。②

3 月 24 日，先生所著《现在中国的中年与青年》一文刊《大公报》"星期论文"栏，3 月 31 日，《独立评论》第 144 号也刊登了此文。

3 月，先生着手组织中国太平洋科学协会海洋学组中国分会。③

4 月 8 日，先生代表中研院院长蔡元培出席在南京北极阁召开的第二届全国气象机关联合讨论会开幕式。④

4 月 10 日，先生出席在中研院召开的太平洋科学协会海洋学组中国分会成立大会，并任该分会主席。

同日，董作宾致傅斯年、李济一电，对"因招待女同乡参观工作，致干本所风纪，无任惶愧，谨请即日辞职，以谢贤明"。⑤

---

① 《丁文江遗嘱》，《胡适文集》第 546—547 页。

② 竹垚生：《丁在君先生之遗嘱》，《独立评论》第 211 号，1936 年 7 月 26 日。

③ 参见蔡元培：《中央研究院与中国科学研究概况》，高平叔编：《蔡元培全集》第 6 卷，中华书局 1988 年 8 月版，第 609 页。

④ 参见《气象机关联席会议昨晚在北极阁举行》，《中央日报》，1935 年 4 月 9 日。

⑤ 《胡适遗稿及秘藏书信》第 23 册，第 244 页。

同日，李济致丁文江一信，表示对董作宾之行负责，"孟真兄殆无责任可言"。①

4月11日，先生致董作宾一信，请董"幡然改图，勿作去意，勿以良友之忠言为逆耳也"。②

同日，先生致徐中舒一信，为傅斯年反对董作宾携女友赴考古现场再一次解释，化解矛盾。③

4月13日，先生致胡适一信，表明自己对处理董作宾之事的态度："我给彦堂的信，是与孟真、彦堂两方面找台阶下台，并非要责备彦堂。目前孟真的冲动已经大体过去，只要彦堂不辞职，我想就没有什么问题。无论你如何忙，请你务必向彦堂解释，请他打消辞意。"④

4月14日，先生回复董作宾一信，请其"平心静气，一细思之"。⑤

关于这场风波，董作宾本人后来亦有提及：

> 丁先生给我印象最深的就是在民国二十四年，那时为了一件不愉快的事，我在北平，他在南京，他曾一再写长信去劝我，他摆着一副老大哥的面孔，写了许多诚诚恳恳的话语，举出许多他自己的经验，谆谆教导我，使我看了非常感动，于是放弃自己的偏见，服从在他的指示之下。⑥

---

① 《胡适遗稿及秘藏书信》第23册，第245—246页。
② 同上书，第249—252页。
③ 同上书，第247—248页。
④ 同上书，第181—182页。
⑤ 同上书，第253—259页。
⑥ 董作宾：《关于丁文江先生的〈爨文丛刻〉甲编》，台北《中央研究院院刊》第3辑，1956年。

同日，先生在《独立评论》第 146 号发表《苏俄旅行记（十四）》一文。

4 月 19 日，竺可桢致先生一信，就全国经济委员会所拟新疆建设关于气象部分计划发表意见，觉其"规模过大，不易实现"。①

同日，先生出席中基会第十一次年会。

4 月 29 日，中午先生与夫人请蔡元培吃饭。蔡元培在日记中写道："午，在君夫妇招饮，座有外姑、五妹等。"②

5 月 7 日，晚上先生在中央广播电台发表以《科学化的建设》为题的讲演，赵元任恰好在实验室里用铅片收灌广播讲演作为语言的参考材料，故将这次讲演收灌下来。第二天一早，赵元任请先生来听，"他还觉得是像他自己的声音"。③

5 月 15 日，先生与蔡元培一晤。蔡元培在日记中写道："晴。在君来。"④

5 月 19 日，先生在《独立评论》第 151 号发表《科学化的建设》一文。

5 月 26 日，先生在《独立评论》第 152 号发表《苏俄旅行记（十五）》一文。

5 月 27 日，由先生负责起草的《国立中央研究院评议会条例》和经过修正的《国立中央研究院组织法》由国民政府公布实施。

6 月 8 日，先生致胡适一信，希望胡适诸人在华北事变中

---

① 该信原件存南京第二历史档案馆，全宗号 39，案卷号 13。转引自宋广波：《竺可桢给丁文江的一封佚信》，《光明日报》，2006 年 5 月 18 日。

② 《蔡元培全集》第 16 卷，第 401 页。

③ 参见赵元任：《记丁在君先生讲演留声片》，《独立评论》第 192 号，1936 年 3 月 15 日。

④ 《蔡元培全集》第 16 卷，第 403 页。

"善自设法，不要陷在绝地。到必要的时候，脱身南来。"①

6月11日，胡适回复先生一信，说明："第一，你最不公道的是责备干事处用钱太费。""第二，中基会正需要能独立主张的董事。""第三，我冷眼观察，在今日国内很不容易寻得十五个完全公心而不想谋私利的董事先生。""第四，这样一个机关是决不会'尽人而悦之'的。"信末说："北平昨夜事势略'好转'，或可苟安一时，但以后此地更不是有人气的人能久居的了。"②

6月14日，由先生草拟的《国立中央研究院基金暂行条例》经国民政府核准施行。

据此前的《制定本院基金暂行条例案》：

> 本院组织法第九条内开："国立中央研究院最小限度之基金定为五百万元。基金条例另定之。"查本基金仅于民国十七年由前大学院拨到公债四十八万元，现金二万元，嗣后并未蒙政府续拨。历年以来，此项公债及存款利息均有增加。二十四年三月间，本院鉴于基金利息已有相当之积蓄，本年举行特种事业，又已呈准国府动用该项利息，为慎重起见，特依照历年经验情形，拟就《国立中央研究院基金暂行条例》呈准国民政府核准施行（原条例见前法规类）。并依照该条例第四条组织本院基金保管委员会。本院方面之委员为蔡院长、丁总干事、会计主任王敬礼及由院长指定之工程研究所所长周仁、气象研究所所长竺可桢等五人。院外委员为教育部代表雷司长震、主计处代表傅秘书光培等二人。③

---

①　《丁文江致胡适》，《胡适来往书信选》中册，第270页。
②　《胡适致丁文江（稿）》，《胡适来往书信选》中册，第270—272页。
③　《国立中央研究院二十三年度总报告》，第168—169页。

6月19日，先生出席中研院第一届评议会选举会之预备会。

6月20日，先生被选为中央研究院首届评议会评议员。首届评议会由蔡元培任议长，先生任秘书。地质组评议员有先生、翁文灏与朱家骅三人。① 7月2日国民政府正式发布中央研究院首届评议会评议员聘任书。

6月23日，先生在《独立评论》第156号发表《苏俄旅行记（十六）》一文。

6月29日，先生致傅斯年一长信，谈及对史语所工作的意见。②

7月16日，先生出席全国水利委员会第二次全体会议。③

7月21日，先生在《大公报》"星期论文"栏发表《苏俄革命外交史的一页及其教训》一文，8月11日出版的《独立评论》第163号转载。先生以1918年2月年轻的苏维埃与德奥签订"布列斯特条约"这段史实为依据，认为"当日苏俄首领的态度，很足以做我们当局的殷鉴"。

同日，蔡元培在本日日记中写道："晴，偶有雨。在君来。"④

8月10日，先生在英国 Nature（《自然》）周刊第136卷发表 Scientific Research in China：The Academic Sinica（《中国的科学研究：中央研究院》）一文。

8月16日，先生作《〈爨文丛刻〉自序》。

8月18日，蔡元培在日记中写道："得在君函，并抄示与蒋

---

① 参见《蔡元培全集》第16卷，第409页。
② 此函存台北中研院史语所傅斯年档案，参见潘光哲：《丁文江与史语所》，中研院史语所七十周年纪念文集《新学术之路》上册，第390—391页。
③ 《经委会水利委员会昨开幕》，《中央日报》，1935年7月17日。
④ 《蔡元培全集》第16卷，第413页。

右沧君往返函。"①

8 月 23 日，先生致胡适一信，告"我们住在莫干山很清静，月底可以回京"。②

秋，应中央大学校长罗家伦及地质系主任李学清之聘，兼任该校地质系名誉教授。系中每有系务会议，亲自出席。李学清曾忆及此事：

> 去年暑假后，系中每有系务会议，丁先生必亲自出席，详加指示。系中课程，有时因乏相当教授，致重要功课不克充分发展，未切实用，亦有欲就所教范围酌量扩充，钟点又稍嫌过多，此等事实，势所难免，恐亦各校所常有。在第一次系务会议时，丁先生即将课程修改，而人亦无不乐从者，非先生之热诚毅力不至此。③

中央大学地质学系本年经先生代请聘任的教授有：李承三、奥籍贝克博士（Dr. Beeker）、马廷英。"中央大学地质学系成立已五六年，名教授至难得，经丁先生之多方罗致，以至有今日者，诚幸甚也。"④

9 月 7—8 日，中央研究院评议会举行第一次全体会议，会上推举先生为评议会秘书。当时的评议会承担物理、化学、工程学、地质学、气象学、历史学、语言学、人类学、考古学、心理学、社会科学、动物学、植物学等十四个科目的评议，由四十一

---

① 《蔡元培全集》第 16 卷，第 417 页。
② 《胡适遗稿及秘藏书信》第 23 册，第 185 页。
③ 李学清：《追念丁师在君先生》，《地质论评》第 1 卷第 3 期，1936 年 6 月。另参见罗家伦：《现代学人丁在君先生的一角》，台北《中央研究院院刊》第 3 辑，1956 年 12 月。
④ 李学清：《追念丁师在君先生》，《地质论评》第 1 卷第 3 期，1936 年 6 月。

位著名的科学家组成。

本届评议会收到提案七件，先生的提案为《促进学术之研究与互助案》，[①] 全文如下：

　　年来国内之科学研究机构设立日多：属于中央政府者，除中央研究院外，有北平研究院，实业部之地质调查所、农业实验所、工业试验所，经济委员会之蚕丝改良会、棉产改进所、茶叶改良所、西北畜牧改良所、卫生试验处，参谋部与兵工署之试验室等。其他各大学及私人学术机关，尚不在此列。为增加工作效能计，自应有相当之联络，以期消极的免除无意识之重复，积极的取得有计划之合作。据本会条例第五条，本会职权之一条"促进国内外学术研究之合作与互助"，为此提议本会议定下列原则：

　　（一）凡有常规的任务，如气象观测、地磁地质测量等，绝对不应重复。

　　（二）凡研究吾国原料物产以谋发展实业之工作，应互相联络，在可能范围之内免除重复。

　　（三）凡纯粹科学，不妨重复。

　　以上原则应由各分组委员会先调查各研究机关工作之现状，设法接洽，以期实行。是否有当，敬候公决。[②]

1936 年 3 月，蔡元培在《中国的中央研究院与科学研究事业》一文中特别表彰了先生此项提案。并提到先生的另一项举措：

---

① 《国立中央研究院首届评议会第一次报告》（1937 年 4 月），第 101 页。
② 通过此案时，惟将原则第（一）项"绝对"二字删去。

作为一个预备性的措施，丁博士建议成立若干分组委员会，每个分组委员会负责对科学研究的特殊部门的现状进行调查。中央研究院评议会收到分组委员会提供的情报，只要在自己的权限内，就应该要求从事性质相同的科学分支研究工作的各科研机构，为了共同的目的而进行紧密的合作。

分组委员会还被委以一项任务，即准备一份中国学者科研成果的完整目录，这对于学习自然科学的大学生是极有参考价值的。[1]

9月9日，晚七时陈公博在南京陵园139号举行宴会，蔡元培、罗家伦与先生等出席。[2]

9月10日，先生出席中央研究院院务会议。

大约在这时期，蒋介石有意请先生担任铁道部部长，陈伯庄、董显光、郑肇经对此均有回忆：

当年蒋先生自任行政院，预先约定了在君当铁道部长，未发表前他不幸地在粤汉路株韶段工程局衡阳官舍一夜间中了煤炉气的窒息，医救无效竟作古了。[3]

文江对于政治兴味还是一样的浓厚。但是他在民国廿五年（1936年）死前的几个月，我与他在上海见面，他对我透露，蒋介石要找他出来做什么部长，正在竭力躲避。他说蒋介石决不是可与共事的人，还不如孙传芳之能信任其部

---

① 《中国的中央研究院与科学研究事业》（1936年3月），高平叔编：《蔡元培全集》第7卷，中华书局1989年7月版，第50页。

② 参见《蔡元培全集》第16卷，浙江教育出版社1998年11月版，第423页。

③ 陈伯庄：《纪念丁在君先生》，氏著《卅年存稿》，1959年8月版。

下，我已吃过苦头了，不能随便出来。不久他便离开上海而
至湖南，从此人天永隔了。①

　　丁文江先生是我的同乡，比我大七岁，我们之间曾经有
过许多接触。在上海，他任淞沪商埠总办，我当工程师；在
南京，他当中央研究院总干事，我任全国经济委员会简任技
正、水利处副处长、处长。那时，我们常来常往，直到他去
世前的长沙之行还对我们谈起他参加人寿保险和不愿当铁道
部长的想法，因而我对他还是比较了解的。②

　　9 月 22 日，先生在《独立评论》第 169 号发表《苏俄旅行
记（十七）》一文。

　　10 月 8 日，蔡元培在日记中写道："得在君函，拟出售成贤
街总办事处之屋于中央图书馆，已得雪艇、骝先同意，本院则以
此款（六万余）及亚尔培路出售存款，建筑社会科学研究所及
总办事处于钦天山下，询余意见。余即复一航空函，属照此计画
进行。"③

　　10 月 13 日，先生在《大公报》"星期论文"栏发表《实行
耕者有其田的办法》一文。

　　10 月 20 日，先生在上海《人间世》第 38 期发表五言律诗
《嘲竹》一首，林语堂在诗后附言：

　　　　竹是伪君子，外坚中实空。
　　　　成群能蔽日，独立不禁风。

---

① 董显光：《丁文江传记》初稿，《胡适全集》第 34 册，第 417 页。
② 郑肇经：《贵在奉献》，王鸿桢主编：《中国地质事业早期史——纪念丁文江
　　100 周年章鸿钊 110 周年诞辰》，第 12 页。
③ 《蔡元培全集》第 16 卷，第 429 页。

根细善钻穴，腰柔惯鞠躬。

文人都爱此，臭味想相同。

席上遇在君（按丁文江字在君）先生，述夏日避暑莫干山，痛恨满山竹篁，曾吟成一律，虽说打油，妙喻而意深，乃迫他放下筷子，拿起笔杆录上，并抢来发表。在君恶竹，恐骨子里仍是十年前大打玄学鬼之科学家也。

语堂

竹和松、梅素称"岁寒三友"，传统士大夫爱竹成癖，以种竹赏竹为雅事。先生在诗中借物叙情，阐述了自己的人生哲学和处世之道，抒发了与众不同的见解，表达了他的人生境界。

10月26日，先生致罗家伦一信，与罗商量资助留德学生李宪之留学费用之事。[①]

10月27日，先生在《独立评论》第174号发表《苏俄旅行记（十八）》一文。

本月，先生与其兄丁文涛在南京一会，并谈至半夜。其兄丁文涛曾忆及此事：

去夏，涛卧病几殆，弟函嘱涛子妇，每日必以病状告。迫涛病起，十月至京，相见握手，快慰逾往昔。弟夜寝故有定时，而此次絮絮语平生，恒过半夜，别时恋恋不忍舍，殆若最后之永诀然。[②]

---

① 《丁文江致罗家伦函》，《罗家伦先生文存附编》，台北中国国民党中央委员会党史委员会1996年印行。
② 丁文涛：《亡弟在君童年轶事追忆录》，《独立评论》第188号，1936年2月16日。

　　11 月 3 日，先生在《独立评论》第 175 号发表《苏俄旅行记（十九）》一文。这是先生在《独立评论》最后一次发表文章。

　　11 月 4 日，中研院院长蔡元培在国民党四届六中全会纪念周作《中央研究院与中国科学研究概况》的报告。在报告的第三部分《各大学研究院》中，蔡先生两次引用先生《中央研究院的使命》一文的观点，介绍了先生在第一届评议会中所提《促进学术研究之合作与互助案》和先生领导的太平洋科学协会海洋学组中国分会的组织情况。

　　11 月 18 日，好友汤中来到中央研究院拜访先生，请其为亡儿汤晋的遗文作序。

　　同日，先生致傅斯年一信，同意补助人类学组工作经费。[①]

　　11 月 26 日、28 日，先生对全国中等学校学生发表广播讲演，题为《我国的科学研究事业》。讲稿发表于 12 月 4、6、8、9 日的《申报》。

　　11 月 27 日，浙江私立法政学校财产管理委员会代表陈叔通致函中国地质学会，表示愿将该校停办后存在浙江实业银行的定期、活期存款捐给中国地质学会作为基金。随后中国地质学会推举先生与翁文灏、徐新六等六人为委员管理此笔款项。后因先生去世出缺，改推黄汲清替补。[②]

　　11 月 29 日，先生致凌鸿勋一信，告其本日出发赴湘及在湘行程安排。这可能是先生发出的最后一封信，全信如下：

　　竹铭吾兄：

　　① 此函存台北中研院史语所傅斯年档案，参见潘光哲：《丁文江与史语所》，中研院史语所七十周年纪念文集《新学术之路》上册，第 398 页。

　　② 《浙江私立法政学校捐助本会基金》，《地质论评》第 1 卷第 1 期，1936 年。

　　弟受铁道部委托，于今晨西行，计12月2日可抵长。在省尚有二三日之勾留，即赴衡相晤；晤后拟赴湘潭之谭家山煤矿一观。如时间来得及，或至耒阳。弟恐在长各学校或请讲演，故旅行不用真姓名，有信乞由教育厅朱经农先生转（丁在君）为荷。此颂

近安

　　　　　　　　　　　　　　　弟　丁文江　顿首
　　　　　　　　　　　　　　二十四年十一月廿九日①

　　12月2日，先生抵达长沙。此次先生受铁道部部长顾孟余委托，离开南京赴湖南为粤汉铁路调查煤矿。时值日本帝国主义者向我国发动侵略战争前夕，南京国民政府出于战备的考虑，拟完成由湖南宜章到广州的粤汉铁路南段的建设，为此须要有充足的燃料——煤。同时，教育部部长王世杰亦请先生在长沙附近复勘清华大学校址。

　　12月3日，上午先生先与湖南地质调查所的朋友聊天，后与张子高、朱经农同去参观学校。先生每到一处，都作周密观察。对于一个学校的建筑是否合用，建筑材料的坚实程度和价格高低，都估计得很清楚，尤其注意于学校将来发展的机会。

　　12月4日，先生视察湖南地质调查所，与该所所长刘基磐等商量调查工作日程，同时要求刘基磐介绍一位高级地质人员协助进行地质工作。刘欣然同意，即派技正王晓青同往，另外还派了一名叫盛贵荣的工友帮助照料生活。

　　下午先生拜访郭若衡、萧秉文诸先生。晚间作长信致南京教

---

① 参见凌鸿勋：《丁文江先生最后遗墨之一》，台北《传记文学》第11卷第5期，1967年11月。

育部长王世杰，报告视察学校情形。①

12 月 5 日，先生乘车前往南岳，中午到达。午饭后开始登山，至烈光亭读恩师龙研仙先生纪念碑。晚上宿半山亭下中国旅行社，作诗《烈光亭怀先师龙研仙先生》、《麻姑桥晚眺》、《宿半山亭》三首。②

《烈光亭怀先师龙研仙先生》一诗回顾了龙研仙对自己的教海之恩，诗中洋溢着先生对恩师龙研仙深切的怀念之情：

> 十五初来拜我师，为文试论西南夷。
> 半生走遍滇黔路，暗示当年不自知。
> 海外归来初入湘，长沙拜谒再登堂。
> 回思廿五年前事，天柱峰前泪满眶。

《麻姑桥晚眺》则表达了先生出世的人生观，是胡适"最喜欢"的一首诗：

> 红黄树草留秋色，碧绿琉璃照晚晴。
> 为语麻姑桥下水，出山要比在山清。

12 月 6 日，先生和朱经农、张子高继续游览南岳，途中调查地质，勘测南岳高度，晚宿山下中国旅行社。据陪同先生同行的朱经农回忆：

> 在君先生依然勘地质，测气压，计算步数，缓缓前进。

---

① 朱经农：《最后一个月的丁在君先生》，《独立评论》第 188 号，1936 年 2 月 16 日。
② 同上。

过了南天门，山高怒号吹人欲倒，几乘空轿险些被风吹翻。
我等逆风而行，呼吸都觉得困难，在君先生依然做他的勘测
工作，并不休息。到了上峰寺（亦作上封寺），他还余勇可
贾，立即走上祝融峰。

12月7日，先生乘粤汉铁路局派来的汽车赴谭家山勘矿。
张子高与朱经农返回长沙。据刘基磐回忆这天的行程：

> 7日晨九点钟方才由南岳乘铁路局汽车到茶园铺。此地
> 距离矿山大约15里，有人主张雇轿前往，但是在君坚不肯
> 从，决定步行。未及休息，即刻向谭家山行进。……
> 到谭家山后，他并不稍休息，即沿谭家山东侧田园，
> 经萍塘曾家山冲，到东茅塘一带查询土窑情形。到东茅塘
> 后，西折至牛形山昭谭公司，已是下午二时了。午餐后，
> 下洞考察。矿洞倾角45度，斜深170公尺，洞内温度甚
> 高，着单衣而入，亦汗流浃背。然年事已高的在君先生竟
> 不畏艰苦，直至洞底，亲测煤系倾角及厚度，始行出洞。
> 事先王晓青君劝请勿入，由他代为下洞勘测，亦不允许。
> 在君先生出洞时，衣服已尽湿。由洞口到公事房，相距约
> 百余公尺；洞外气候是极冷的。在君先生经过这百余公尺
> 之旷野到公事房，坚不肯入浴，因为已是下午5时，还要
> 赶回南岳歇宿的缘故。如是将汗湿的衣服烤干，加上外
> 衣，径回茶园铺车站，铁路局汽车早已在等候，他便于六
> 时回南岳歇宿。①

---

① 刘基磐：《丁在君先生在湘工作情形的追述》，《独立评论》第193号，1936
年3月22日。

12 月 8 日，先生自谭家山矿场抵达衡阳。据凌鸿勋回忆：

　　是日为星期，相约于翌日同赴耒阳马田墟一带勘察。
余馆先生于工程局之招待所，即邀其视察耒河桥工。旋憩
于苗圃之嘉树轩，两人对著，相与讨论沿线煤矿之情况。
先生以为湘南虽多煤，然苟非靠近路线者，则运输成本较
重。举其距路最近而又较有开采价值者，则湘潭有谭家
山，耒阳有马田墟，宜章有杨梅山，乐昌有狗牙洞等处。
其中谭家山煤可以炼焦，马田墟一带为华南最大之煤田，
距路至近，惟系无烟煤。杨梅山、狗牙洞两处情形则尚待
研究。嘱余将此四处煤各取数十吨试用，以资参考。先生
于讨论煤矿之余，即转而纵论国家之事，以为吾辈亟宜有
以自奋，趁此盛壮之年急起苦干，为国家建事业，为后学
树楷模……余自识先生以来，其态度之诚挚，谈锋之雄
健，无逾此者。
　　8 日晚间先生留余家便饭，9 时送回招待所。①

当天晚上因天寒，招待所内生了壁炉，且气窗关闭，结果致
使先生煤气中毒。此事之原委，凌鸿勋有详细回忆：

　　翌晨七时半余扣先生户，知尚未起。招待所工友则谓已
久撼而未醒也。时天甚寒冷，卧室中有壁炉，曾于先一日下
午生火。工友谓先生睡时曾嘱多加煤，并将所有气窗关闭。
于是同人决为中毒，且察其枕下之安眠药瓶少去三片，想系
夜睡过熟中毒不觉。因一面由铁路医院医师施以急救，一面

---

① 凌鸿勋：《忆丁文江先生——并记其对于铁路的意见》，《畅流》半月刊第
　　15 卷第 1 期，1957 年 2 月 16 日。

召教会仁济医院美籍布医师诊治，并电知长沙教育厅长朱经
农觅一良医来衡。9 日午间先生由招待所移住仁济医院，是
晚长沙湘雅医院杨济时医生赶到，而在君先生尚昏迷不醒，
至翌日始醒转过来。[①]

12 月 10 日—11 日，湘雅医院内科主任杨济时医生参与先生
病情的诊治。

12 月 11 日，翁文灏乘飞机到长沙，下飞机后即由刘基磐陪
往衡阳。此时先生已略省人事，尚未脱险。几个人会商，认为长
沙湘雅医院医疗条件较好，决定转院。

12 月 15 日，十时半先生离开衡阳，午后五时半被送到长沙
湘雅医院治疗。此后的病情有杨济时医生的回忆：

　　　16 日下午拍照肺部 X 光，发现左右两肺底部有少许发
炎变化，且左胸似容有少量之水液。丁先生病势日有起色，
左肺无其他变化，惟肿起处仍作剧痛。

　　　此后自 16 日至 22 日，经过甚为满意，能谈笑饮食。20
日曾要求嗣后每日下床行走，未允其请。[②]

12 月 16 日，蔡元培在日记中写道："地质研究所报告。巽
甫自衡阳回，报告在君病况。"[③]

12 月 22 日，到达长沙的傅斯年与先生见面。这时候，丁夫
人和五弟文澜、七弟文治亦已来到长沙，探视先生。

---

① 凌鸿勋：《忆丁文江先生——并记其对于铁路的意见》，《畅流》半月刊第
　　15 卷第 1 期，1957 年 2 月 16 日。
② 杨济时：《丁在君先生治疗经过报告》，《独立评论》第 189 号，1936 年 2 月
　　23 日。
③ 《蔡元培全集》第 16 卷，第 437 页。

12 月 24 日，先生经湘雅医院外科主任顾仁（Dr. . Phillips Greene）诊视，发现先生左胸第五肋骨折断，胸部受伤，当时已经化脓，即行穿刺，抽出少量稀脓液。商诸傅斯年请协和医院外科医师来湘诊视。

12 月 25 日，蔡元培为先生病情事致电徐新六、朱经农两人。蔡元培在日记中写道："雨。闻在君病又剧，电招新六去。致一电于经农。"①

12 月 26 日，朱经农就先生病况事复蔡元培一电，蔡元培在日记中写道："雨。得经农复电，称在君病脓胸及肋膜炎，已抽出脓五百西西，神志清醒，但尚未脱险境。"②

12 月 27 日，先生时醒时睡，神志不甚清晰。

12 月 28 日，顾仁医生于先生第五肋骨处开割，果然发现第五肋骨已折，并取出一百五十公撮之浓脓，培养及染色检查结果，发现脓中有肺炎双球菌。开割口约二寸，置放出脓管。

12 月 29—30 日，先生体温正常。

12 月 31 日，自此日起，先生"每日体温脉搏由正常度上增，服用毛地黄并不见效"。③

12 月，先生所著《〈爨文丛刻〉自序》刊于《地理学报》第 2 卷第 4 期。

本年，《庆祝蔡元培先生六十五岁生日论文集》出版，先生提供的论文 On the Influence of the Observational Error in Measuring Stature, Span and Sitting-Height upon the resulting Indices（《读数误

---

① 《蔡元培全集》第 16 卷，第 438 页。
② 同上书，第 439 页。
③ 杨济时：《丁在君先生治疗经过报告》，《独立评论》第 189 号，1936 年 2 月 23 日。

差对身高、指距和坐高测量结果的影响》）收入该论文集下册。①

本年，中国地质学会拟在南京建立会所，发动各方人士捐助，先生与翁文灏、曾世英合捐 2500 元，其中先生捐 90 元。②

1936 年（民国二十五年丙子）　五十岁

1 月 1 日，协和医院外科主任娄克思给胡适一电："在君病状有进步，后果尚难预测。"③

同日，第 8 期《宇宙风》刊登的《二十四年我最爱读的书》，内中载有先生推荐的两本英文书：（一）"*Scientific Research and Social Needs*" by Julian Huxley, London, Watts & Co. 1934。（《科学研究与社会需要》，赫胥黎著。）（二）"*In Praise of Idleness*" by B. Russell, London George Allen & Unwin 1935。（《赞闲》，罗素著。）这是先生生前发表的最后一篇文字。先生去世后，周作人致信胡适，曾提及此文。

　　昨阅报知丁在君先生去世，怅惘久之。今日拟作一挽联云：治学足千秋，遗恨未成任父传；赞闲供一笑，同调空存罗素书。平素与在君先生甚疏阔，唯文章常读，又新年《宇宙风》中在君先生所举爱读书中有罗素的 *In Praise of Idleness*，与鄙意相同，故写此一联，但甚欠工稳，未必能用也，姑录呈一览。④

---

① 在黄汲清、潘云唐、谢广连编：《丁文江选集》所附《丁文江学术著作系年目录》1935 年条目下列有先生本年 7 月在 *Quarterly Journal of the Society for National Research* 第 11 卷第 3 期发表 *Things Produced by the Works of Nature*，*Mariner's Mirror* 一文，经编者检查该刊这一期未见，显有误。

② 《南京会所建筑捐款清单》，《地质论评》第 1 卷第 1 期，1936 年。

③ 胡适：《丁文江的传记》，《胡适文集》第 7 册，第 544 页。

④ 《周作人致胡适》（1936 年 1 月 7 日），《胡适全集》第 32 册，第 552 页。

1月2日，傅斯年、娄克思离开长沙。傅斯年电告胡适："病无变，面详。"

1月4日，先生病情转危。

1月5日，先生于下午5时40分在长沙湘雅医院逝世。

据天津《大公报》北平5日讯：

> 协和所派医生4日晚赶到长沙，但为时已迟。此间胡适之氏于4日晚接丁氏病象转危之电后，即约协和王院长及内科、外科、脑病科、脑外科各主任医生会同研究诊治方法，自晚十时到十二时。会后即将结论电告湘雅医院参考，但未奏效。协和医院原拟于今晚派医生南下，现已作罢。

据长沙湘雅医院内科主任杨济时诊断，先生的病情症状如下：[1]

1. 一氧化碳中毒。
2. 左胸第五肋骨骨折。
3. 支气管发炎。
4. 左胸积脓（肺炎双球菌）。
5. 心脏衰退。
6. 脑中枢瘀斑出血。[2]

据翁文灏《丁文江先生传》所记，先生担负的职务除中研院总干事、中国地质学会会长外，还有伦敦地质学会外国通讯

---

[1]　杨济时：《丁在君先生治疗经过报告》，《独立评论》第189号，1936年2月23日。

[2]　同上。

员、地质调查所新生代研究室名誉主任、古生物志总编辑、南开大学董事、① 协和医院董事、资源委员会委员、钢铁公司筹备委员会常务委员。②

---

① 参见《南开大学创办人、校董及教职员一览表》，《南开大学校史资料选》，南开大学出版社 1989 年 10 月版，第 50 页。

② 翁文灏：《丁文江先生传》，《地质论评》第 6 卷第 1、2 期，1941 年。

对 1937 年 7 月 28 日以宋哲元名义签发的"作战命令"再考析

李惠兰

在 1987 年日本驻华战友会（即当年的侵华鬼子兵）为了纪念卢沟桥事变而编印的《纪念卢沟桥事变 50 周年文集》中，刊登了一份 1937 年 7 月 28 日午前 10 时由当时驻军军长宋哲元所签发的"作战命令"。该"命令"由我国的访日学者带回，被选入《中国现代史资料选辑》中。① 以后，这份"作战命令"不断被推荐、被传抄、被引用，甚至有人以此为据而下结论。为了历史科学的严肃性，笔者为此再次进行考析。

既然其用日文刊出，必应有中文本作为原件。北京的抗日纪念馆经日本的三井安吉教授之手，将保存在津久井广手中的"作战命令"原件复印，至今保存在北京卢沟桥抗日纪念馆。笔者复印后仔细辨析，认为它是假的，理由如下：

一、1937 年 7 月 28 日史料之真假问题从以下四方面审查

（一）由"命令"文本看

一共是 8 开纸 5 张，全部用硬笔书法刻写（似乎是油印件），除第一页做封面外，第三、四两页上面都有涂改勾画的文字和痕迹，说明这不是一个正式文本。但在此未定稿上却有宋哲元的硬笔书法签名和图章。按惯例，这种关系千万人头落地、大片国土存亡的"作战命令"，军长怎能在一个勾画涂改后的文件

---

① 彭明主编，武月星等编辑，中国人民大学出版社 1989 年 3 月出版。

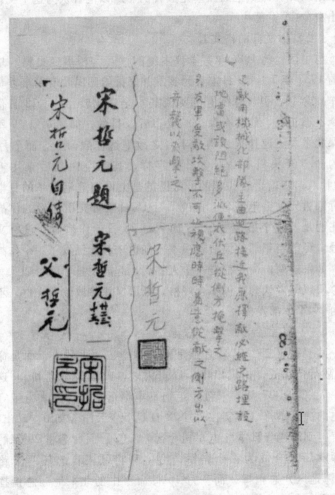

真假签名图章对比

上签名、盖章呢？何况宋哲元一贯是用毛笔签名，从笔体上看，它不是宋哲元所签。再用宋哲元之子保存的 1935—1940 年公务用章来对比，命令上的图章是假冒的。所以笔者认为这个文本不是出自 29 军军部。

（二）由文件的格式看

与中国台湾 1986 年秦孝仪主编的《卢沟桥事变史料》中刊载的 1937 年 7 月 16 日宋哲元签发并呈报给国民政府军事委员会的作战命令（引自总统府机要档案）全文比较，7 月 28 日作战命令不够正规。前者有命令的发布者及目的，如陆军第 29 军为确保北平及迅速扑灭卢沟桥丰台之敌下达作战命令，而 7 月 28 日的命令开头只有命令、月日字样，其中空白是后来用毛笔"七廿八　午前十时"填的，奇怪的是上面有毛笔字填的日期却没有宋哲元的毛笔签名。再说 7 月 16 日宋哲元所签发的作战命令注明是"战字第一号令"，而 7 月 28 日的作战命令没有文件序号。可能当年那位编造者根本不知道宋哲元已发了一个作战令了。如果这两份命令都是一个人签署，起码要排个序号吧！

所以笔者认为这种不合规格、纸面又涂涂改改的文件，不可能由 29 军军部发出来。

（三）从"命令"的内容看

其要害有二：（1）它不是下令调军去消灭敌人，而是命令"对敌行持久战，相机出击，以击灭之，收取最后胜利"。这和头一天（7 月 27 日）宋哲元拒绝日本最后通牒，发表自卫守土通电的决策不符（事实在 7 月 28 日晚下令天津李文田主动出击，一直打到海光寺日本驻屯军司令部）。（2）假命令将 29 军的四个师重新组合成为三个路军，由主和将领张自忠任两个路军（平津地区）总指挥，而 7 月 16 日命令中的北平地区总指挥是冯治安，却降为副总指挥（军队中降为副职等于削了兵权）。宋哲元的 29 军是属于国家的军队，他仅仅是个军长，在未经呈报批准前，不可能将自己的四个师改为三个路军，尤其是"七七"事变前后，宋的身边不仅有汉奸，还有何应钦的亲信严宽，毛泽东的代表张经吾和一大批中外新闻记者，宋的一举一动都有人监视、报导，他的师改为路军，这么大的变动不呈报国民政府军事委员会？怎能没有任何一方的电报稿、回忆录中提及此事？既然是军的命令，尤其是阵前换将，更换总指挥的命令应该下达到全军各基层，不仅是南苑赵登禹应该有，驻北苑的阮玄武也应该有，驻天津的李文田应该有，驻察哈尔的刘汝明更应该有。可是这些人没有一个人在回忆录、电报稿中说有这么个"命令"。

笔者在海峡两岸有关档案资料中查找，都查不到有关 7 月 28 日宋哲元签发 29 军"作战命令"的片纸只字，那怎能证明这是 1937 年 7 月 28 日宋哲元签发的作战令呢？

（四）"命令"的来历有诈

7 月 28 日"命令"公布的时间不是在当年，而是在 50 年以后。据抗日战争纪念馆的权威人士在 1999 年《军事历史》第 3 期上公布 7 月 28 日命令之来源："作战命令保存于时任华北驻屯军混成旅团司令部陆军军曹津久井广（勤务兵）手中，津久井广当时跟随华北驻屯军第二联队与驻通州的二十九军一部作战，他在作战过程中，从一名战死的二十九军将校的背囊中搜寻到此则作战命令，并一直保持到今天。"权威人士并以 1998 年 9 月 7 日日本安井教授回信作为依据。笔者分析假命令的制造者不是津久井广，因为这份"命令"在 50 年之后已无任何政治作用，仅仅是满足一个侵华老兵炫耀所获得战利品的虚荣心而已。但津久井广在文件的来历上说了谎，笔者在查阅"七七"事变时期 7 月 27 日宋哲元致蒋介石、何应钦电报中记载说："1937 年通县的中日驻军冲突发生于 7 月 27 日凌晨三点，由傅鸿恩营长率军抵抗，经一小时战斗，由傅营长率部冲出重围，敌复以飞机跟踪轰炸，刻已抵南苑收容整理。"这说明 7 月 27 日以后中日在通县已无军事冲突，没有战争怎能有"战死的 29 军将校"呢？何况日军的军纪极严，如果缴获了如此重要的敌方军队部署命令，怎敢不上缴而始终保存在一个士兵手中达 50 年之久？又怎能在战后那么多日本官僚政客的回忆录中也没有人提到过有关 7 月 28 日命令的文字记载呢？

与此相反，在台湾 1986 年秦孝仪主编的《卢沟桥事变史料》中却查到了 7 月 16 日宋哲元签发并呈报给国民政府军事委员会的作战命令全文，最后是宋哲元和冯治安两人签字盖章，并有蒋介石批字"存"。同时在中国第二历史档案馆公布的《卢沟桥事变后国民政府军事机关长官会报会议记录》（见《民国档案》1987 年 2、3 期）中亦有 7 月 16 日宋哲元呈报 29 军作战命令的记录；笔者又查到在刘汝珍（当年守广安门的团长）于 1939 年 8 月 1 日发表的《1937 年北平血腥突围录》中亦记录了当年 29 军军部如何下令调军和执行 7 月 16 日作战命令的情况。

我们将 7 月 16 日宋哲元所签发的作战命令，和 7 月 28 日以宋哲元名义所签发的作战命令相比，真假就清楚了。那么这个"命令"是谁制造的呢？笔者认为津久井广所言来自通州倒可启发我们回忆：1937 年的通州是大汉奸殷汝耕的冀东防共自治政府的首府，根据不平等条约，其所属 22 个县都列为非武装区，那里的官员都由华北驻屯军司令香月清司任命，是伪满洲国和中国政府管辖地的中间地带（所谓的非武装区），这里是藏污纳垢的场所，走私、贩毒的温床；更是日本间谍和汉奸们活动的大本营。所以，这份以挑拨 29 军领导层（任意调动主帅）和惑乱军心的假命令，很可能出于此处。他们事先做好，只是把日子空着，没想到事态发展太快，7 月 27 日宋哲元就拒绝了香月清司的最后通牒，到 7 月 28 日凌晨，中日战争已在南苑打响，这份"命令"已经派不上用场了，到津久井广手中已是一张废纸，所以也没有上缴的必要了。

对于这份史料之真假已经有人提出多次了，但使用者、推荐者都不愿承认它是假的，又始终拿不出一份当年的资料以证实其真，仅在 1999 年《军事历史》第 3 期上李宗远发表了一篇《对卢沟桥事变期间一份"作战命令"的考析》中，提出了 7 月 28 日作战命令上宋哲元图章"和 1936 年 4 月宋哲元所盖冀察绥靖主任关防印模风格一致"。但风格一致不是印模一致！这能说明就是宋哲元的图章吗？这个假签名、假图章的"作战命令"在中国已经使用了 20 年，许多历史学者辗转传抄于自己的著作中，使之在许多抗日书籍中占据重要地位，甚至对于真正是宋哲元签发的 7 月 16 日作战命令上面明明写的是"战字第一号令"却擅改为"战字予先号令"。

二、关于"临危受命"的问题

自 1989 年《中国现代史资料选辑》中提供了这份以宋哲元名义签发"命令"全文后，这份史料已打入我们的史学界，北京抗日纪念馆张承钧主编的《佟麟阁将军》（1990 年出版）在书中发布了以宋哲元名义签发的作战命令，但时间改为 7 月 29 日。读者当即提出疑问，"赵登禹将军已于 7 月 28 日战死，怎么军长在其死后仍给布置军务？"两年之后（1992 年）此有原则错误的文件又在《赵登禹将军》一书中刊出，仍是用宋哲元名义。

1993 年林治波著《抗战军人之魂——张自忠将军传》一书，将这份史料当做了"临危受命"的依据。1937 年 7 月 28 日是宋哲元率秦德纯、张维藩、冯治安离平的日子。据说宋离平之前给张自忠留下手书由张代理冀察政务委员会委员长，所以此"命令"不正是张自忠临危受命的依据吗？林把时间和史实颠倒了。自 7 月 19 日宋哲元离津赴平到 7 月 28 日下午三点张自忠抵达铁狮子胡同（宋哲元和张维藩、秦德纯、冯治安开会的地方），宋、张二人既没有见过面，更没有书信或电报交流，尤其是张自忠 7 月 25 日擅离职守，舍弃了对天津 38 师的领导权而奔赴北平之后，并未到宋哲元处和 29 军军部报到，所以在 7 月 28 日午前 10 时，宋不可能将平津地区的抗日指挥权交给张自忠（因 7

15 日在天津宋寓开会，张自忠明确主和）。事实是 7 月 28 日拂晓南苑的中日战事已经打响，沙河保安队已附敌，到"午前 10 时"根本不需要发布这个"对敌行持久战，相机出击以击灭之"的命令了；历史事实 7 月 28 日傍晚宋率秦德纯、张维藩、冯治安到保定报到后，立即赴马厂收拢 29 军由平津撤下来的军队，此时更未曾将军权授给张自忠。随后很快就接到国民政府令，29 军升格为第一集团军，宋哲元为第一集团军司令，37 师升格为 77 军，38 师升格为 59 军，143 师升格为 68 军。从整个"七七"事变过程看，没有一个档案记录 29 军四个师改称三个路军的事，更没有任何任命张自忠为平津地区总指挥的文件，这怎能说是临危受命呢？

三、谈一谈擅改史料问题

史料是客观存在的现实，后人写史的依据，所以选择史料和运用史料解释历史现象是个极其严肃认真的工作，而有的学者将 7 月 28 日"命令"的内容引入了自己著作中却任意增添或改写，使之到读者耳目中的是变了味的"命令"，可是又都用宋哲元的名义，这就歪曲了"七七"事变的史实。自 1989 年这份"命令"收入《中国现代史资料选编》以来，随后被多本抗日书籍所引用，每个引用者都用宋哲元名义，但版本繁多，内容各异。如前所说的《佟麟阁将军》和《赵登禹将军》两书中，命令发布日期均为 7 月 29 日午前 10 时，而后来出版的《抗战军人之魂张自忠传》和郭汝瑰、黄玉章主编的《中国抗日战争正面战场作战记》（2002 年出版）以及高鹏编著的《卢沟桥抗战》（2005 年出版）等书都写的是 7 月 28 日。

对于命令的内容亦是由各书的作者任意加以修饰或改写。笔者由抗日战争纪念馆保存的中文原件复印件中看到的命令要求是——"军为确保平津两市及其附近地区，对敌行持久战，相机出击以击灭之。"但《佟麟阁将军》一书，不仅日期改了还擅自加了"军事要求"四个字，平津前面加了"北"和"天"字，将"相机出击以击灭之"改成了"待机转为进攻"，将"收取最后胜利"改成"取得"最后胜利，并在战斗部署中加了小注"营相当于日军大队编制"。而《中国现代史资料选辑》中除将要求由"相机出击以击灭之收取最后之胜利"改为"伺机转为进攻取得最后胜利"之外，并将命令中的指导要领也做了文字上的修改，如将第一路军原文"务必据守北平，且使后方得有机动之余地，应巩固占领北平南北之线"改成了"必须占领阵地，巩固北平的南北线，以后方机动部队的余部守备北平"等等。《抗战军人之魂张自忠传》则将 7 月 28 日命令掐头去尾的抄上一段，以此做为张自忠临危受命的依据。《中国抗日战争正面战场作战记》上册 338 页在全部抄录《中国现代史资料选辑》之外，又擅自增加了作战方针，将原文的"战斗部署"改为"兵力部署"，又增加了"将全军分为三路：第一路军防守北平地区，以第 132 师、38 师之 113 旅及军特务旅为右地区部队"（这种一个命令，多种不同版本也是少见的）。……经过如此的文字修饰，7 月 28 日这份漏洞百出的"作战命令"就逼真了，以此明确昭示，7 月 28 日的命令"确是"宋哲元发布于军部的。如此写史，怎能让我们的后代了解祖国的苦难和以史为鉴呢？

《近代史资料》总 119 号

主　　编　李学通

副主编　刘　萍

执行编辑　刘　萍

版式设计　刘建光